Sarah Anderson

El arte olvidado del silencio

El poder y la belleza de la quietud

Traducción del inglés de Silvia Alemany

editorial Kairós

Título original: *The Lost Art of Silence: Reconnecting to the Power and Beauty of Quiet*

Fotocomposición: Moelmo, S.C.P.
Diseño cubierta: Katrien van Steen
Impresión y encuadernación: Índice S. L. 08040 Barcelona

Primera edición: Noviembre 2024
ISBN: 978-84-1121-295-3
Depósito legal: B 17.531-2024

Este libro ha sido impreso con papel que proviene de fuentes respetuosas con la sociedad y el medio ambiente y cuenta con los requisitos necesarios para ser considerado un «libro amigo de los bosques».

Este libro lo dedico a todos aquellos
que me han ayudado en mi búsqueda

Sumario

La espiritualidad

Las artes

El lado oscuro del silencio

De aquí en adelante

Agradecimientos

En primer lugar, quiero expresar mis más sentidos agradecimientos a Robert McCrum y a Alan Samson, quienes no solo leyeron los primeros borradores de mi manuscrito, sino que además supieron transmitir su más sincero entusiasmo. También me gustaría dar las gracias a las personas siguientes por los consejos brindados y la ayuda prestada, no sin antes pedir disculpas a las que pueda haber omitido en mi listado: Camilla Anderson, Liz Anderson, Marie-Laure Aris, Anne Baring, Bella Bathurst, Caroline Baum, Caroline Blunden, Lavinia Byrne, Mark Cazalet, Kate Chisholm, William Chubb, Liz Claridge, Artemis Cooper, Marilyn Curran, Caroline Dawnay, Janine di Giovanni, Maggie Fergusson, Victoria Finlay, Clare Ford-Wille, Bill Forse, David Fraser Jenkins, Martin Goodman, Aidan Hart, Anthony Holden, Heather Holden-Brown, Clare Hornsby, William Howard, Lucy Hugues-Hallet, Tim Husband, Teresa Keswick, Alan McClue, Sarah Miller, Adam Munthe, Nelly Munthe, Emma Parsons, Nicholas Pearson, Robert Perkins, Richard Philp, Sarah Quill, Simon Richey, Sophy Roberts, Johanna Roeber, Kate Sapara, Peter Sawbridge, Jean Schooling,

Rupert Sheldrake, Sarah Spankie, Peter Stanford, Philip Stevens, Sean Swallow, David Tas, Sara Wheeler, Andrew Willson, Rachel Johnson, Heather Lawton y, finalmente, a mi editora Breanna Locke y a todo el personal que conforma Shambhala, la asesoría editorial The Literary Consultancy (TLC), la Biblioteca de Londres y la Sociedad de Autores.

Introducción

Hay un proverbio taoísta que dice que «los que saben no hablan, y los que hablan no saben»,[1] y mi intención era descubrir si esa expresión seguía siendo relevante en la actualidad, y si es cierto que necesitamos el silencio para poder resolver los problemas de este mundo. Toda la humanidad comparte este silencio secreto interior, tanto si lo sabemos como si no, y las maneras en que uno descubre este interior común son tan diferentes como fantásticas. Gracias al análisis de las distintas facetas del silencio, con este libro te invitamos a desarrollar y abrazar los períodos de silencio de tu vida por unas vías que posiblemente nunca habrías llegado a imaginar. Expondré cuál es mi relación personal con el silencio (tarea nada fácil, por cierto), y sospecho que mi anhelo por cultivar este silencio, así como mis dudas y mis miedos, hallarán eco en los demás. No hay nada inequívoco en el silencio. Por eso, aunque creo que en realidad es esencial, a veces encuentro que la búsqueda del silencio implica un gran esfuerzo. El silencio puede obligarte a tener que enfrentarte a ti mismo, y quizá esa sea la razón por la cual muchas personas harían lo indecible por evitarlo (a menudo llenando su propio mundo de sonidos vacuos). El silencio puede ser transformador (cuando nieva, el paisaje se acalla; cuando las máquinas dejan de funcionar, se impone lo quedo); pero el silencio inevitablemente también cuenta con un lado oscuro, y la exploración de esta vertiente nos lleva a unos lugares muy turbios.

¿Es el silencio toda ausencia de sonido? ¿Significa algo más interior, más profundo? ¿Existe el silencio en realidad? El silencio precede al sonido, pero no es tan solo la ausencia de sonido. El silencio ya está presente. Esta palabra procede del latín *silentium*, que significa «abstención de hablar, o bien falta u omisión de algo por escrito». La primera vez que apareció en un texto inglés la palabra «silencio» fue en 1225, y apareció en el texto *Ancrene Riwle*, escrito a petición de tres anacoretas de la nobleza: «En el silencio y en la esperanza residirá nuestra fortaleza».[2] El diccionario dice que es «la abstención de hablar o la falta u omisión de algo por escrito», y que el estado o la condición que se desprende de ello es el mutismo, la reserva y la circunspección.[3] Este significado inicial parece imprimir un sesgo muy negativo a la palabra, aunque también dice que es «la falta de ruido o una pausa musical», y eso ya resulta más atractivo, ¿verdad?

¿Dónde se impone este límite entre el mundo visible y el mundo auditivo? Y si existe un límite de esta envergadura, ¿cuál es y dónde está? Uno puede cerrar los ojos para entrar en el mundo auditivo y, por consiguiente, abandonar el visual, pero es muchísimo más difícil aislarnos del mundo de los sonidos. Si pensamos en el sonido, veremos que es una imposición, y, como señala el escritor británico Robert Macfarlane en *Bajotierra: un viaje por las profundidades del tiempo*: «No podemos ver lo que hay detrás de nosotros, pero sí podemos oír lo que hay detrás. Desde cualquier dirección, el sonido fluye hacia nosotros».[4] Estamos tan inmersos en las palabras que el simple hecho de permanecer en silencio sentado junto a otra persona ya resulta de por sí incómodo. En el siglo XIX, el filósofo y teólogo Søren Kierkegaard escribió que, si fuera médico y tan solo pudiera recetar un único remedio para curar todos los males del mundo, recetaría el silencio: «Y, aun cuando se proclamara el remedio con toda su amplia y estridente parafernalia para que se oyera por encima de todos los demás ruidos circundantes, solo por eso mismo ya dejaría de ser la Palabra de Dios. Por consiguiente, ¡cultivad el silencio!».[5]

Ahora bien, ¿por qué anhelamos tanto el silencio? ¿Qué hay en nosotros que necesita tanto el silencio? El silencio potencia sin duda nuestra capacidad de atención, y representa una pausa y un descanso de todos los estímulos que nos aporta el mundo exterior. No cabe duda de que el ruido y el silencio están inextricablemente unidos entre sí, como lo puedan estar el ying y el yang. Pero... ¿en realidad valoramos el silencio como una mera ausencia de sonido? A mí no me lo parece, la verdad. Creo que el silencio es algo mucho más importante. Como observó Mahatma Gandhi: «A menudo me he planteado que quien busca la verdad tiene que permanecer en silencio».[6] Para mí, esta idea es de una lógica aplastante, porque ¿cómo vamos a crecer interiormente si vivimos distraídos continuamente por el ruido exterior? El silencio impide que nos precipitemos en nuestros juicios. Como dijo el filósofo Ludwig Wittgenstein en la última frase de su *Tractatus logico-filosoficus*: «De lo que no se puede hablar, hay que callar».[7] Para descubrir la unidad y la conexión que existen en toda la creación, uno tiene que experimentar lo que es estar solo y aislado. Aprendiendo a valorar el silencio y los beneficios que este aporta es cuando uno aprende a escuchar de verdad; y cuando uno escucha de verdad, empieza a oír. Cuanto más capaz es uno de escuchar, más capaz se vuelve de oír mejor a los demás, y de hacerlo con compasión y amabilidad. Suele ser habitual que la persona que está pasando por un duelo, o ha recibido una mala noticia, lo único que necesite es alguien que la escuche. Las palabras sobran, y en realidad son de lo más inapropiado; aportar soluciones en estos casos es lo último que la persona desea oír. Es la escucha lo que es importante.

Realizar tareas cotidianas en silencio nos ancla más en el presente. Como citó el psicólogo y guía espiritual Ram Dass: «Cuanto más silencio observemos, más cosas seremos capaces de oír».[8]

Encontrar el silencio no siempre es fácil, porque tenemos que competir no solo con los sonidos exteriores, sino también con ese constante diálogo interior que juzga, analiza, compara y va cuestionando todas las cosas. Pero si somos capaces de cruzar bajo ese bombardeo de ideas, comprenderemos que existe un lugar tranquilo que sin duda alguna vale la pena ir a buscar.

¿Cómo nació este libro?

El silencio siempre ha sido, y sigue siendo, un tema muy esquivo; hay quien se siente atraído por él por su propia naturaleza, pero también hay quien se resiste. Hay lugares que parecen silenciosos y apacibles, mientras que otros carecen de esas características por muy silenciosos que sean. Esta clase de quietud parecía ser cada vez más rara y ocasional, hasta que tuvimos que pasar por la cuarentena de la pandemia en la primavera de 2020. De repente, sin aviones que surcaran el cielo y con muchísimos menos coches de lo habitual circulando por la calzada, el silencio, incluso en Londres, se fue convirtiendo en algo real y palpable. Era como si nos hubieran concedido un lapso de tiempo para valorar el silencio y, como consecuencia, empezar a considerarlo no solo una ausencia, sino también una presencia. Ya sabemos que ese período no duró mucho, pero la posibilidad de que pudiera existir una ciudad más silenciosa se reveló ante nuestros propios ojos.

Ni aun queriendo habría encontrado yo un momento mejor para sumergirme por completo en la escritura de este libro sobre el silencio que durante el período de la cuarentena, aunque lo cierto es que esa cuarentena para mí fue como vivir un día más sentada a mi escritorio, salvo que rodeada de un mayor silencio. Muchas personas descubrieron que les resultaba muy difícil concentrarse durante ese tiempo, y así se dieron cuenta de lo importante que es incluso interactuar en silencio, por medio del contacto visual, con los extraños. Es difícil saber si nuestra conducta cambia cuando no tenemos compañía. Sospecho que todos cambiamos algo cuando estamos solos; y con el aislamiento y la soledad a que nos vimos forzados por la cuarentena, creo que he terminado convirtiéndome en una persona más ermitaña y antisocial que antes. En mi caso tuve suerte, porque pude dedicarme a escribir, leer y pintar durante esa época; habría sido mucho más fácil desperdiciar todos mis días leyendo chistes, viendo Netflix y reuniéndome con la gente por Zoom.

En cualquier caso, voy a mostrarte los beneficios (físicos, psicológicos y prácticos) que tiene este silencio revelador y su inclusión consciente en nuestras vidas. Una de las cosas que me propongo hacer es inspirar a los demás para que consideren el silencio como nunca antes lo habían hecho. He hablado con músicos, leído sobre ermitaños, estado en retiros, experimentado el silencio en el desierto, contemplado pinturas y observado obras de artistas que creo que despiertan en nosotros una profunda sensación de silencio. Esta ha sido mi elección, una elección muy limitada con la que quizá algunos se muestren en desacuerdo conmigo.

Vivo en Londres, que es una ciudad ruidosa, pero llevo ya cincuenta años disfrutando de la suerte de poder viajar mucho. A lo largo de estos años que he dedicado a viajar he observado las costumbres y los rituales de muchas culturas. Dirigir la librería Travel Bookshop durante más de treinta años también me dio la oportunidad de conocer y hablar con una gran diversidad de viajeros y escritores, y de aprender muchas cosas sobre las tradiciones de los lugares a los que todavía no había ido. Mientras estuve dirigiendo la librería a jornada completa, no se me presentaron demasiadas oportunidades para poder viajar, pero al cabo de unos años ya pude emprender mis viajes, y entonces fue cuando empecé a pintar en serio. Encuentro que este acto tan solitario de pintar es una preciosa manera de sumirme en el silencio (porque nada de lo que me rodea importa). Tan solo estamos presentes el cuadro, el paisaje y yo.

En lugar de juzgar negativamente el ruido, quizá deberíamos empezar por adoptar una actitud más positiva acerca del silencio. Como ya señaló el filósofo griego Sócrates, el secreto de la felicidad no se halla en buscar más, sino en desarrollar la capacidad que tenemos de disfrutar con menos.[9] Nuestra vida es corta, y viene marcada por el silencio: todos venimos de un silencio y, con la llegada de la muerte, partimos hacia otro silencio.

¿Quién necesita silencio?

¿Quién necesita silencio? ¡Todos necesitamos silencio! El ruido es cansino, y el ruido constante es agotador. En la ciudad vivimos rodeados de ruidos. Pero es que, además del consabido estrépito de la ciudad, ahora vivimos pendientes de los teléfonos móviles y las redes sociales, y eso dura toda la jornada. A los que no estén familiarizados con el silencio, este libro les mostrará las ventajas que tiene y el modo de encontrarlo en los lugares más insospechados. A los que ya hayan iniciado su andadura espiritual, quizá encuentren algunas de las propuestas inesperadas e imprevisibles en lo que respecta a su búsqueda del silencio. Y a los que el aislamiento de la cuarentena les resultó sobrecogedor, espero que encuentren algunos consejos útiles sobre cómo transformar la soledad y el aislamiento entendidos negativamente y convertirlos en una soledad positiva.

Resumen del libro

El silencio es algo que cada vez encontramos con más rara frecuencia, y eso es algo que impone. Toda creación de la imaginación necesita un cierto grado de silencio, y a medida que el mundo se vuelve más ruidoso, parece que corremos el riesgo de perder este producto tan valioso y que, sin embargo, es gratuito. Tenemos que empezar a plantearnos muy en serio lo que vamos a perder si ignoramos nuestra necesidad de silencio. Al mirar atrás podríamos decir que el silencio *siempre* ha importado, pero que ahora importa más que nunca, porque vivimos en un mundo cada vez más frenético y gobernado por el ruido. Por el bien de nuestra salud mental, creo que el silencio debe reclamar su propio espacio en nuestras vidas y que, para ello, debemos analizar este «arte perdido» y reconectar con él.

He organizado el libro en seis partes. En «Experiencias vitales» introduzco el papel que el silencio ha desempeñado en mi vida personal, así como en la de otros personajes muy conocidos que decidieron embarcarse en su propia búsqueda del silencio. En «El concepto del lugar» se observa el silencio desde la perspectiva del entorno (nuestra relación con la naturaleza, la majestuosidad del desierto e incluso las estructuras creadas por el hombre, como las ruinas y los edificios históricos, capaces de ampliar o inspirar lo quedo). En «La espiritualidad» se contempla la relación que existe entre el silencio y algunas de las tradiciones espirituales, religiones y prácticas que han pervivido a lo largo de la historia. En «Las artes» se repasa el modo en que los escritores, los artistas y los creadores se inspiraron en el silencio y lo utilizaron en su obra. En «Las vertientes oscuras del silencio» se constata la presencia del silencio en tiempos de guerra y se habla de que también puede usarse como medida de castigo. Y, finalmente, en «De aquí en adelante», se aporta material para poder reflexionar sobre la experiencia y la aceptación del silencio en la vida, sobre lo que implica ceder a la curiosidad y ser consciente tanto de los momentos más tranquilos como de los más ruidosos de la vida.

EXPERIENCIAS VITALES

1. Mi silencio

De pequeña, en ocasiones me negaba rotundamente a hablar. Mi decisión de no hablar era temporal, y no tenía nada que ver con el mutismo, pero nunca llevaba las de ganar, porque guardando silencio no conseguía lo que quería. Me resultaba insoportable tener que ir a las consabidas fiestas de la primera adolescencia que se celebraban durante las vacaciones escolares. Sin embargo, mi madre se mostraba tan inflexible obligándome a ir que terminamos celebrando una especie de ritual en casa antes de acudir a cada una de esas fiestas por el que yo me encerraba en el baño y gritaba hasta desfallecer protestando porque no quería ir. Mis protestas no es que fueran precisamente silenciosas, aunque, considerándolo bien, los gritos resultaban silenciosos, porque nadie les prestaba la más mínima atención. En la adolescencia tenemos una gran conciencia de nosotros mismos, y, en mi caso, si no quería asistir a esas fiestas, era porque no me apetecía que se dieran cuenta de que me faltaba un brazo, y aún menos tener que dar explicaciones sobre lo que me había sucedido. Yo creía que, si manteníamos en secreto que tenía un solo brazo, conchabada con mi familia, el mundo real no tendría por qué enterarse. Tengo que decir que, en general, el silencio y la negación me funcionaron bastante bien.

Tuve un cáncer a los diez años (un sarcoma sinovial en los tejidos blandos del codo); y en 1957, en la edad oscura de los tratamientos contra el cáncer, decidieron que era necesario amputarme el brazo izquierdo. Detestaba tanto los comentarios relacionados con mi brazo que ni siquiera supe que padecí un cáncer hasta que terminó mi adolescencia. Todavía recuerdo un viaje en coche en que tuve que forzarme a mí misma a preguntarles a mis padres por lo que había sucedido con mi brazo. Cuando estábamos a punto de llegar a casa, les espeté: «¿Qué me pasó en el brazo?». Sabía que habían tenido que amputármelo, por supuesto, pero como nadie de mi familia ni de mi escuela tocaba el tema, yo ignoraba cuáles fueron los motivos. La reacción de mi madre fue de sorpresa por no haberme decidido a preguntar antes. Y cuando empezó a contarme lo que me había sucedido a los diez años, me di cuenta de que no quería que parara, que me lo dijera todo, hasta el más mínimo detalle.

Volviendo a esas fiestas de mi adolescencia de las que ni una sola de mis rabietas en el baño me libró, diré que, tras quedarme agotada de tanto llorar y de que mis padres consiguieran con buenas palabras que saliera de mi encierro, me veía obligada a ir al terrible evento. Nada más llegar a la fiesta, me quedaba de pie, junto a la pared, en el otro extremo de la zona donde se bailaba, con la cara surcada de lágrimas y esperando que mis padres vinieran a recogerme para llevarme de vuelta a casa. Me quedaba ahí de pie, vistiendo con decisión mi chaqueta de punto blanco y mis calcetines cortos de color blanco, temiendo que alguien me pidiera para bailar y odiando estar llamando la atención por el mismo hecho de no haber salido a bailar. La pregunta que más temía era por qué no me quitaba la chaqueta. Tenía la esperanza de que, si me la dejaba puesta, podría disimular mejor el hecho de que tenía un solo brazo, y también esperaba que los calcetines cortos de color blanco evitaran que los demás me consideraran una adulta. Quería estar a salvo sintiéndome una niña, y no quería embarcarme en lo que yo creía que era un terrorífico y larguísimo viaje hacia la edad adulta.

Además del terror de tener que verme rodeada de un buen número de extraños que podrían hacerme preguntas sobre mi brazo, en esas fiestas también había chicos, y yo no tenía ni idea de las cosas que podías hablar con los chicos. Tenía un hermano, eso sí, pero como él era cinco años menor que yo, no me servía como modelo de conversación. En lo que a mí respectaba, los chicos eran seres procedentes de otro planeta, y yo vivía con el temor de que quizá esos extraterrestres se pusieran a hablar de mi brazo. Acababa de enterarme, por un chico que solía ir a estas fiestas, que su madre le había dicho que me faltaba un brazo y que, por lo tanto, se mostrara muy amable conmigo. «Ser amable conmigo» para mí significaba que me pediría para bailar, y que también se lo pediría a otras dos chicas más que la señora había elegido para que su hijo las tratara con deferencia: la anfitriona y la niña más alta de la reunión. Si hubiera sabido que esta era la razón por la cual me sacaba a bailar, creo que nada de este mundo habría logrado sacarme de mi encierro en aquel baño.

El silencio relacionado con todo lo referido a mi brazo presidió toda mi adolescencia y los años que pasé en el internado. Sentía que el silencio me protegía, y la cosa funcionó. Durante los cinco años que pasé en el colegio, nadie me hizo ni una sola pregunta sobre mi brazo. Por eso el silencio se convirtió en mi aliado. Si este enfoque es acertado o no es discutible, pero a mí me funcionó. Solo empecé a cuestionarme el enfoque de silenciar las cosas la primera vez que fui a Estados Unidos, cuando ya tenía veintidós años. En este país, lo más natural era que la gente te preguntara, sin ninguna clase de temor, lo que te había pasado en el brazo, abandonando esa reserva que es tan característica de Inglaterra. Quizá fuera porque ya había llegado el momento de hablar de eso, pero, en cualquier caso, para mí representó un enorme alivio. El silencio que envolvía todo este asunto había terminado.

En las familias puede haber temas tabú, que es todo eso de lo que nunca se habla, como, por ejemplo, la muerte de un niño. El hecho de que nunca se saque a colación el tema significa que, al envolver de silencio lo prohibido, hacemos un paquete que no puede abrirse bajo ninguna circunstancia, y que se convierte en un terrible secreto. Como consecuencia, el silencio que se va formando en torno al tema se va volviendo venenoso, como una úlcera sin puncionar. Y, cuanto menos hablamos del tema, y más silencio guardamos, más nos cuesta abordarlo como un tema propiamente dicho. En mi caso en particular, si no fui capaz de hablar de ello, ni preguntar por qué tenía un solo brazo durante casi diez años, hasta que cumplí los veintiún años, fue porque sentía que ese tema ya se había salido de madre, y pensaba que ya no era posible hacer preguntas sobre lo que me había pasado. Sin embargo, lo cierto era que consideraba que el silencio era mi aliado. Y podía fingir que, como nadie me hacía ningún comentario sobre el brazo que me faltaba, probablemente nadie se habría dado cuenta.

El silencio evitativo es una clase de silencio (un silencio que me funcionó muy bien durante un tiempo). Ahora bien, existen muchas otras variantes. Y estas distintas variedades son precisamente las que quiero explorar en este libro.

Los intensos momentos de la falta de ruido

Durante muchos años, si alguien me preguntaba cuál era el lugar del mundo al que más me apetecía ir, yo siempre respondía que a la Antártida, y en marzo de 2005 tuve la suerte de poder hacerlo. Fueron los azules y los turquesas de los icebergs los que, como pintora que soy, me cautivaron de entrada, pero si algo me llevé de allí fue el silencio. Un silencio de un sonido profundo. La Antártida puede ser increíblemente ruidosa; los icebergs se desprenden sin cesar, y los motores de las embarcaciones son ruidosos. Aunque el ruido no es precisamente de lo que eres consciente en esos momentos, cuando cesa, te das cuenta de su repentina ausencia y notas el maravilloso silencio que todo lo envuelve.

Fue en la Antártida donde experimenté el silencio más profundo de toda mi vida. Unos pasajeros se bajaron del rompehielos ruso en el que íbamos y se subieron a unas lanchas inflables para serpentear entre unos icebergs de múltiples tonos azulados. En un momento dado, se apagaron todas las máquinas; nos quedamos quietos y en silencio total, y entonces empezó a nevar. Tuve una sensación de completitud absoluta. Han pasado varios años, pero todavía soy capaz de rememorar esa sensación de conexión y de totalidad, porque ese fue uno de los momentos más profundos de mi vida. Creo que estas experiencias reciben el nombre de «experiencias cumbre», término que francamente me hace sentir un tanto incómoda. Quizá porque la decepción puede ser brutal. De todos modos, yo viví esa experiencia en la Antártida. Sí, es cierto que tuve que mostrarme abierta para vivirla, pero como en realidad no esperaba sentir nada igual, tampoco salí decepcionada. De hecho, las secuelas que me dejó fueron una profunda sensación de paz.

Probablemente me resultaría imposible recrear estas circunstancias tan especiales. Aunque tuviera el tiempo, la energía y el dinero suficientes para regresar a la Antártida, las probabilidades de que empezara a nevar justo en el momento adecuado serían francamente remotas. El recuerdo que me quedó, de todos modos, es precioso. Y creo que eso puede aplicarse a casi todas las variantes del silencio. Estamos tan acostumbrados al ruido que nos rodea (sobre todo los que vivimos en una ciudad) que, a menudo, cuando de repente ya no está, es cuando nos percatamos de él. Incluso el campo puede llegar a ser ruidoso con toda la maquinaria agrícola, los coches y los animales que hay; sin olvidarnos, por supuesto, de la omnipresente aviación. Tras la erupción del volcán islandés Eyjafjallajökull en 2010, que provocó que una nube de ceniza no permitiera sobrevolar el espacio aéreo, muchos comentaron lo maravilloso que estaba todo en silencio. Por desgracia, esta especie de quietud generalizada es irrepetible.

Conservo otro recuerdo indeleble de la quietud de la nieve, aunque en esa ocasión me encontraba en una ciudad. La primera vez que fui a Nueva York fue en enero de 1969. Poco después se desató una gran tormenta de nieve, y la ciudad quedó prácticamente paralizada. No se podía circular, y para ir a cualquier parte tenías que ir andando, rodeada de una amortiguada quietud. Me resultaba increíble que algo así pudiera pasar en una ciudad del tamaño y la importancia de Nueva York. Recuerdo haber recorrido la silenciosa ciudad a pie, bajo la nieve, llevando conmigo los zapatos de vestir que debía ponerme para asistir a una fiesta que daban en el famoso club nocturno El Morocco. Por supuesto, ese silencio no duró demasiado (por no hablar de las sirenas de la policía como ruido de fondo), pero mientras la nieve seguía cayendo, todo permanecía en silencio.

Las búsquedas adecuadas del silencio

Hasta el siglo XIX caminar fue la única manera de desplazarse, fuera para ir al trabajo, a la escuela o para hacer recados. También era la manera de escapar del abigarramiento en que la gente vivía. Durante la cuarentena de la COVID-19, las caminatas recuperaron su perdida fama y pasaron a convertirse en la escapatoria más habitual y necesaria a la monotonía, porque era una de las pocas actividades que estaban permitidas. Caminar es algo que solemos relegar al ámbito del ocio; por eso existen tantas organizaciones dedicadas al senderismo, al excursionismo y a los paseos.

Sin embargo, caminar también puede ser una escapatoria. Cuando camino sola, no tengo que conectar con los demás, puedo estar sola y en silencio. El académico británico G.M. Trevelyan afirmaba que, para poder disfrutar de un buen paseo, deberíamos hacerlo en soledad, porque cuando estamos solos podemos ir a nuestro propio ritmo y somos libres de detenernos en el lugar y en el momento que queramos. Hablar con otra persona mientras se camina podría alterar «la armonía establecida entre el cuerpo, la mente y el alma»,[1] escribió Trevelyan. Para el poeta John Clare, caminar en soledad le permitía observar mejor la belleza de los parajes naturales. Clare solía llevarse un libro en sus paseos, detalle muy común entre los caminantes, que van a leer a lugares solitarios. Encontrar un lugar apartado para leer al aire libre en el centro de Londres puede convertirse en todo un reto, pero sus cementerios (el de Kensal, Green, Highgate, Brompton y Margravine) son garantía de silencio, y buenos lugares a los que ir tanto para leer como para pasear. De todos modos, y aunque no albergue ningún cementerio, tengo la gran suerte de vivir cerca del parque Battersea, un espacio verde de doscientos acres que está en pleno centro de Londres y en el que siempre es posible encontrar algún recodo tranquilo. El historiador británico David Olusoga acude a los cementerios para visitar la tumba de la persona sobre la que escribirá y así poder entrar en contacto con ella en silencio.

El ritmo pausado con el que uno camina es ideal para la reflexión, puede servir para aclarar las ideas y es un buen caldo de cultivo para la creatividad. «Voy a sacar al perro a pasear» debe de haber sido una de las excusas más manidas para salir de casa y estar solo. El perro es un compañero fantástico y, en general, es silencioso. Caminar, por otro lado, es muy saludable. En *Los trazos de la canción*, el gran viajero y escritor Bruce Chatwin mencionaba a los pintupi de Australia, una tribu que daba gran importancia al hecho de tener unas piernas fuertes.[2]

Asimismo, practico la natación con regularidad, tarea fácil de hacer en silencio. Hay personas que consideran la natación una actividad social, pero yo no me lo planteo así, y practico la natación como un deporte en solitario. Es verdad que hay ruidos en el entorno, pero resulta muy fácil aislarse de cualquier estímulo externo. Disponer de un momento de callada contemplación dentro del agua puede resultar francamente inspirador. Tenemos un buen ejemplo de ello en *Diarios del agua*, el maravilloso libro del ya desaparecido Roger Deakin sobre la natación en Gran Bretaña que fue producto de una idea que le sobrevino mientras estaba nadando en su foso particular y contemplando con atención unas ranas.[3]

Navegar y pescar también son búsquedas de carácter solitario. En *El perfecto pescador de caña*, Izaak Walton describe la pesca como una ocupación que está en profundo contraste con la del abogado o el estadista. Un pescador puede sentarse en «las riberas florecientes de prímulas, oír los pájaros cantar y embargarse de tanta quietud como la que aparentan estos arroyos plateados que vemos deslizarse ante nosotros».[4] A pesar de que yo no me dedico a la pesca, valoro mucho poder sentarme en silencio a la orilla de un río y dejarme embargar por el entorno. En 2017, una amiga mía alquiló un caserón en Sutherland para celebrar que cumplía setenta y cinco años. Además de invitar a sus tres hijos, con sus parejas respectivas y sus seis nietos, también había invitado a otros amigos que no formaban parte de su familia, grupo en el que me contaba yo. Pescar era el principal propósito de esa fiesta, pero, como yo no pescaba, me senté encantada a dibujar en silencio a la orilla del río.

En una ocasión me apunté a un curso de pintura de iconos de una semana de duración que organizó la Escuela Universitaria de Bellas Artes y Conservación de West Dean, en Sussex. A pesar de que nunca me había planteado pintar iconos, vi por casualidad la oferta del curso publicada en el folleto de la escuela universitaria y me llamó mucho la atención. Curiosamente terminaría siendo una de las experiencias más gratificantes que haya vivido jamás. Solo seis estudiantes tuvimos la inmensa fortuna de tener como profesor al célebre pintor de iconos Aidan Hart. Hart nunca había dado clases anteriormente en la escuela West Dean, y nunca más volvería a dar clases en ese centro. Hart llevaba viviendo seis años como un ermitaño en Shropshire, sintiendo que cuanto más se entregaba a la oración, más se estaba entregando al silencio; pensando que cuanto más profundamente viajaba hacia su interior, más sentía que estaba penetrando en el misterio de Dios: «Como ermitaño que soy, solía sentarme un par de horas dos veces al día para intentar orar en silencio. Durante los primeros años, la mayoría de las veces solía verme frente a frente no con Dios, sino conmigo mismo, con todos mis ruidos, mi fragmentación, mis distracciones, mis fachadas... Hasta el día que vi el brillo de una luz». Pintar un icono es una meditación. En palabras de Hart diríamos: «Como pintor de iconos, pinto rostros. No pinto un sistema filosófico, sino que pinto personas. Mi obra está hecha de personas que miran a otras personas, en contemplación y, por consiguiente, y en cierto sentido, en silencio. Las palabras tienen significado solo cuando son un medio de conectar en lugar de servir para rellenar un espacio. Para mí, el contenido del silencio es una relación».[5]

Este curso del que hablo tan solo duró cinco días; es decir, que repasamos por encima lo que significa ser un pintor de iconos. Durante el primer año, el estudiante solo se dedica a barrer el suelo y, cuando llega al segundo curso (también de un año de duración), ya se le permite pintar cejas. Nosotros, en cambio, tuvimos que embutir todo ese contenido en unos pocos días. Esa semana, la mayor parte de la cual transcurrió en silencio, resultó ser como una profunda meditación. Tenía que ver con la concentración absoluta que es necesaria cultivar (un atisbo de la vida inmersiva que llevaba un pintor de iconos comprometido con su tarea). Tengo un icono pintado en un trozo de madera de deriva hecho por un monje que actualmente reside en el Monte Athos. Cuando lo contemplo, me provoca una intensa sensación de continuidad, me vincula con una tradición antigua.

Mientras iba escribiendo este libro iba pensando si no existiría alguna manera de intentar pintar el silencio. Me gustaría muchísimo hacerlo, pero el proceso me intimida. Por eso, una de las cosas que he empezado a hacer ha sido copiar pinturas que considero silenciosas y, aplicada ya a la tarea, sumergirme en el mundo de su pintor.

Siempre me han fascinado los libros sobre alpinismo, aunque ni remotamente me haya entrado jamás el gusanillo de practicarlo, pero encuentro los relatos que escriben los alpinistas cautivadores, y leerlos en silencio, y a salvo de todo peligro, es una experiencia que te absorbe por completo. Navegar también puede ser un deporte solitario (una persona se enfrenta a solas con los elementos). Curiosamente, la mayoría de los navegantes que emprenden travesías de larga distancia no son muy dados a la introspección, a excepción de Bernard Moitessier, que aborrecía la comercialización de esta clase de travesías marítimas. En su libro *El largo viaje*, califica la travesía marítima de viaje espiritual.[6] Aun sin ser alpinista ni navegante, uno puede dejarse embargar por el espíritu silente de estas actividades indirectamente, leyendo como lo hago yo, que ya de por sí es una experiencia solitaria.

Otra búsqueda del silencio, sin duda alguna, es la práctica de la meditación. En junio de 2019 fui a un retiro de silencio budista que se celebraba en España, llamado «Amar la conciencia», que dirigían Jack Kornfield, un maestro de budismo Theravada de nacionalidad estadounidense, y su esposa, la maestra de Dharma Trudy Goodman. Éramos unas treinta personas en total, un número curiosamente reducido, tratándose de uno de los famosos retiros que organizaba Jack. La primera pregunta que el maestro nos hizo fue: «¿Cómo vas sorteando el mundo individualmente?». Kornfield nos explicó que todas las culturas antiguas que amaban la sabiduría siempre habían destinado un tiempo a los recesos (a veces, en el desierto y, en otras ocasiones, en un bosque), y planteó la necesidad de encontrar ese tiempo sagrado para saber vivir con sabiduría. Trudy añadió que, en toda vida espiritual, el silencio siempre se convierte en tu mejor amigo. Lo irónico fue que la sala en la que los participantes nos reuníamos nunca estaba en silencio: o bien rugía el aparato de aire acondicionado, o bien las ventanas abiertas dejaban que se colaran en el interior los ruidos del exterior (algunos de ellos agradables, como el repiqueteo de unas campanas o el canto de los pájaros, pero otros, como el tráfico o las voces humanas, muy invasivos).

La experiencia de meditar en grupo es muy distinta; la calidad del silencio resulta más densa y envolvente. Jack se había formado como monje en Tailandia, Birmania y la India antes de cofundar la Sociedad de Meditación del Conocimiento en Barre, en Massachusetts, en 1975, y el Centro de Meditación Roca Espiritual en Woodacre, en California, en 1987. El retiro «Amar la Conciencia» se celebraba en la abadía de Santa María de Montserrat, en Cataluña, a una hora de distancia de Barcelona. La abadía es conocida por albergar la Virgen Negra de Montserrat, que es la santa patrona de Cataluña. Esta virgen se encuentra situada sobre el altar del monasterio, y siempre se forman largas colas de gente que espera para poder verla. Unos sesenta monjes residentes en la abadía han de lidiar a diario con los autocares llenos de turistas hasta las cinco de la tarde. Cuando el gentío se marcha, el monasterio recupera la paz. En la basílica, los cánticos benedictinos se ejecutan a lo largo del día de manera habitual. La iglesia actual se construyó en el siglo XIX, aunque se conoce que ya había monjes viviendo en este emplazamiento desde el siglo XI. A pesar de su destrucción a manos de las tropas de Napoleón, que combatieron en ese enclave durante la guerra de Independencia, y de su clausura durante la guerra civil española, parece haber existido siempre cierta continuidad espiritual en el monasterio. En tiempos de Franco, a mediados del siglo XX, incluso llegó a convertirse en refugio de artistas y escritores.

El retiro que hice en España también fue una de las primeras experiencias que tuve de comer en silencio. Nos dijeron que no nos comunicáramos entre nosotros, ni siquiera por gestos, mientras duraran las comidas. Tengo que confesar, de todos modos, que alguna que otra mirada inteligente sí nos cruzamos en el comedor, porque la comida, que consistía en tomar arroz y ensalada a diario, era de una monotonía aplastante. Alguna vez he leído que las personas que acuden a un retiro silencioso sienten que terminan conociendo mejor a sus compañeros de curso por el hecho de haber compartido con ellos su silencio, y que esta conexión silenciosa se convierte en el vínculo que los une a todos. Arquear las cejas de puro asombro, gesto que quizá queda fuera de lugar en todo retiro espiritual, ¡eso sí era unificador! Comer en silencio tiene como objetivo que seas más consciente de lo que estás comiendo y que sepas apreciarlo mejor, pero, en mi caso en concreto, yo no veía el momento de poder escaparme del restaurante a la primera oportunidad. La conversación, que nos habría entretenido a todos, sin duda alguna habría convertido esa comida insulsa en un ágape más sabroso. La mayoría de las noches, tras esas insípidas y silenciosas cenas, iba al bar y pedía una copa de vino tinto, que luego me tomaba allí mismo a solas. Me sentía como una colegiala traviesa, porque tenía la sensación de que todos me miraban al pasar de camino a sus habitaciones. No había roto el código de silencio, pero... ¿estaría traicionando el espíritu del retiro? ¡Qué más da! No entendía qué estaba haciendo allí, y empezó a darme rabia que tuviera que sentirme culpable por tomar una copa de vino. ¿Era un acto de rebelión por mi parte, o me estaba convirtiendo en una de esas alcohólicas que no son capaces de pasar ni una sola noche sin tomar una copa de vino tinto? Da igual, pero... ¡qué rabia me dio!

No hay duda de que en silencio se forman vínculos y conexiones entre los miembros que participan de un retiro, aunque solo fue de regreso a casa, tomándonos unas cañas en el aeropuerto de Barcelona (¡qué alivio descubrir, por cierto, que yo no era la única que bebía!), cuando nos presentamos debidamente los unos a los otros y nos dijimos nuestros nombres. Conectar en el silencio durante un retiro es un fenómeno de carácter universal. En la mayoría de los monasterios, los monjes comían en silencio, pero casi siempre había alguien que les leía en voz alta durante los ágapes. ¿Sería para distraerlos de la comida, que probablemente debía de ser muy monótona? Ronald Rolheiser, canadiense de nacimiento y oblato de María Inmaculada (OMI), participó en una ocasión en un retiro ignaciano de silencio absoluto junto a otros sesenta participantes. Al término de los treinta días que duró el retiro, todos los participantes sintieron que se conocían más a fondo que si se hubieran dedicado a hablar entre ellos. El silencio, escribió Rolheiser, «es un idioma poderoso, más fuerte que las palabras».[7]

La práctica del silencio

Durante estos últimos años me he dedicado a buscar practicantes inusuales del silencio con el propósito de escribir este libro. Di con una de ellas en octubre de 2018. El día señalado llegué a la iglesia de San Jaime, situada en Piccadilly, en Londres, una hora antes del comienzo del evento previsto (con las entradas ya agotadas) del croata Braco, el Observador. La cola daba la vuelta al atrio de la iglesia, y los miembros de su equipo iban filmando. Había gente que venía de Australia y de Estados Unidos, y también de Francia, Alemania, Hungría e Irlanda. Cuando todos nos acomodamos en la iglesia, una mujer con un tono de voz bastante estridente nos contó que Braco le había cambiado la vida, y que también había cambiado la vida de muchas otras personas. Tras la charla, venía el pase de una película sobre Braco titulada *El poder del silencio*. Sin embargo, hubo algún que otro fallo con la tecnología, y el pase de la película se demoró muchísimo. Cuando al final pudieron empezar, el sonido, por desgracia, estaba distorsionado. Antes de detenerse en el personaje de Braco, transcurrían unos veinte minutos de película en los que varias personas, entre las que reconocí a la modelo Naomi Campbell, hablaban en pantalla. Todas habían visto la película y comentaban lo maravillosa que les había parecido. Esta producción sigue los pasos del silente Braco por todo el mundo: caminando por la playa, a orillas de distintos ríos, paseando por las aceras y apareciendo ante públicos muy numerosos. También le hacen una entrevista a su madre, y a otras muchas personas, y muestran fotografías de su mujer y su familia.

Hace veintidós años, según se relata en la película, Braco descubrió que tenía el poder de ayudar a los demás. Braco se queda en pie sobre un podio y contempla al público en silencio. Muchos de los que captan su mirada notan una sensación de profunda paz que los libera de toda tensión; y no son pocos los que afirman haberse curado. Braco no se considera un sanador, y no es postulante de ninguna teoría, filosofía o mensaje alguno. No habla en público desde 2004, y nunca ha concedido una entrevista a los medios de comunicación. En 2012 Braco recibió en Nueva York el Poste de la Paz que otorga la Sociedad de las Plegarias por la Paz Mundial y cuyo lema es el siguiente: «Que la paz impere sobre la Tierra». Entre los destinatarios de este símbolo del Poste de la Paz podemos citar a la Madre Teresa, al Dalái Lama y al papa Juan Pablo II.

Cuando al final Braco apareció sobre el podio, la gente se abalanzó hacia él, y yo me vi forzosamente relegada a la última fila. Era obvio que me faltaba el empuje que demuestran los devotos. Sin embargo, alcancé a verle los ojos, y he de decir que sí, que sentí como si me estuviera mirando directamente a mí, aunque no noté ninguna oleada de paz ni de bienestar. Puedo asegurar que, cuando Braco se queda en pie en el podio, es capaz de mirar a los demás sin parpadear durante diez minutos seguidos. Y, quizá por la falta de contacto humano que padecemos, el mero hecho de sentir que alguien nos está mirando cubre en parte esta necesidad humana que sentimos todos. Al cabo de diez minutos, Braco abandonó el escenario y se marchó de la iglesia. Al salir del recinto, me regalaron, a mí y a todos los participantes, claro, una rosa blanca sin espinas, que logró sobrevivir a mi viaje en autobús de regreso a casa.

A diferencia de muchas de las rosas que compramos en la floristería, la mía se abrió al día siguiente.

Otra ocasión en la que fui en busca de silencio fue cuando me apunté a un seminario de formación de cuatro días denominado «Presencia en la quietud» y que estaba destinado a terapeutas. El curso se celebraba en pleno campo, en el condado de Sussex. Era una experiencia completamente nueva para mí. La mayoría de los asistentes eran terapeutas neosacrales interesados en refrescar la técnica y conseguir alcanzar el número de horas supervisadas necesarias para ejercer. Entre las veintiuna mujeres y los tres hombres que había apuntados, solo cuatro de nosotros no éramos terapeutas. El tema me angustió un poco de entrada, y mientras contemplaba a todas esas personas tan serias y comprometidas con su labor que estaban reunidas conmigo en la sala, me pregunté qué estaba haciendo yo allí. Sin embargo, el facilitador, un personaje muy famoso llamado Mike Boxhall, ya fallecido, me aseguró que yo era tan humana como cualquiera de los demás, y eso me tranquilizó bastante. Las sesiones se impartían en Cowdray Hall, y Mike empezaba cada día con una meditación seguida de una breve charla. A continuación, nos decía que buscáramos pareja. Uno de los dos miembros de la pareja se tumbaba en una camilla, completamente vestido, y el otro ejercía de practicante. La sesión duraba unos cincuenta minutos, y al concluir, la persona que había ocupado la camilla compartía la experiencia vivida y lo que había sentido bajo la suave manipulación de una persona que solo estaba pendiente de ella.

A veces, el practicante dedicaba toda la sesión a los pies de la otra persona, y en otras ocasiones se ocupaba de la cabeza o de los hombros del paciente. Estábamos practicando la terapia craneosacral, que se realiza en un silencio prácticamente absoluto, aunque si uno se siente incómodo, puede decirlo tranquilamente. Esos cuatro días hicimos tres sesiones completas y fuimos cambiando de pareja. La sensación que tuvimos (al menos en mi caso), tanto al desempeñar el papel de practicante como el de paciente, fue la de estar inmersos en un profundo silencio. La quietud no es producto de una acción, sino ese punto en nuestro propio centro que está presente en todos nosotros. Es lo que T.S. Eliot captó en los *Cuatro cuartetos,* donde dice que la parte inamovible del mundo es donde la acción reside.[8]

Es cierto que hubo momentos durante ese fin de semana en que noté quietud y una sensación de unidad con el universo, pero para mí fueron unos momentos pasajeros. Ese no hacer nada para conseguir algo parece entrar en contradicción con tal como vienen las cosas en este mundo tan ajetreado y ruidoso en el que vivimos. Y esta idea sí encaja conmigo. A mí me resulta sumamente difícil quedarme de brazos cruzados, sobre todo porque son tantas las cosas que quiero hacer... Dedicarle cuatro días a este taller, en el que las horas se me hicieron larguísimas porque, en apariencia, no es que sucediera gran cosa, me resultó muy difícil. ¿No estaría perdiendo el tiempo cuando podría estar dedicándome a otras cosas, como, por ejemplo, a escribir mi libro, pintar, leer o ir a dar un paseo? Quizá, como me dijo por escrito mi amigo Richard Philp: «El silencio es necesario para pensar en profundidad y con tiento [...]. La condición de guardar silencio se convierte entonces en un trampolín para la creatividad [...]. El silencio no es estéril; no es un vacío; no estamos hablando aquí del espacio exterior. Es la actitud de desembarazarnos de lo innecesario, de hacer *tabula rasa* para ser capaces y libres de reaccionar a los sonidos que tienen un significado especial para nosotros».[9]

¡Todo cobra tanto sentido! (Me refiero al hecho de penetrar en ese profundo espacio silencioso y usarlo como un trampolín para la creatividad, a encontrar el punto de anclaje y permitir que la danza surja). Pero... ¿por qué nos resulta todo esto tan difícil? Es más, ¿por qué a mí, en particular, me resulta tan difícil? Creo que, a medida que me voy haciendo mayor, soy más consciente de lo rápido que pasa el tiempo y, por supuesto, de que no seré capaz de hacer todo lo que me he propuesto hacer antes de morir. No tendré tiempo de leer ni una fracción de los libros que me gustaría leer, ni de pintar los cuadros, escribir los libros, viajar a los países o aprender los idiomas que yo querría. Quizá mi lección consista en aceptar que eso es así y en intentar valorar más el presente. Sin duda alguna, momentos como el que pasé durante el fin de semana que fui a Sussex a participar en el seminario de la «Presencia en la quietud» son los que me instan a emprender esta dirección.

Como se explica en la página web del curso: «El principal objetivo del trabajo es potenciar una quietud y un espacio en el practicante por los que la paciente confíe en que será escuchada. Es en el hecho mismo de ser escuchada donde reside la curación. La inteligencia lo sabe, pero el intelecto tan solo alcanza a saberlo parcialmente [...]. ¡Cuánto no ganaríamos todos tomando como punto de referencia las tradiciones antiguas y la ciencia moderna!».[10]

Hace muchos años di un curso para adultos de escritura de viajes en la Universidad de la Ciudad de Londres, que está integrada en la Universidad de Londres. Di clases en esa sede durante un año, y mis alumnos iban variando cada trimestre. Durante el primer trimestre noté que mis clases eran todo un éxito, que estaba interactuando muy bien con los estudiantes y que, cuando les planteaba preguntas, casi todos levantaban la mano. Lo pasé fenomenal; sentí que me estaba comunicando muy bien con los alumnos y que ellos estaban aprendiendo. Sin embargo, cuando empecé el segundo trimestre, con otros alumnos nuevos, no conseguí arrancarles ni una sola palabra. Sentí que estaba fracasando estrepitosamente. Si eso me hubiera sucedido durante el primer trimestre, creo que no habría regresado nunca más a las aulas. Aquello era como intentar exprimir jugo de una piedra; una auténtica pesadilla. El silencio de los estudiantes me hacía sentir muy incómoda. ¡Aquel no era el silencio que yo andaba buscando! Decidí, de todos modos, que llevaría un par de botellas de vino a la última clase, y eso distendió un poco el ambiente, pero, para entonces, ya era demasiado tarde. Los silencios de esa aula tenían un sesgo negativo y extraño. Siempre me han intrigado las dinámicas de grupo, y, al encontrarme ante el clásico ejemplo, en vivo y en directo, de lo que implica la dinámica grupal, puedo decir que, efectivamente, algo aprendí. Por lo que recuerdo, el tercer trimestre funcionó bien, pero el contraste entre el primer y el segundo trimestre fue lo que me quedó grabado.

Ninfa, un pueblo situado en el sudeste de Roma, es conocido por tener el jardín más romántico del mundo. El enclave, con ruinas romanas y medievales, quedó desierto debido al avance de las marismas circundantes, y de la malaria consiguiente, pero fue recuperado por un diplomático medio inglés llamado Gelasio Caetani en 1921. Caetani empezó a plantar una gran variedad de especies botánicas procedentes de los viajes que había hecho al extranjero, respetando las rosas y las plantas trepadoras que crecían en el jardín y cubrían las ruinas. El río Ninfa, que se nutre de muchos afluentes, discurre por el jardín, y puedo dar testimonio de lo frías que están sus aguas (al haber nadado en ese gélido río) porque tuve la inmensa suerte de quedarme unos días en Ninfa con la familia Howard, que tiene acceso a una casa de la propiedad. En la actualidad es una fundación quien administra el jardín, pero la familia Howard (Hubert Howard se casó con Lelia Caetani) sigue muy implicada en la conservación del jardín de Ninfa. El escritor victoriano Augustus Hare, que debió de haber visto Ninfa antes de la restauración de sus jardines, lo describió como «un lugar de increíble silencio en el que algo sobrenatural te invade y embarga todos tus sentidos [...] un panorama inexplicablemente quedo de silvana belleza».[11] Las visitas son muy restringidas, y por eso todavía es posible seguir disfrutando de este «lugar de increíble silencio» en el que el único sonido perceptible es el rumor del agua y el trino de los pájaros. Creo que, de todo eso, he aprendido que, por muy esquivo que sea el silencio, lo cierto es que se encuentra en todas partes... y está esperando a ser descubierto.

2. A la búsqueda del esquivo silencio

Tenemos constancia de que son muchísimas las personas que han intentado purgar el entorno de ruidos. El pionero en informática Charles Babbage tenía declarada la guerra a los músicos callejeros. Thomas Carlyle, autor de una obra sobre la Revolución francesa que comprendía tres volúmenes, intentó sin éxito construirse una habitación completamente silenciosa en el piso superior de su casa de Cheyne Row, en el barrio londinense de Chelsea. El filósofo Arthur Schopenhauer consideraba el ruido un atentado contra la salud, y Joseph Pulitzer, el del renombrado premio, se hizo construir habitaciones insonorizadas en todas sus propiedades.

La resistencia al ruido

Hasta cierto punto, el progreso de la sociedad conllevó la aparición del ruido. El pintor J.M.W. Turner era muy consciente de la existencia de los nuevos ruidos que comportaba la Revolución Industrial. En su pintura de 1844, *Lluvia, vapor y velocidad. El gran ferrocarril del Oeste*, un tren se precipita hacia el espectador como un oscuro y terrorífico monstruo. Los trenes fueron uno de los inventos principales del siglo XIX, y los ruidos que emitían debieron de resultar muy agobiantes para los granjeros y los que estaban acostumbrados a la tranquilidad del campo. A la derecha del cuadro, Turner pintó un granjero como queriendo resaltar el contraste que se traslucía entre la vieja Inglaterra rural y la nueva Inglaterra industrializada.

En su ensayo *Sobre el ruido*, Arthur Schopenhauer definió el ruido como lo que más destruye la capacidad de concentración. Schopenhauer era especialmente reacio al restallido de los látigos. Consideraba el ruido la más impertinente de todas las interrupciones, sobre todo para aquellos a quienes él denominaba «los intelectuales». Escribió asimismo que las personas que no eran sensibles al ruido tampoco eran capaces de saber apreciar las humanidades, porque se mostraban «insensibles a las razones, los pensamientos, la poesía y las obras de arte». En el ensayo que escribió a inicios de 1851, citó las siguientes palabras: «Las mentes prominentes siempre han aborrecido toda suerte de interrupciones».[1]

Si el sonido puede resultar horroroso para una persona que puede ver, ¿acaso no será peor para los ciegos, que captan los sonidos de una manera más intensa? El escritor francés Jacques Lusseyran, que se había quedado ciego de pequeño, escribió sobre la importancia que tiene proteger a los niños ciegos de los gritos, la música de fondo y otras agresiones atroces, porque el sonido puede llegar a ser tan intenso que su misma presencia podría compararse a la experiencia de haber recibido un puñetazo en pleno cuerpo.[2]

A mediados de la década de 1970, Jenny James creó la Fundación Atlántida, comunidad defensora del grito primigenio, en el condado de Donegal, en Irlanda. Además de practicar el grito primigenio en grupo, sus miembros se pasaban el día gritándose los unos a los otros, fenómeno que representaba todo un contraste con la habitual quietud de Donegal y que, inevitablemente, molestaba a la mayoría de los vecinos. Los habitantes del lugar pusieron tantas objeciones a este estilo de vida tan ruidoso que, en 1980, tras haber recibido incluso alguna que otra amenaza de bomba, los treinta miembros de la comunidad, conocidos con el sobrenombre de los Gritones, se mudaron a la despoblada área de Innisfree. En 1989 abandonaron Europa y se trasladaron a Colombia, país en el que algunos de ellos fueron secuestrados y asesinados por los rebeldes de las Fuerzas Armadas Revolucionarias de Colombia (las FARC). La hija de una pareja que había estado viviendo en esa comunidad, que habían denominado Atlántida, en la actualidad enseña meditación y habla de los efectos nocivos que tienen las emisiones de ruido porque, según dice, «todos albergamos silencio en nuestro interior».[3]

La gente lleva mucho tiempo quejándose del ruido que predomina en las zonas urbanas de todo el planeta, y Londres es un ejemplo buenísimo de esos lugares donde los individuos siempre han estado intentando resistirse al ruido. Charles

Babbage declaró la guerra a los músicos callejeros que solían tocar de manera estridente a la salida de los establecimientos de moda como una argucia para conseguir que les pagaran para marcharse, porque eso, lo único que conseguía, era animar a nuevos intérpretes a probar fortuna. En 1864, Babbage publicó *A Chapter on Street Nuisances* («Capítulo sobre las molestias callejeras»), que extrajo de *Passages in the Life of a Philosopher* («Fragmentos de la vida de un filósofo»), obra en la que da cuenta de las numerosas ocasiones en que compareció en los tribunales; en una ocasión incluso presentó una lista de las ciento sesenta y cinco interrupciones que tuvo que soportar durante un período de ochenta días. En la lista que elaboró de los instrumentos de tortura permitidos por el gobierno se incluían órganos, bandas de instrumentos de viento, zanfonas, tambores, gaitas, trompetas y voces humanas. Culpaba también a los responsables de las tabernas, a los bares de ginebra y a las damas de dudosa reputación de potenciar el ruido callejero. Babbage fue tildado de elitista y considerado un personaje impopular, quizá por haber manifestado que todo eso lo hacía en nombre del trabajador intelectual. Para su desgracia, todos los esfuerzos que hizo para acabar con los ruidos se volvieron en su contra, porque unos cuantos vecinos contrataron a unos músicos para que tocaran frente a su casa; otro se pasaba media hora al día durante varios meses seguidos soplando un silbato de latón, y unos cuantos más dispusieron que lo persiguiera una panda de niños alborotadores que se dedicaba a romper los cristales de sus ventanas. Sin embargo, nada consiguió apartarlo de su misión. Babbage siguió escribiendo cartas a *The Times* e incluso contó con el apoyo del escritor inglés Charles Dickens, quien escribió que «a diario lo interrumpían, acosaban, inquietaban, agotaban (y) casi enloquecían los músicos callejeros».[4] Finalmente se aprobó una ley en 1864, conocida como la Ley de Bass, por la que se prohibía que hubiera músicos callejeros en los barrios residenciales, aunque esa ley no logró hacerse efectiva a tiempo y fue incapaz de impedir que un organillero se pusiera a tocar frente a la casa de Babbage mientras se estaba muriendo.

El artista victoriano John Leech, que fue amigo de Charles Dickens e ilustró varios de sus libros, también terminó enloqueciendo a causa del ruido incesante de las calles de Londres: «En lugar de seguir viviendo esta tortura, preferiría irme derecho a la tumba, donde sé que no hay ruido alguno».[5] Un artículo editorial aparecido en un ejemplar de *The Times* de 1856 se refería al ruido de Londres diciendo que «era de una calidad ruidosa, mareante, atolondrada». Por eso, aunque la gente pueda quejarse del ruido de Londres en la actualidad, y aunque los sonidos debieron de ser distintos en esa época, lo que sí está claro es que Londres siempre ha sido una ciudad extremadamente ruidosa.

En una carta que Thomas Carlyle escribió a Geraldine E. Jewsbury, una novelista inglesa muy conocida y amiga íntima de la esposa de Carlyle, Jane, vemos claramente la sensación de rabia que le provocaba el ruido: «SILENCIO, SILENCIO. En mil y un sentidos proclamo la indispensable valía del Silencio, la única morada en que nos encontramos a salvo [...]. Esta generación tan superficial nada conoce del Silencio».[6] Durante muchos años, Carlyle trabajó en el salón de su casa de Cheyne Row, en Chelsea, pero el ruido de la calle fue aumentando hasta el punto de que llegó un momento en que le resultó imposible seguir trabajando. «Chelsea, como Londres en general, se está volviendo cada vez más ruidoso con los años, y esa oleada sonora se está convirtiendo en una auténtica locura. Es asombroso constatar cuántos gallos, loros, perros, carros de la basura y carruajes elegantes nos anuncian su presencia».[7] Al margen de que levantaron su calle varias veces por obras, sabemos que unas quince mil personas aproximadamente visitaban a diario los cercanos jardines de Cremorne, situados entre King's Road y el Támesis, que, a mediados del siglo XIX, se encontraban en pleno apogeo. En esos jardines, la gente se divertía recorriendo el laberinto, yendo a la gruta del gitano, entrando en el teatro, admirando justas medievales, escuchando la banda de instrumentos de viento y, sobre todo, y lo que cosechaba más éxitos, acudiendo a la Gran pagoda china, donde tocaba una orquesta de cincuenta músicos y había un aforo capaz de albergar a cuatro mil bailarines. Sin embargo, la atracción más ruidosa de todas ellas era el Espectacular torneo naval, donde varias embarcaciones atacaban una fortaleza del Támesis desde la que disparaban unos cañones defensivos y un viejo barco de vapor cargado de explosivos saltaba por los aires (por si fuera poco, y para rematar el conjunto, lanzaban fuegos artificiales).

La mezcla del ruido de la calle y el de los jardines casi le hizo perder el juicio a Carlyle, que decidió recurrir a medidas drásticas para recuperar la quietud.

La edificación del silencio

Carlyle decidió construir otra habitación en lo alto de su casa para buscar el silencio que tanto anhelaba. Como le escribió a su hermana Jean: «Tras muchas deliberaciones, he decidido construir otra planta en lo alto de la casa, con paredes dobles, iluminada desde arriba e ingeniosamente ventilada, en la que no penetren ruidos de ninguna clase. Jane me ha animado a hacerlo y me ha dicho que lo haga sin tardanza».[8] Carlyle estaba muy seguro de lo que quería y, en agosto de 1853, dio las instrucciones pertinentes a un constructor para que eliminara el tejado y colocara otro nuevo bajo el que construiría una estancia por la que se colaría la luz a través de una claraboya. Especificó que quería el tejado de pizarra de Bangor y que la habitación tuviera ventanucos dobles. El constructor le dijo que podría concluir la obra en seis semanas, pero en realidad tardó nueve meses, y la obra fue muchísimo más cara de lo pactado. Para empeorar las cosas, Jane Carlyle escribió que esa habitación, que, en teoría, debía ser silenciosa, en realidad era muy ruidosa, y comentó que Carlyle le había escrito a su hermano James diciéndole que «una habitación que debía ser silenciosa e inaccesible al ruido, ha resultado ser todo un fracaso, ¡uno de los errores más flagrantes jamás cometidos! Todos mis esfuerzos y sufrimientos, añadidos a unas 200 libras, o incluso más, de dinero contante y sonante, han salido volando por la ventana».[9] Como corolario a las lamentaciones de Carlyle, y durante las obras de construcción, su doncella Fanny se fugó con uno de los operarios.

En su pleno apogeo, los doce acres de los Jardines Cremorne se extendían desde el muelle de Chelsea hasta King's Road, aunque actualmente la única parte que se conserva sea una estrecha franja al final de Cheyne Row, donde, por una ironía del destino, se erige una estatua de Carlyle. El escritor aparece sentado y posando para la eternidad sobre un montón de libros en los vestigios de unos jardines que fueron de ocio y diversión y que con tanta intensidad lo atormentaron. A menudo paso frente a la casa de Carlyle, de camino a la Iglesia Católica de Nuestro Sagrado Redentor y de Santo Tomás Moro, que se encuentra en Cheyne Row y fue construida tras la muerte de Carlyle, en 1894. ¡Cuánto le habría molestado la gente vocinglera reunida ante al portón de la iglesia tras salir de misa! Cuesta imaginar que hubiera unos jardines de ocio y diversión en lo que ahora es una tranquila área residencial de Londres, aunque, bien pensado, y a condición de vivir lo bastante lejos, ¡qué lugar más divertido debió de ser!

Esta zona de Londres es mucho más tranquila en la actualidad que en tiempos de Carlyle. La habitación insonorizada que el escritor situó en la planta superior de su casa, y que ahora está bajo los auspicios del Fideicomiso Nacional, parece bastante silenciosa en realidad; de hecho, uno ni siquiera alcanza a oír el ruido atronador del tráfico que discurre junto al río por Chelsea Embankment. Una de las razones por las que Carlyle cofundó la Biblioteca de Londres en 1841 (la primera biblioteca londinense en ofrecer un servicio de préstamo de libros) fue porque consideraba la Biblioteca Británica muy ruidosa, y además se quejaba de que la gente de la biblioteca le provocaba «migraña museística». La biblioteca de Londres se ubicó inicialmente en el Pall Mall en 1841, pero en 1845 se trasladó a su enclave actual, que es St. James's Square. Sus estanterías diáfanas, y el hecho de que la biblioteca sea de préstamo, la convierten en un enclave único. En 1944 se perdieron unos dieciséis mil volúmenes a causa del estallido de una bomba, pero, al margen de la venta de una gran parte de sus incunables en 1970, la biblioteca apenas se ha desprendido de sus fondos y, ahora, cuenta con más de un millón de artículos. En la Sala de Lectura, el silencio es preceptivo. Es un lugar muy tranquilo donde vale la pena trabajar, pero, igual que los demás, yo también me he dedicado a charlar con la gente entre cuchicheos. Hay zonas de la biblioteca donde está prohibido usar ordenadores portátiles y dispositivos electrónicos, pero sí está permitido hacerlo en muchas otras salas.

Joseph Pulitzer, conocido por dar nombre a los premios Pulitzer, fundados para honrar su memoria en 1917, es otro notable individuo que intentó acometer la construcción del silencio. Pulitzer vivía junto a la Quinta Avenida de Nueva York y diseñó dos habitaciones, su estudio y su dormitorio, con la intención de que fueran dos estancias donde reinara el más absoluto silencio. Asimismo, hizo construir unas bóvedas insonorizadas en su casa de Bar Harbor, en Maine, y también en su yate, Libertad. Las habitaciones de Nueva York debían estar aisladas de toda vibración, pero, por desgracia, sucedió todo lo contrario, y las paredes insonorizadas solo lograron acentuar más los ruidos de regurgitaciones de las cañerías que recorrían toda la casa. El hecho de que las cañerías fueran ruidosas no era un fenómeno inusual. Antemio, el matemático y arquitecto del siglo v que colaboró en la reconstrucción de Santa Sofía, perdió la demanda interpuesta por Zeno, su vecino de arriba. Para vengarse, Antemio simuló un terremoto construyendo una barrera de vapor entre su piso y el piso del vecino, y además consiguió que emitiera unos ruidos parecidos a los de las tormentas. Ahora bien, también los hay que animan a los demás a que hagan ruido en casa. El novelista ruso Ivan Turgenev se trasladó a vivir a la casa que la cantante Pauline Viardot tenía con su esposo en París e hizo instalar un tubo acústico especialmente diseñado para conectar ambas habitaciones y así poder oír las lecciones de canto que se impartían en la casa.[10]

Hay personas que han llegado a hacer lo indecible en busca del silencio. Theodor Lessing, un filósofo judío alemán asesinado por unos simpatizantes nazis en 1933, fue la primera persona en dirigir una campaña pública para abolir el ruido en Alemania en 1907. En 1906, Julia Barnett Rice, conocida con el sobrenombre de la Reina del Silencio en Estados Unidos, fundó la Sociedad para la Eliminación del Ruido Innecesario.[11] Su primer objetivo fue identificar las embarcaciones que tocaban la sirena al pasar por el río Hudson, y en 1907 contribuyó a la aprobación de la primera ley contra el ruido de Nueva York, precursora de la que sería la Operación Noche Silenciosa de Nueva York, fechada en 2002. Sin embargo, en la actualidad, y según la Oficina del Censo de Estados Unidos, el ruido vuelve a ocupar el primer puesto en la lista de las quejas vecinales. En el *New York Times* se dice que «la excesiva contaminación acústica no solo es perjudicial para los oídos, sino que además está relacionada con el estrés, la hipertensión y las enfermedades coronarias».[12] Por ironías del destino, la casa de Rice en Manhattan es hoy en día una escuela primaria, llena de niños que no paran de gritar.

Octavia Hill, una de las fundadoras del Fideicomiso Nacional, que data de 1894, pensaba que la necesidad de silencio, espacio y arte era universal: «Esa sensación de quietud que, entre susurros, nos dice que lo mejor está por llegar».[13] En sus comienzos, el fideicomiso se ocupaba principalmente de proteger los espacios abiertos y los edificios de interés histórico que estuvieran en peligro.

El silencio, por otro lado, también puede usarse diplomáticamente. Cuando las personas sienten que deben llenar un vacío causado por el silencio, a menudo se quedan sobrecogidas por la angustia y terminan revelando sus más íntimos secretos. En el siglo XVI, el holandés Guillermo de Orange, conocido también como Guillermo el Silencioso, recibió este apodo tras haber dado un golpe de estado diplomático. Guillermo, que apenas había pronunciado una sola palabra durante la conversación que mantuvo con el rey de Francia, consiguió que el monarca le revelara ciertos secretos de estado, y se enteró así de unos asuntos relacionados con la política francesa que el rey daba por supuesto que ya conocía. Las pausas en la conversación a menudo pueden obligar a las personas angustiadas a llenar ese silencio, normalmente con palabras vacuas, aunque a veces eso también tiene sus propias consecuencias. Permaneciendo en silencio se revelan muchas cosas. Un amigo mío, que es periodista y tartamudea mucho, me dijo que esa particularidad a menudo obra en su favor cuando tiene que hacer una entrevista. Los entrevistados suelen sentirse tan incómodos de ver que le cuesta tanto formular las preguntas que no han sido pocas las veces en que se les ha escapado alguno de sus secretos mejor guardados.

Los ermitaños

A pesar de que en general asociamos la idea de vivir en silencio a la religión, no solo han sido religiosos quienes han decidido consagrarse a una vida de silencio. En 1570, el filósofo francés Michel de Montaigne decidió consagrar su vida a la soledad y se trasladó a una torre (que todavía existe) próxima a Burdeos para dedicarse a escribir. El escritor y maestro Stephen Batchelor tuvo la suerte de poder pasar una mañana entera en esa torre completamente solo. Nada más llegar, se acomodó en la biblioteca y se dedicó a organizar y editar su propia antología de los pensamientos de Montaigne, a solas, con el fin de incluirla en el libro que recientemente ha escrito sobre este tema y que se titula *Elogio de la soledad: una conmovedora reflexión sobre la vida en soledad en un mundo hiperconectado*.[14]

Casi cien años después, concretamente en el siglo XVII, el filósofo y matemático francés Blaise Pascal reconoció que la idea del silencio en el espacio le resultaba aterradora. En sus *Pensamientos* escribió que, cuando pensaba en la brevedad de la vida y en su insignificancia, comparada con la infinitud del espacio, se sentía aterrorizado. Y estamos hablando de la misma persona que escribió: «Todas las desgracias del hombre provienen de una sola cosa, que es el no saber quedarse sentado y en silencio en una habitación».[15] Un espacio inmenso lleno de silencio era algo que lo aterrorizaba, pero en cambio se sentía a salvo en el silencio y la soledad de una pequeña habitación. El terror de Pascal sería plasmado posteriormente por el pintor francés Odilon Redon, que hizo un grabado basado en Pascal titulado *El silencio eterno de estos espacios infinitos me aterra*. En el grabado puede apreciarse a un hombre solitario que, tras haber ascendido una montaña, contempla un paisaje lúgubre en el que nada de lo que ve parece tener vida.

Las personas que llevan vidas solitarias y herméticas en su mayoría son consideradas excéntricas, pero eso quizá sea debido a que la misma idea de estar a solas consigo mismas, aunque solo sea durante un día entero, resulta aterradora para muchas de ellas. Las personas que viven solas suelen ser tildadas de egoístas, aunque, claro está, cualquiera que lleve un estilo de vida fuera de lo común a menudo es considerada una amenaza. La escritora Sara Maitland, que, por cierto, vive sola, cuenta en su libro *Viaje al silencio* que su madre, una mujer que al enviudar cayó presa de una soledad insoportable, la llamaba egoísta porque no podía soportar el hecho de que ella sí supiera disfrutar de la soledad.[16]

Los retiros suelen estar ubicados en lugares hermosos. A pesar de que cayeron en desgracia en el Reino Unido durante el siglo XVI, volvieron a cobrar vigencia en el siglo XVIII porque los propietarios de las grandes fincas los construyeron para usarlos como lugares de solaz. En la segunda mitad del siglo XVIII, muchos latifundistas tenían sus propios ermitaños, que vivían en sus tierras ocupando unos refugios construidos especialmente a tal efecto. En la actualidad, algunos ermitaños ingleses viven en Northumberland y en las grutas de Shropshire. Mi amigo Bill Forse tuvo un ermitaño llamado hermano John Mercer alojado en una de las construcciones agrícolas restauradas que posee al oeste de Sussex. Falleció en 2020, pero, según cuenta Bill, no era tan silencioso como pretendía, y además disfrutaba bastante dándole al whisky. Todavía quedan algunos ermitaños en Kedleston, en el condado de Derbyshire, en Badminton, en Gloucestershire, en Stowe, en Buckinghamshire, en el castillo de Warkworth, en Northumberland, en St. Robert's Cave, al norte de Yorkshire, en Painshill, en Surrey, en

Ossian's Hall, en Dunkeld, en Perthshire, y también en la iglesia de San Nicolás, en Surrey. La diferencia que se observa entre ermitaños y anacoretas, personajes ambos retirados de la sociedad secular por motivos religiosos, es que los ermitaños pueden abandonar sus celdas, mientras que los anacoretas permanecen constantemente apegados a ellas.

Una vez conocí a una mujer en Provenza que llevaba una vida solitaria en una remota casita de campo, pero, como les sucede a muchos ermitaños, tampoco quedaba fuera del alcance de las visitas de los curiosos (entre los que yo me incluyo). Los ermitaños terminan convirtiéndose en personas más compasivas y, en realidad, son muy amables con las visitas que llaman a su puerta sin anunciarse.

En 2017, el director de cine Mike Hannon filmó *The Cloud of Unknowing*, un documental sobre Rodney Thompson, que vivió treinta años en calidad de ermitaño (alejado del mundanal ruido, sin electricidad ni agua corriente) en busca de la soledad y el silencio, y dedicado a la oración, en una casa aislada de Connemara, en la costa occidental de Irlanda, a imagen y semejanza de los Padres del Desierto. Este documental apareció en la lista de los nominados a la trigésimo octava edición del Círculo de Críticos Cinematográficos de Londres, ejemplo de lo intrigada que está la gente con los estilos de vida alternativos. Hannon dijo que, cuando conoció a Thompson, se quedó asombrado de la delicada calma y la buena voluntad que demostraba (durante el tiempo que pasó en el oeste de Irlanda, las visitas siempre fueron bien recibidas). Hannon describió la vida de Thompson diciendo que representaba un gran alivio frente a lo que supone la velocidad exponencial que está adquiriendo la vida actual. En un momento de la película, Thompson camina hacia la cámara por la silvestre campiña de Connemara y comenta que el mundo actual es muy parlanchín, no sin admitir antes que él también adolece de lo mismo, y que hay que ser muy disciplinado para evitarlo. Es obvio que este hombre se conoce muy bien a sí mismo.

En Tailandia del norte, asocian la figura del ermitaño a los bosques.[17] Esta tradición tailandesa de vivir en el bosque pertenece a una de las ramas del monacato budista Theravada que se inició a comienzos del siglo XX. En Rusia, también asocian la idea del ermitaño con la de la persona que vive en un bosque. Algunas familias de los Viejos Creyentes, que son los cristianos ortodoxos orientales que conservaron la liturgia y los rituales de la Iglesia ortodoxa rusa previos a las reformas del siglo XVII, huyeron a Siberia para escapar de la Rusia de Stalin y, en la actualidad, siguen habitando en localidades remotas. Un ermitaño llamado Viktor que vivió en los bosques de Siberia durante dieciséis años manifestó que prefería los árboles a las personas.

En su juventud, Mircea Eliade, historiador y escritor húngaro, pasó un tiempo viviendo en una cueva entre los pinares del Himalaya. Se convirtió en un experto en chamanismo y terminó ocupando una cátedra en la Universidad de Chicago.

Sabemos que Henry David Thoreau aprovechaba cualquier oportunidad para estar solo, y que pergeñó muchos dichos sobre el silencio vinculándolo a todo lo que estuviera relacionado con la naturaleza. Cuando caminaba, sentía que «los sonidos tienen la misma calidad que el Silencio; unas burbujas en la superficie que, de repente, estallan [...]. Expresiones leves del Silencio que solo resultan placenteras a los nervios de la gente cuando entra en contradicción con aquellos».[18] Thoreau experimentaba el silencio como una armonía, una melodía, y afirmaba que «el silencio por sí mismo es digno de ser escuchado. El silencio es una variación de la profundidad y la fertilidad, como la tierra».[19] Nunca volveré a considerar el musgo de la misma manera tras haber leído que Thoreau se dedicaba a contemplar su naturaleza silenciosa y carente de toda ambición. Son muchas las personas que han escrito sobre el silencio que sale al encuentro al caminar. El novelista estadounidense Jack Kerouac encontraba el silencio tan intenso que «uno puede oír su propia sangre atronándole en los oídos [...] en un gran *Shhhh...*».[20]

En la actualidad, el silencio puede truncarse en cualquier momento sencillamente por el hecho de encender la radio, la televisión, el ordenador o el teléfono móvil, y eso es un gran cambio respecto al pasado. Cuando uno estaba solo en un lugar tranquilo, antes de que se inventara la tecnología, la única manera de romper el silencio era ponerse a hablar o a cantar. No hay duda de que el sonido de la música, la televisión y los *podcasts* sirve mucho para paliar la soledad, pero la facilidad de su acceso también implica que la tentación de accionar un botón para evitar estar en silencio con uno mismo es inmensa.

Algunos métodos inusuales de hallar el silencio

Decidir que impere más el silencio en nuestras vidas debería ser un proceso consciente, aunque quizá no haga falta ser tan radical y emprender el camino que recorrió la escritora y comunicadora Anne D. LeClaire. Su método fue dedicar todos los lunes al silencio, que es algo difícil cuando vives en una casa con alguien que no está de acuerdo con tus planes. Y no me refiero tan solo a su marido, sino también a todas esas otras personas que se cruzaban en su camino. Nadie era capaz de entender que LeClaire permaneciera en silencio un día a la semana, y eso los enfurecía. Esta situación hizo que se sintiera muy culpable, pero lo verdaderamente interesante es el modo en que supo gestionar sus emociones. La primera vez que se embarcó en ese viaje hacia el silencio, oyó una voz que le dijo: «Siéntate en silencio». Oyó esa frase repetidas veces, y su recuerdo fue lo que le permitió seguir adelante durante los momentos difíciles, que, por lo demás, fueron muchos. Todo lo que había estado intentando ocultar bajo un tupido velo volvió a resurgir ante ella, toda la infelicidad y los temas familiares sin resolver que habían estado latentes bajo la superficie de repente salieron a la luz. «Solo cuando tiramos de las partes más insignificantes y descuidadas de nuestras vidas y las sacamos a la luz es cuando podemos empezar a convertirnos en un todo».[21] Tras muchos años de dedicar los lunes al silencio, Anne D. LeClaire respondió a los que le preguntaban cuáles eran sus razones diciéndoles que sus silencios le resultaban tranquilizadores y reparadores. También descubrió que escuchaba mejor, que prestaba más atención y que, en lugar de reaccionar de manera automática, se lo pensaba mucho antes de hablar. Insistía en que sus motivos no habían sido religiosos ni espirituales, aunque terminó admitiendo que, en esencia, sí lo fueron: «Creo que yo fui la última en enterarme».

Durante muchos años, el actor Larry Hagman, que había interpretado a J.R. Ewing en la serie de televisión *Dallas*, se negó a hablar en domingo. Afirmaba que no lo hacía por cuestiones religiosas, y nunca dio ninguna explicación; tan solo dijo que «tienen que probarlo, y así sabrán lo agradable que resulta».[22] En 2012, el periodista Alexander coincidió en que resultaba atractivo pasar un día en silencio a la semana, aunque también confesó sentir una cierta inquietud por la esposa de Hagman. Chancellor pensaba que ese silencio debería incluir también los correos electrónicos, los mensajes, los tuits y cualquier otro canal de comunicación, y se dio cuenta muy tempranamente de que el MAPA (el Miedo a Perderse Algo), una de las causas de la compulsión que sentimos a conectarnos a las redes sociales, se estaba propagando como un incendio forestal por todo el mundo, y eso debía combatirse.[23]

Las personas descubren muchas y muy variadas maneras de vivir el silencio como si fuera un arte. Karin Paish es una estudiante de arte que dejó de hablar durante los seis meses que precedieron a la llegada del nuevo milenio. En esa época se sentía «quebrada» y agobiada por la destrucción de la capa de ozono y la contaminación marítima, y concebía el silencio como «un capullo, un lugar de sanación». Lo planeó todo de antemano, y les dijo a los tenderos donde solía comprar que usaría notas para comunicarse con ellos, aunque más tarde comentó que, si tuviera que hacerlo otra vez, no escribiría nada, porque la palabra escrita era como contaminar el silencio. La relación de pareja que tenía en el momento de iniciar su experimento terminó de manera inevitable, y Karin descubrió, como cabía esperar, que muchas personas se enfadaban con ella al ver que no les respondía. Aunque Karin hubiera sido capaz de explicar lo que estaba haciendo, cosa que, por supuesto, no hacía, cuando alguien no logra explicarse la conducta ajena puede llegar a sentir rencor y a enojarse. Sin embargo, y a pesar de los contratiempos, Karin consideró la experiencia enriquecedora, y los tres meses iniciales que pasó en silencio pasaron a convertirse en seis. La estudiante comprendió que ese experimento la había cambiado y que, como resultado, todo le resultaba más próximo y conectado.[24]

No hace mucho di con un blog[25] escrito por una joven que había decidido no hablar durante una semana entera. Se había sentado junto a un hombre en el autobús que no había dejado de hablar sin parar durante treinta y cinco minutos, justo cuando ella acababa de perder su trabajo, había destrozado el móvil y se sentía muy agobiada. Conocía el dato de que las personas hablamos una media de unas veinte mil palabras al día, y decidió que no hablaría para nada durante una semana, aunque sí seguiría comunicándose si el asunto era importante a través de WhatsApp y por correo electrónico. Uno de sus primeros descubrimientos, sentada en silencio y cenando frente a su novio la primera noche, fue darse cuenta, mientras él hablaba, de que en realidad nunca había prestado atención a lo que su novio le contaba. Al no hablar y estar escuchándolo de verdad, descubrió inevitablemente que le resultaba muy difícil no poder responder. Durante la semana que pasó guardando silencio, la joven se reunió con una amiga que necesitaba consuelo porque había roto con su novio. Al término de ese encuentro, la amiga le dijo: «Esta conversación que hemos tenido en una sola dirección ha sido un poco rara, la verdad, pero lo curioso es que también ha sido de lo más terapéutica». Al término de esa semana, estaba desesperada por empezar a hablar de nuevo, pero transcurrido ese período de silencio, se sentía muy distinta, y una de las cosas que sintió fue que había aprendido a escuchar como es debido. La joven se juró que intentaría hablar menos y conseguir que lo que dijera tuviera más sentido. Durante su silencio no fue capaz de controlar las conversaciones que habían tenido lugar en su mente y que, en gran parte, eran de sesgo negativo; todas esas cosas que normalmente bloqueaba con una charla. Tan solo había tardado una semana en percatarse de que la experiencia vivida le había cambiado la vida por completo.

EL CONCEPTO DE LUGAR

3. La naturaleza

Tenemos que remontarnos al siglo v a. de C. para constatar que Pitágoras ya era consciente de la sensación de unidad que puede sobrevenirnos cuando contemplamos las montañas, los ríos o el mar en silencio. El filósofo dijo: «Aprende a estar en silencio. Deja que tu mente aquietada escuche y absorba el silencio».[1] Desde entonces, las personas han amado, y también aborrecido, el silencio de la naturaleza. El pintor italiano Luigi Russolo, junto con sus colegas futuristas, odiaba el silencio y abjuraba de la naturaleza silenciosa; incluso escribió un manifiesto, titulado *El arte de los ruidos*, en forma de epístola que dedicó a su amigo Francesco Balilla Pratella.[2] Uno se pregunta a qué se estaría refiriendo Russolo cuando hablaba de la naturaleza silenciosa, ya que el silencio en la naturaleza es difícil de encontrar. La naturaleza puede ser increíblemente ruidosa (terremotos, tormentas, huracanes y tornados, por no mencionar el mar y el viento embravecidos, a menudo causan más estrépito que cualquier otro ruido surgido de la mano del hombre). A pesar de los sonidos clamorosos de la naturaleza, de todos modos, también podemos encontrarnos con una naturaleza extremadamente silenciosa (y, a menos que sepamos lo que es el silencio y lo que deseamos de él, puede costarnos mucho apreciarlo en su justa medida). Quizá nos esforzamos demasiado, y quizá sería mucho más fácil hallar el silencio si fuéramos capaces de olvidar lo que estamos buscando.

El silencio al aire libre

«El eterno silencio de los lugares infinitos me asusta»,[3] escribió el filósofo francés Blaise Pascal. Es cierto que lo que algunos consideran una bendición puede ser espantoso para otros. Hay quien ha elegido adentrarse en la naturaleza salvaje y llevar una vida recluida en el silencio por razones espirituales o religiosas (por ejemplo, los Padres del Desierto, de los que hablaremos en el capítulo 4, que vivieron en el siglo III d. de C.), pero también ha habido personas que, en plena naturaleza salvaje, se sintieron impelidas a experimentar el silencio. Esta conciencia del silencio es específicamente humana; muchos animales viven en un mundo más o menos silencioso, sin hacer demasiado ruido, y la mayoría tiende a escapar de los ruidos. Podemos aprender mucho observando a los animales, sobre todo a los gatos, que viven la vida mayormente en silencio. Como escribió el filósofo John Gray: «Los seres humanos andan en busca del silencio porque lo que buscan es redimirse; el resto de los animales vive en silencio porque no necesita la redención».[4]

En su colección de ensayos titulada *Enseñarle a hablar a una piedra*, Annie Dillard describe el silencio de la naturaleza y cuenta que tienes que prepararte a escuchar vaciándote por completo y prestando toda tu atención. «Es entonces, al cabo de un tiempo, cuando lo oyes: No hay nada [...]. Sientes la palabra del mundo como una tensión, un zumbido, una única nota entonada al unísono que, en todas partes, es siempre la misma. Y ya está: ese zumbido es el silencio [...]. Hay una vibración en el silencio, una supresión, como si alguien estuviera amordazando el mundo [...]. El silencio, en realidad, no es pura eliminación; al contrario, es todo lo que hay».[5] Dillard propone que tienes que aprender a escuchar el silencio de la naturaleza, porque está ahí, aunque requiere un esfuerzo. Cuando eres consciente de eso, ya está. No hay más.

Los bosques pueden dar la impresión de ser silenciosos, y lo cierto es que no pocas veces se han comparado con catedrales. John Muir, un naturalista estadounidense de raíces escocesas, consideraba el silencio de las secuoyas solitario, quedo y sereno. En el Parque Nacional Olímpico del estado de Washington, que es el mayor y mejor ejemplo de un bosque pluvial virgen y templado situado en el hemisferio occidental, concibieron un proyecto en 2005 llamado «Una pulgada cuadrada de silencio». Gordon Hempton, un ecologista acústico, viajó por todo Estados Unidos con su equipo de grabación y finalmente eligió el Parque Nacional Olímpico como el lugar más tranquilo de Estados Unidos. El lema de este proyecto independiente de investigación es el siguiente: «El silencio no es ausencia de nada, sino presencia de todo». En este proyecto se invita al visitante a recorrer el lugar, siempre y cuando lo haga en silencio. Tras dos horas de caminata, y tomando como punto de partida el Punto de Información del bosque pluvial Hoh, se llega a un tronco cubierto de musgo y rodeado de un conjunto de pequeñas piedras de tonalidades rojizas llamado Centro del Silencio. Una de las teorías defiende que, así como el ruido incide mucho en grandes áreas, también el silencio podría hacer lo mismo.[6] «Una pulgada cuadrada» influye en una zona de considerable tamaño del bosque. He escuchado una grabación de este lugar, y, a pesar de no oírse ningún ruido de carácter humano, los sonidos naturales de los animales, los pájaros y el agua son bastante potentes. Podría decirse que el proyecto no consiste tanto en buscar el silencio absoluto, sino más bien en conseguir la desaparición de todo sonido humano. En 1984 se contabilizó la existencia de veintiún lugares silenciosos en el estado de Washington, aunque no tardaron demasiado en ir desapareciendo. A inicios de la década de 1990 solo quedaban tres, y la cifra total de estos lugares silenciosos en Estados Unidos ya no alcanzaba ni a diez. La necesidad de viviendas por parte de la población contribuye a que se edifique en espacios que forman parte de la naturaleza salvaje. Y entonces se da una de esas grandes ironías del destino: dado el mayor número de personas que quieren experimentar lo que significa el contacto con la naturaleza, los lugares silenciosos van perdiendo cada vez más su calidad silenciosa. A pesar de que «Una pulgada cuadrada» afirma que ese lugar es el más silencioso de Estados Unidos, una cámara anecoica de fabricación humana situada en la sede central de Microsoft, que también se encuentra en el estado de Washington, posee unas cualidades de absorción acústica que podríamos decir que la convierten en el lugar más silencioso del planeta.

Nos animan tanto a salir y a practicar ejercicio que uno de los problemas de los parques nacionales y de las pistas donde se puede practicar senderismo es el elevadísimo número de visitantes que reciben. Es todo un problema, la verdad, y un número cada vez mayor de organizaciones y activistas intentan conseguir que se otorgue una protección especial a los lugares silenciosos que todavía perduran. La Asociación Internacional de Parques Silenciosos (QPI, según sus siglas en inglés) es un movimiento que cuenta entre sus filas con ingenieros de sonido, científicos, defensores del medio ambiente y músicos. Su trabajo consiste en extender certificaciones que permitan la preservación de los lugares silenciosos en cualquier parte del mundo. Hasta el momento, QPI ha identificado doscientos sesenta y dos enclaves que creen que deberían ser preservados como espacios dotados de un silencio natural. En Gran Bretaña, las zonas que han identificdo han sido el Parque Nacional de Brecon Beacons, el Parque Nacional de Snowdonia, la Costa Jurásica y el Parque del Bosque de Galloway. En julio de 2022, el Parque Nacional del Glaciar, en Montana, fue el primero en recibir la mención de Parque Silencioso en Estados Unidos, mientras que, por el momento, la Reserva de la Pradera Americana, también localizada en Montana, y la Zona de Canoas de las Aguas Limítrofes, en Minnesota, junto con el Parque Nacional de Haleakala, en Hawái, están siendo estudiados para ver si reúnen las condiciones. En 2002, la Unión Europea aprobó una directiva sobre el ruido medioambiental con el propósito de determinar los niveles de ruido que hay en toda Europa y crear y proteger las áreas de silencio. Entre los lugares elegidos se encuentran el Lago de Blessington Street, en Irlanda, el Lago Bäksjön, en Suecia, y el Parque Tondiloo, en Estonia.

Algunos lugares incluso presumen de ser un destino turístico gracias a su naturaleza silenciosa. Finlandia, con su boscoso paisaje rural, ha logrado posicionarse como uno de estos destinos turísticos de silencio; incluso lanzaron un lema en la campaña publicitaria dirigida al mercado asiático para animar a los turistas a ir a experimentar la paz y la quietud («Silencio, por favor»). Sin embargo, no solo el paisaje es silencioso en Finlandia; las charlas intrascendentes en Finlandia no existen tal y como las conocemos en Estados Unidos y en el Reino Unido. Los finlandeses no sienten la necesidad de rellenar los vacíos de una conversación con palabras intrascendentes, como descubrió el escritor Horatio Clare en un viaje que hizo al Ártico en un rompehielos finlandés.[7] Los estudios sugieren que este fenómeno quizá se deba a la relativamente tardía industrialización y urbanización de Finlandia. En otras palabras, hablar por el mero gusto de hablar en un entorno por lo general rural se consideraba innecesario.

En algunas ocasiones, escribir sobre nuestras sensaciones puede llegar a quebrar la soledad y el silencio cuando lo mejor sería impregnarse de todo eso en el momento presente. En 2001, Robert Kull pasó un año viviendo en soledad en una isla remota de Patagonia. En su diario anotó que el hecho de escribir cada día le provocaba la sensación de estar traicionando su soledad: «La voz de la soledad, en cierto modo, debe permanecer en silencio».[8] En su libro *The Last Wilderness*, Neil Ansell, que pasó varios años viviendo aislado en diversos enclaves de Gran Bretaña, escribió que su naturaleza esencial le impele a vivir «en silencio y quietud», y que el resto es pura distracción. Dijo que cuando uno está solo, observando lo que sucede en la naturaleza, la sensación difiere mucho de la que se tiene cuando uno está acompañado. Cuando estás solo, puedes observar con una sensación pura.[9]

Seres humanos que han sobrevivido en la naturaleza

Cristopher Knight, conocido como el ermitaño del Lago del Norte, estuvo viviendo en los bosques de Maine durante veintisiete años sin que nadie se apercibiera de su presencia. Sobrevivía robando alimentos y artículos de las casas cercanas, que, en su mayor parte, eran residencias de veraneo. Los habitantes sentían una mezcla de exasperación y admiración por este ermitaño que había logrado pasar tanto tiempo sin ser detectado. Knight, una vez arrestado, aceptó a regañadientes que el periodista Michael Finkel fuera a visitarlo a la cárcel. Finkel relató su historia en *El extraño del bosque: la extraordinaria historia de un ermitaño*, libro en el que cuenta la increíble historia de una persona tan alienada por la sociedad contemporánea que creyó que la única manera posible de sobrevivir para ella era desapareciendo del mapa. Knight perfeccionó la técnica de moverse por el bosque sin hacer ruido ni dejar pista alguna. Aunque eso implicara que, en invierno, cuando todo quedaba cubierto por un manto de nieve, no pudiera abandonar su campamento. Knight se aseaba y procuraba tener siempre buen aspecto, pero nunca dejó de sentirse culpable por tener que robar. La primera vez que Finkel visitó su campamento, cercano a las viviendas de la gente del lugar, describió el silencio que allí sintió: «Era un silencio tan absoluto que, literalmente, me zumbaban los oídos».[10]

La vida que llevaba Knight en su campamento habría sido el entorno ideal para desarrollar al máximo la función cerebral (Knight tenía por costumbre robar libros, y, en gran parte debido al silencio reinante, parecía recordar muy bien todo lo que leía). Los estudios mundiales que existen sobre las diferencias que se observan en la función cerebral de los individuos que viven en lugares tranquilos y en la de los que viven rodeados de ruido concluyen que el ruido y la distracción son perjudiciales.[11] Es prácticamente imposible ignorar el ruido que nos envuelve, y hemos evolucionado para reaccionar a él. La palabra «ruido» viene del latín *rugitus*, que significa lo inarticulado y molesto, términos que asociamos con cosas desagradables.

En 2013, un estudio realizado con ratones de laboratorio y publicado en la revista científica *Brain Structure and Function* comparaba los efectos de los ruidos ambientales, los ruidos blancos, las llamadas de las crías y el silencio en el cerebro de unos roedores. Los investigadores usaron el silencio como técnica de control y descubrieron que, tras pasar dos horas diarias en silencio, se desarrollaban células nuevas en el hipocampo, una región clave del cerebro asociada al aprendizaje, la memoria y la emoción.[12]

Hay personas que se ven abocadas a un silencio insospechado. En 1934, el contralmirante Richard E. Byrd pasó cinco meses completamente solo en la Base Bolling, una estación meteorológica situada en la Antártida. Como dirigente de la expedición, sus planes habían sido destinar tres hombres a ocupar esa remota base, pero, por la razón que sea, el plan inicial se vio truncado. Byrd no quería enviar dos hombres en lugar de tres, porque pensó que cabía la posibilidad de que algún día se pelearan y llegaran a las manos; y entonces se le ocurrió la idea de presentarse voluntario para ir solo a la expedición. No sé si el hombre se estaría muriendo de ganas de estar en silencio y en soledad, y lo digo porque escribió: «Podría pensarse que un hombre al que la vida lleva a lugares recónditos no tiene ninguna necesidad de buscar la quietud. ¡Poco sabe esa persona lo que implica ir de expedición!».[13] Las temperaturas de ese invierno Antártico fueron más bajas de lo que era habitual en esa estación del año (en julio, el termómetro marcó –50 ºC durante veinte días, o incluso menos; y, durante seis días más, la temperatura alcanzó los –60 ºC y la oscuridad fue casi absoluta durante las veinticuatro horas del día). Byrd se mantenía en contacto por radio regularmente con una base llamada Little America, pero, poco a poco, sus comunicaciones impredecibles, y a menudo absurdas, empezaron a inquietar a los hombres de la base. Byrd estaba sufriendo los efectos de una intoxicación de monóxido de carbón. Por suerte para él, los hombres de Little America se dieron cuenta de que algo grave estaba sucediendo y, tras conseguir abrirse camino entre el frío y la oscuridad, fueron a recogerlo a la Base Bolling. A pesar de la gravedad de su enfermedad, la principal preocupación del contralmirante siempre fue la seguridad de sus hombres, y por esa razón no les había contado que se encontraba mal.

Su libro *Solo* se publicó cuatro años después, en una época en que no era frecuente escribir sobre los sentimientos y las emociones. Byrd escribe en la introducción de su libro que la experiencia que vivió fue tan íntima, y que le preocupaba tanto la idea de perderse a sí mismo el respeto, que tardó cuatro años en decidirse a escribir todo lo que le había sucedido durante su calvario.[14] Sin embargo, sus amigos le animaron a que relatara la época que había pasado en la base, y ese libro terminó convirtiéndose en un extraordinario testimonio del aguante y el empeño que puede llegar a tener un solo hombre. Antes de intoxicarse, Byrd fue capaz de valorar la belleza y el silencio del entorno, vio Venus al oeste, «el diamante que nunca parpadea», y su parpadeante antagonista al este, ambos partiendo en busca de un exquisito mar azur. «Los colores eran mortecinos y apenas variados; las joyas, escasas; el panorama, simple [...]. Me detuve a escuchar el silencio [...]. Mi aliento, congelado, se cernía como una nube encima de mí. El día moría, la noche nacía, pero la paz era absoluta [...]. Armonía, ¡eso era!, ¡armonía!». Byrd descubrió que en el silencio había ritmo: «La ejecución del acorde perfecto, la música de las esferas, quizá». Y se dio cuenta de que él también formaba parte de ese ritmo: «En ese instante no me cupo la menor duda de que el hombre es uno con el universo». Creía que debía de existir un propósito en ese todo único y que la humanidad debía formar parte de él, que aquello no era accidental: «Era una sensación que trascendía la razón, que incidía en la mismísima desesperación humana considerándola carente de todo fundamento. El universo era un cosmos, no un caos; y el hombre tenía tanto derecho a formar parte de ese cosmos como también lo tenían el día y la noche».[15]

En su libro, Byrd a menudo se refiere a esa armonía que consideraba que existía en el mundo, y es la armonía vinculada al Tao, a la música de las esferas, término que ya había empleado el astrónomo Johannes Kepler en 1619 para indicar que los planetas del sistema solar creaban armonías mientras orbitaban en torno al Sol. Cuando hay armonía, no hay necesidad de idiomas para comunicarnos; puede establecerse una conexión con los demás a un nivel muy profundo, y en silencio. Antes de caer enfermo, Byrd descubrió que su vida se había convertido en una vida mental, y que había dedicado muchas horas a reflexionar sobre la humanidad y el lugar que ocupamos en el cosmos: «Este concepto de totalidad viene reflejado en la palabra "armonía". Para los que la buscan, existe una infinidad de pruebas que demuestran que hay una inteligencia que todo lo impregna. La raza humana, según dicta mi intuición, no vive al margen del proceso cósmico, y no es un accidente. Forma parte del universo, así como también forman parte de él los árboles, las montañas, la aurora y las estrellas.

Mi razón lo certifica; y los hallazgos de la ciencia, tal como los considero, apuntan en esta misma dirección».[16]

Fueron el silencio y la soledad los que condujeron a Byrd a extraer estas conclusiones; el silencio demostró ser algo muy positivo para él. Unos veinte años antes, aproximadamente, Teddy Evans, segundo al mando bajo las órdenes del capitán Robert Falcon Scott, que realizó la trágica expedición Terra Nova al Polo Sur de 1910-13, escribió lo que significaba para él la perturbadora naturaleza del silencio: «El silencio, ahora que estábamos sin compañía alguna, era fantasmagórico, porque más allá del sonido de nuestras propias voces, y del chasquido de los patines de los trineos, ni el más leve rumor evocaba la presencia de un mundo exterior».[17] Estas dos reacciones tan opuestas para describir el silencio de la Antártida nos muestran dos tipos de personalidad muy distintos: uno, reflexivo, y el otro, no. Byrd había encontrado la armonía en el silencio, mientras que Evans encontró el silencio inquietante. A pequeña escala, yo también experimenté el silencio y la paz de la Antártida, como he descrito en el capítulo 1, y, una vez has tenido esta sensación de armonía, cuando la persona que eres se funde con un todo que es mayor que tú, cambias para siempre.

La vida salvaje

Los búhos pueden volar casi en silencio, porque la formación única de sus alas y sus plumas neutraliza las ondas del sonido.

Las alas tienen el borde de ataque dentado, una fina franja en el borde de salida y un plumaje aterciopelado en la parte superior. Con unas alas que resultan grandes en comparación con su masa corporal, los búhos pueden volar extremadamente despacio, y eso les permite deslizarse sin hacer ruido, característica que resulta muy útil para oír y cazar a sus presas. Y eso podría tener unas implicaciones tremendas, y muy constructivas, en este mundo tan ruidoso en el que vivimos (imagina el impacto positivo que ejercería en muchas personas el hecho de que los aviones fueran capaces de volar en silencio). Otro dato extraordinario sobre los búhos es que, si se dañan las vellosidades de las cócleas de sus oídos, les vuelven a crecer. Sin embargo, si las vellosidades de nuestras cócleas se desgastan, ya no se regeneran; no vuelven a crecer. Este desgaste de las vellosidades es el origen de la sordera causada por la exposición a la música alta; y el daño ocasionado es permanente.[18] Por lo tanto, es importante que cuidemos del oído; no deberíamos exponernos a una música muy alta.

Me encanta la minuciosidad de las descripciones del escritor Llewelyn Powys, hijo de un clérigo, quien escribió que la quietud del atardecer resultaba tan acusada que «la piel del ropaje de un ratón de campo al rozar una brizna de su herbosa selva habría sido audible».[19] Creo que eso es algo que la escritora y naturalista inglesa Beatrix Potter habría valorado mucho, dado que Viejo Pardo, el búho que aparece en *El cuento de la ardilla Nogalina*, sigue guardando silencio a pesar de los berrinches diarios de Nogalina.[20] Las canciones infantiles siempre han contenido una gran dosis de sabiduría y verdad; por ejemplo, en una canción de 1875 se nos cuenta que un búho sabio que vivía en un roble, más dedicado a observar que a hablar, terminó escuchando más.[21]

He tenido la suerte de haber viajado mucho, y mi intención nunca ha sido ir en busca del silencio, aunque muchas veces me haya tropezado con él. En mayo de 2003, una mañana, muy temprano, me encontraba caminando por el Bosque de Bialowieza, al este de Polonia, cerca de la frontera con Bielorrusia. Este inmenso bosque es lo único que queda de los primigenios bosques europeos, y cubre una extensión de más de 3000 km^2. En un momento dado, el guía polaco que nos acompañaba se detuvo en seco, y un gran búho gris (*Strix nebulosa*) cruzó volando y en silencio por el sendero que había justo delante de nosotros. Se posó sobre la rama de un árbol, que estaría a unos veinte metros de distancia, y permaneció allí unos diez minutos ofreciéndonos una vista espectacular y de lo más inusual. El experimentado guía que llevábamos conocía muy bien el bosque y nunca había visto un búho de esta especie en el lugar. El gran búho gris puede llegar a medir casi un metro de largo y, con las alas abiertas, más de un metro y medio. Este hecho lo convierte en uno de los búhos de mayor tamaño que existen, si no en el mayor. Esa ave había volado en silencio, y, como cabía esperar, nosotros también la observamos en silencio. Todavía soy capaz de recordar esa sensación con viveza, y eso que ya han pasado veinte años... ¡Qué mejor lugar para observar esta variante de búho que aquel antiguo bosque al que también llamaban el Fantasma del Norte!

La siguiente ocasión en que me enfrenté a la naturaleza salvaje fue en agosto de 1991, cuando dejé atrás las comodidades de Notting Hill para ir a practicar senderismo por las orillas noroccidentales del lago Baikal, en Siberia oriental. Durante doce largos días practiqué el senderismo junto a otras quince personas más por la ribera de este hermoso y bien conservado lago, que es el más antiguo y profundo del planeta. Por las noches solía nadar en este lago, y bebía sorbos de agua mientras iba nadando; beber y nadar a la vez es un raro placer, porque eso no se puede hacer ni en las piscinas ni en el mar. Mientras me cepillaba los dientes en el lago recordé cuántas cosas, como, por ejemplo, el agua corriente, damos por sentado. Durante todo el viaje me vi sumergida en el silencio de los bosques. Sí, por supuesto que había otras personas conmigo, y osos también, pero siempre había lugar para el silencio.

Nuestro grupo de senderistas no se cruzó con nadie, y a menudo tuvimos la sensación de que caminábamos por territorios en los que nadie se había aventurado jamás. Ahora bien, estábamos en alerta por si aparecían osos. Nuestros anfitriones, que eran rusos, nos habían entregado unos silbatos y nos habían dicho que no corriéramos si nos cruzábamos con un oso, idea terrorífica y excitante a la vez. Mientras caminábamos, vimos muchas huellas de osos junto al borde del agua, y en una ocasión incluso vimos el esqueleto de un oso. Sin embargo, cuanto más caminábamos, más ganas nos entraban de ver a una de estas enormes criaturas vivas.

La última jornada que dedicamos al senderismo me apunté, junto con otros miembros del grupo, a subir a un pico que no tenía nombre y que podíamos ver desde el campamento. Salimos todos juntos a las seis de la mañana, y yo alcancé la cima a las cinco de la tarde, mucho después que los demás, acompañada de nuestro guía inglés Jim. La ascensión había sido difícil y yo estaba agotada, pero cuando Jim gritó «¡Un oso!», se me pasaron todos los males de golpe. Los osos pardos de la taiga siberiana, que son carnívoros, pueden llegar a pesar casi 400 kilogramos, y, en realidad, pueden ser muy agresivos. Hice la última curva del sendero a toda prisa y vi un oso que, posado sobre sus patas traseras, nos miraba impertérrito. Tras dudar unos instantes, regresó al bosque y desapareció velozmente entre los árboles, hazaña extraordinaria donde las haya, porque esa taiga era más densa que cualquiera de las que nos encontramos por el camino.

Las montañas

Tras haber avistado el oso, en Siberia, esa misma noche también pude deleitarme en el panorama acústico montañés. A medida que la luz se extinguía, tuvimos que cruzar el río como unas diez veces, siguiendo lo que pensábamos que era el camino de regreso al campamento. Cuando todo quedó completamente a oscuras, sacamos las linternas y fuimos avanzando muy despacio, hasta que la linterna de mi compañero, que había recargado con unas pilas nuevecitas de factura rusa, se apagó. Un poco más adelante, mientras yo me estaba encaramando al tronco de un árbol caído, la linterna se me resbaló y cayó en el río; todavía recuerdo ese *cataclac chof*, seguido de un silencio. En seguida nos dimos cuenta de que era demasiado peligroso seguir avanzando (no había luna, y, por lo tanto, la noche era negra como el carbón). Encontramos un calvero relativamente plano y decidimos quitarnos las botas empapadas y disponernos a pasar la noche al raso. El entorno no tenía nada de silencioso, por suerte, claro, porque el estrépito del río lograba ahogar en gran parte unos sonidos nocturnos que habríamos encontrado francamente inquietantes. En cualquier caso, estaba convencida de que cualquier movimiento, incluso el más nimio, había sido provocado por un oso. (Se sabe que los osos son capaces de atacar aun sin haber sido provocados). Sobrevivimos a esa noche, a pesar del frío, y las dos horas que nos quedaban de viaje las terminamos caminando bajo la luz de la mañana. Más tarde, alguien nos dijo que unos dedos hallados en las heces de unos osos fueron los únicos restos que consiguieron recuperarse de tres guardabosques que se conoce que fueron las últimas personas que pasaron la noche en el bosque.

A pesar de que las avalanchas que se desencadenan de vez en cuando pueden ser muy ruidosas, y de que mi experiencia nocturna en la montaña estuvo presidida por los ruidos que procedían del río, también hay que decir que las montañas pueden ser extremadamente silenciosas. Una noche, mientras John Muir ascendía al monte Shasta, en California, y dormía solo en la montaña al caer la noche, escribió acerca de los copos de nieve: «Sentir el tacto del primero de uno de estos mensajes silenciosos del cielo es una experiencia memorable; no hay nadie que sea capaz de olvidar tal delicadeza».[22]

La novelista y poetisa Nan Shepherd compartió el amor que le inspiraban las caminatas por las montañas Cairngorms en el único libro de ensayo que escribió y que se titula *La montaña viva*. Shepherd se entrenó para «escuchar el silencio» en esta cadena de montañas escocesa y, practicando la escucha, se dio cuenta de las pocas veces que estaba presente. Siempre había algo moviéndose (quizá el discurrir del agua), «pero de vez en cuando llega una hora del día en que el silencio es casi absoluto, y, escuchándolo, una pierde la noción del tiempo».[23] Esta clase de silencio no es una ausencia de sonido, sino algo nuevo y diferente que tiene entidad propia. Estos momentos de silencio pueden sobrevenir en la niebla, en la nieve o en una noche de verano, o incluso en un amanecer de septiembre: «En los amaneceres de septiembre apenas tomo aliento; soy una imagen en una bola de cristal. El mundo está en suspensión, y yo estoy en él».[24]

La nieve y la niebla

En japonés existe una palabra para nombrar el sonido que hace la nieve al caer, y es *shinshin*. *Shin* significa que hay una ausencia de sonido donde antes estaba presente, un silencio profundo, tal como describe el novelista y poeta James Crowden: «Un profundo silencio, una profunda nieve y una profunda soledad».[25]

La nieve confiere un sonido ahogado a todas las cosas. Fue precisamente el silencio que percibí durante la nevada en la Antártida de la que ya he hablado el desencadenante que me indujo a escribir este libro. La nieve influye en el desplazamiento del sonido; los copos de nieve acumulan aire al caer, y las ondas de sonido tienen menos espacio donde rebotar. Los físicos dicen que los seres humanos no son capaces de oír la nieve al caer (porque su sonido tiene una frecuencia demasiado elevada), pero los lobos y los murciélagos sí la oyen. Dado que los copos de nieve contienen aire, cuando impactan sobre el agua parece ser que provocan un ruido que a los peces les resulta insoportable. En otras palabras, lo que para nosotros puede ser silencioso, quizá no lo sea tanto para los animales con los que compartimos el mundo, y eso me hace pensar que el ruido de las barcas, los barcos y todo lo que se hace a la mar debe de ser de una estridencia agónica y perjudicial para las criaturas que pueblan los mares.

En *The World of Silence*, el escritor suizo del siglo XX Max Picard habló de los silencios de la naturaleza, que pueden expresarse de múltiples y muy diversas maneras: «En invierno, el silencio es visible; la nieve es el silencio que se ha vuelto visible». El silencio también está presente en la quietud del alba, cuando cae la noche, a la luz de la luna, cuando «se derrama en la noche como una lluvia de silencio»;[26] y todos estos silencios culminan en el silencio del alma, conformado por el mundo natural del silencio.

En su novela *Una página de amor*, Émile Zola describe la nieve que cae en silencio mientras la señora Rambaud se encuentra frente a la tumba de su hija: «Las capas de blancura en sempiterno movimiento se habían tornado más espesas, cual gasas que, flotando, se fueran desplegando. La nieve caía... sin el sonido de un leve suspiro... los copos... se posaban uno tras otro, sin cesar, a millones, con más silencio que una flor al desprenderse de sus pétalos; y esta multitud en movimiento, cuya marcha por el espacio era inaudible, traía consigo el olvido de la tierra y de la vida, una sensación de soberana paz».[27] El silencio que produce la nieve se percibe tangible.

James Russell Lowell, un apasionado abolicionista que dio clases en la Universidad de Harvard y fue embajador de Estados Unidos en Inglaterra de 1880 a 1885, era además poeta. Su primera esposa y tres de sus hijos fallecieron en 1853, y en su poema «The First Snowfall», describe la nieve diciendo que es «la obra insonora del cielo». Las nevadas le recordaban las tumbas de sus difuntos hijos, que habían quedado ocultas bajo los copos de nieve:

> Después, con unos ojos que nada veían, la besé;
> y ella, al besar a su vez, no podía saber
> que mi beso iba destinado a su hermana,
> finada tan cerca bajo la nieve profunda.[28]

El explorador, pintor y escritor Robert Perkins experimentó otra clase de silencio distinto en plena naturaleza salvaje. El 28 de julio de 2013, un joven piloto lo llevó en helicóptero al lugar donde se había estrellado una avioneta en las montañas Aberdare de Kenia. Era el enclave exacto donde su esposa, su hijastra y el piloto que iba con ellas habían muerto de accidente tres días antes a causa de las malas condiciones atmosféricas. El piloto del helicóptero pensó que podría ayudarlo a aliviar el proceso de duelo si llevaba a Perkins al último confín de la tierra que albergó a su familia. Perkins, como la mayoría, había experimentado muchas y muy variadas clases de silencio a lo largo de la vida (en los servicios cuáqueros, en grupos de meditación, sumergiéndose en el silencio de las pinturas, la música, la muerte, las estrellas..., en el silencio después de una discusión, y en el silencio después de hacer el amor), pero el silencio que experimentó ese día en las Aberdares no se asemejaba a ningún otro de los anteriores. «Estaba nevando. La nieve carece de sonido. De pie, en la tierra mojada, y contemplando la avioneta destrozada que nunca más volvería a volar, todo desapareció ante la profundidad del incomprensible dolor de mi interior, y se generó un silencio absoluto y terrible, una nada oscura y sin aristas». Se precisa valentía para salir por uno mismo de esta «nada sin aristas», pero siempre cabe una esperanza. Los ríos caudalosos hacen ruido, pero un río que fluye lento fluye en silencio, como observó Perkins: «El silencio de un río fluyendo cerca de ti, sobre todo de noche... Sí, el silencio de la noche que cae, y el silencio de la noche que parte, y el color del sol asomando bajo el contorno de una nube».[29]

Gontran de Poncins fue un aristócrata francés que empezó a viajar cuando se aburrió de los negocios y terminó yéndose a vivir al Ártico canadiense, donde pasó un tiempo con los inuit. Al principio hablaba muy mal de ellos, pero admiraba su estilo de vida y consideraba que no existía ningún lugar en este mundo en el que el silencio fuera tan perfecto. Su libro *Kabloona*[30] se publicó por primera vez en Estados Unidos en 1941. La causa mayormente responsable del silencio que experimentó Gontran de Poncins fue la vacuidad del paisaje. No había árboles y, por lo tanto, no se oía el sonido del viento haciendo crujir sus ramas; el agua estaba congelada, y por eso no se oía el rumor del curso fluvial; y, como las piedras estaban enterradas bajo la nieve, no había nada con que uno pudiera tropezar. «¿Existe algún otro país en este mundo en el que el silencio sea tan perfecto?... Y, sin embargo, este mundo no está muerto ni por asomo. Lo que sucede es que los seres que moran en esta soledad son silenciosos e invisibles».[31]

Las personas suelen quedarse atónitas ante la capacidad que tienen los inuit de seguir la pista de sus presas en lo que parece ser un paisaje uniforme, pero esta habilidad que tienen les viene del sonido. Los cazadores han de guardar un silencio absoluto. El inuit Norman Hallendy cree que el *inuinaqtuk*, que sería el estado silencioso de la conciencia, es más importante que la búsqueda de la visión y el sueño. Henry David Thoreau describió al cazador indio como un personaje «elástico, silencioso y furtivo».[32] A pesar de que otros quizá no sepan oír el soplo del viento, su fuerza, dirección y olor son las claves que se precisan para poder rastrear por este paisaje. En la larga oscuridad invernal, y en esa franja donde el cielo y el horizonte terrenal se fusionan, los puntos de referencia visuales se vuelven irrelevantes, y el sonido se convierte en guía para el cazador.

La niebla también tiene propiedades silenciosas. El poeta francés Stéphane Mallarmé quiso acumular bancos de niebla con que levantar y edificar «un inmenso y silencioso techo de nubes».[33] Cuando las sirenas de niebla marítimas traspasan una espesa capa de silencio en una fantasmagórica explosión, la falta de visibilidad potencia el estruendo. Si salgo a pasear cuando hace bueno y está despejado, es como si el aire me envolviera impregnado de ruidos, mientras que, si hay niebla o está nevando, el mundo parece mucho más silencioso. Con la nieve, aun cuando uno sea capaz de oír el crujido de sus propias pisadas, gran parte de los sonidos desaparecen. Y el ruido que surge del silencio neblinoso, de esa almohada de negrura, suele ser alarmante, porque es repentino e inesperado. Es como si a uno lo sacaran de una silenciosa ensoñación para arrastrarlo al mundo de los sonidos.

El mar

La gran mayoría da por sentado que la vida bajo el mar es silenciosa. Jacques Cousteau, uno de los inventores de la escafandra autónoma Aqualung, formaba parte de este grupo. Cousteau estaba muy interesado en que sus hijos aprendieran a bucear, pero cuando vio que los niños no paraban de hablar incluso antes de su primera inmersión, decidió darles una charla para contarles que el mundo del mar es un mundo silencioso. En un libro que escribiría un tiempo después, *The Silent World*, habló de las profundidades oceánicas diciendo que sobre todo eran silenciosas, y precisó que los sonidos submarinos escaseaban tanto que se otorgaba un gran valor a los que efectivamente sí existían: «La vieja ronda de la vida y la muerte transcurre en silencio, y, salvo por los mamíferos (ballenas y marsopas), aquello es una selva silenciosa».[34] Cousteau escribió el texto a inicios de la década de 1950. Sin embargo, los hallazgos más recientes demuestran que la vida bajo el mar dista mucho de ser silenciosa. Los mares siempre han sido ruidosos por naturaleza: pensemos en el hielo al quebrarse, en los terremotos, los tifones y los maremotos. Pensemos también en las sociables ballenas, que emiten tres clases de sonidos: chasquidos, silbidos y llamadas pulsadas.

Sin embargo, el ruido de las embarcaciones es lo que vulnera en mayor medida el mundo de las profundidades, y los últimos hallazgos indican que resulta francamente perjudicial para las criaturas marinas. Los sonidos, tanto los de cariz natural como artificial, permean las inmensas profundidades de la fosa de las Marianas, situada en el océano Pacífico occidental, a once mil metros bajo el nivel del mar, aunque en realidad son los sonidos artificiales emitidos por los buques los que más predominan. Se han hecho pruebas que demuestran que las larvas de los peces, cuando salen del huevo, son incapaces de oír la llamada del hábitat debido al inmenso ruido de procedencia humana que hay en los mares. A inicios de 2020, cuando en casi todo el mundo se decretó una cuarentena a causa de la COVID-19, y la contaminación acústica se vio reducida a un veinte por ciento, se avistaron ballenas en lugares donde hacía muchos años que no se dejaban ver.

Las islas

Las islas pertenecen a otra clase distinta de naturaleza salvaje. Cuando Adam Nicolson recibió las islas Shiant como legado paterno, heredó un conjunto de islas casi deshabitadas y situadas mar adentro, en las Hébridas Occidentales, frente a la costa noroccidental de Escocia. El poeta escribió que, más que en cualquier otro lugar, allí el pasado parecía interponerse en el presente. En su libro *Sea Room*, dice: «Quizá es porque las islas son muy prístinas en su silencio».[35] Nicolson cree que las Shiant no tienen nada que ver con todo lo que representa llevar una vida normal, que están dotadas de una especie de silencio innato, y que uno termina desprendiéndose de la vida cotidiana y de todos los hábitos que esta implica a fuerza de tener que cruzar el mar en barca. Existe una cierta relación entre el silencio de este lugar y la falta de comunicación de sus habitantes con la gente foránea. Los pocos isleños que hay no cuentan con el apoyo de los demás, dato alarmante según para quien, aunque para otros pueda ser un dato muy valioso y a tener en cuenta; además, el silencio no se percibe como algo vacuo.

Nicolson sentía que a veces el silencio y la soledad de las islas Shiant eran sobrecogedores, y en otras ocasiones tenía miedo de los fantasmas que percibía junto a él. Sin embargo, en general valoraba mucho el silencio, y se sentía bien arropado y nutrido por el sol cuando este le acariciaba el rostro, y también por el ritmo de las olas. Recordando que la tumba de un vikingo se hallaba en sus inmediaciones, Nicolson rememoraba el poema de W.H. Auden, «Look, Stranger», en el que se nos aconseja que permanezcamos en silencio.[36]

Nicolson escribe que los solitarios inevitablemente conviven con una multitud de personas interiores que son exasperantes (algunas son burlonas, y las hay seductoras), así como también con amigos benévolos. No hay modo de esconderse de todo este gentío, que puede llegar a ser implacable. Una solución, que fue la que eligió Robinson Crusoe, el náufrago que vivió en una remota isla tropical y aparece en la novela de Daniel Defoe que lleva el mismo nombre por título, es la de mantenerse constantemente ocupado, construyendo y plantando, lo que sea, con tal de mantener alejados a esos silenciosos y burlones personajes. Claro que también hay que decir que mantenerse siempre ocupado no es la única solución.

Los recuerdos que permanecen arraigados a un lugar son recuerdos silenciosos. Y los recuerdos que esos lugares nos evocan pasan a formar parte de ellos mismos. Contribuyen a crear «el espíritu del lugar». Los lugares nunca olvidan, porque lo que sucedió en un lugar en concreto no llegó a suceder en ningún otro lugar.

4. La llamada del desierto

Los desiertos son una fuente constante de atracción. En *Una ética de la tierra*, el novelista, filósofo, científico y defensor del medio ambiente Aldo Leopold escribió: «Para los que carecen de imaginación, los espacios en blanco de un mapa son inútiles, una pérdida de tiempo; para el resto, en cambio, son lo que tiene más valor».[1] En realidad, nadie dice que esas zonas sean silenciosas, sino que los lugares donde no hay ciudades ni pueblos, y además hay poca gente, podrían muy bien ser silenciosos. Si examinas un mapa que tenga espacios en blanco, esas áreas parecen silenciosas en comparación con las extensiones urbanas, que, por su sola presencia, ya de por sí parecen bulliciosas. Cuando contemplo uno de esos espacios en blanco que hay en los mapas, tengo la sensación de que me expando, de que me abro (las posibilidades que ofrecen esas áreas en blanco son infinitas). En esos espacios, todas las fantasías, los sueños y las veleidades parecen posibles. ¿Es un desierto?, ¿es una *terra incognita*, ¿es un Sangri-la? En cierta manera, poco importa lo que haya en ese lugar; es la vacuidad misma lo que resulta inspirador. Cuando resigo con el dedo el espacio en blanco de un mapa, siento como un escalofrío de emoción (¿Iré allí algún día?). Los cartógrafos llaman a estos espacios en blanco que hay en los mapas «bellezas durmientes», y así es cómo constatan las excitantes posibilidades que ofrecen.

A menudo, los desiertos se han asociado al silencio, pero es bastante discutible que en un desierto reine el más genuino y absoluto de los silencios. Ahora bien, los silencios de los desiertos parecen ser de una calidad que no se aprecia en otros lugares, y me estoy refiriendo a esa calidad ya mencionada del espacio. En 1970, durante un viaje que hice a Egipto, me detuve frente a las famosas «piernas en el desierto, de piedra y sin tronco» y cité las *Ozymandias,* del poeta inglés Percy Bysshe Shelley:

A un viajero vi, de tierras remotas.
Me dijo: hay dos piernas en el desierto,
de piedra y sin tronco. A su lado cierto
rostro en la arena yace: la faz rota,

sus labios, su frío gesto tirano,
nos dicen que el escultor ha podido
salvar la pasión, que ha sobrevivido
al que pudo tallarlo con su mano.

Algo ha sido escrito en el pedestal:
«Soy Ozymandias, el gran rey. ¡Mirad
mi obra, poderosos! ¡Desesperad!».

La ruina es de un naufragio colosal.
A su lado, infinita y legendaria,
solo queda la arena solitaria.[2]

El silencio y la inmensidad del desierto son evocados en este poema, y ningún ser humano rompe el silencio aparte del viajero, que, en este caso, soy yo, ciento cincuenta años después de que el poema fuera escrito. Fueron esta clase de experiencias (otra fue en el desierto de Irán, mientras leía *Viaje a Oxiana*,[3] de Robert Byron), que me permitían vincular el lugar en el que estaba con algún libro o poema, las que me llevaron a fundar la librería Travel Bookshop, en Notting Hill, en 1979, en la creencia de que las lecturas sobre lugares distintos te convierten en un viajero más experimentado. Todavía sigo emocionándome cuando descubro que existe una vinculación directa entre el lugar que estoy visitando y algún escritor de tiempos remotos; es entonces cuando entiendo que se crea un nexo. En mi opinión, los lugares evolucionan por lo que en ellos acontece y por lo que sobre ellos se ha escrito.

Los testimonios escritos

En su libro *The Desert*, John Charles Van Dyke, un escritor nacido en Estados Unidos que se dedicó a escribir sobre la naturaleza, describió los silencios que había hallado en el desierto, esos silencios de los que muchos viajeros del desierto se enamoran: «Una extraña soledad, un inmenso silencio, una sombría desolación».[4] Van Dyke había caído bajo el influjo del desierto y hablaba de la quietud y del misterio absolutos que pueden hallarse en el desierto, sobre todo de noche. Cuando habla de los humanos, los avergüenza diciendo que son perpetradores de ruidos y responsables de la contaminación lumínica, y que es en la oscuridad donde el silencio tiene más posibilidades de existir.

El novelista británico Aldous Huxley estuvo varios años residiendo en una casa situada en Llano, en el desierto de los Mojave, en California, y fue allí donde trabajó en la redacción de *La filosofía perenne*. Llano del Río era una comuna fundada en 1914 por Job Harriman que posteriormente, en 1918, sería abandonada, en gran parte a causa de la escasez de agua. El estudio que tenía Huxley contaba con un gran ventanal con vistas al desierto, y, según relatan sus amigos, estaba más feliz, sano y en paz de lo que nunca había estado en toda su vida. El silencio del desierto lo conmovía: «El silencio es ese cielo sin nubes que percibe otro sentido de distinta naturaleza... Es el símbolo natural de lo divino»[5] (y lo divino es algo que él compara con el espacio y la vacuidad, ya que estos han sido tradicionalmente los símbolos de la divina inmanencia o del Dios interior).

Mientras escribía *La filosofía perenne* rodeado de este silencio del desierto, Huxley se sumergió en la lectura y la investigación. En el misticismo halló el nexo común a todas las religiones del mundo. A pesar de ser un humanista, se sentía muy vinculado a los vedanta, que es una escuela de filosofía hindú, y al filósofo y místico del siglo XX Jiddu Krishnamurti, con quien mantuvo una larga correspondencia. Sin embargo, también le comentó a su cuñada católica, Rose D'Haulleville, que «si tuviera que elegir una religión, elegiría el catolicismo».[6]

Huxley creía que la vacuidad y el silencio del desierto solo revelaban su sentido espiritual a los que se sentían seguros psicológicamente. Los desiertos pueden otorgar esa soledad que favorece la autorreflexión, pero también son capaces de lograr todo lo contrario. Por eso mismo, a pesar de que el escritor supo encontrar consuelo en el desierto, se dio cuenta de que no todos lo conseguían. Por ejemplo, podemos citar el caso de un buscador de oro que en 1849 emprendió rumbo a California por la ruta meridional. Sus palabras, en lo que respecta al silencio del desierto fueron: «Hasta que uno no ha atravesado un desierto baldío, sin agua ni comida, bajo un sol tropical y a cinco kilómetros por hora, es incapaz de imaginarse lo que representa esta desgracia».[7] Huxley sabía que el desierto había entrado en la carrera armamentística porque en ese espacio podían hacer explosionar bombas atómicas: «El silencio del desierto sigue estando presente, aunque también, y cada vez con mayor fragor, siguen presentes todas esas absurdidades científicas... [y estas serán las] que conseguirán la abolición del silencio».[8] Huxley entendió que, en sus tiempos, el silencio y la quietud en el desierto de los Mojave eran lo suficientemente poderosos como para absorber el ruido de los aviones a reacción, pero también supo anticiparse al futuro con gran acierto. En realidad, entre 1945 y 1962 se realizaron doscientas diez pruebas nucleares en el desierto de los Mojave.

El silencio particular que desprende el desierto por la noche con su multitud de estrellas, sumado a la insignificancia humana, han dejado sobrecogidos a muchos escritores. «En la desnuda noche del desierto nos manchamos de rocío, y nos avergonzamos de nuestra pequeñez ante los silencios innumerables de las estrellas», escribió el arqueólogo, oficial del ejército y escritor T.E. Lawrence en *Los siete pilares de la sabiduría*.[9] Es posible que lo que nos puede parecer silencioso (como ese mundo de innumerables estrellas) en realidad no lo sea en absoluto, sino que, por el hecho mismo de estar tan lejos, nos provoque la ilusión de ser un mundo sereno y sigiloso. En *Viento, arena y estrellas*, el escritor francés Antoine de Saint-Exupéry comenta que no hay dinero suficiente «para pagar ese vuelo nocturno poblado de centenares de miles de estrellas, su serenidad, sus escasas horas de soberanía... Por encima del desierto, un vasto silencio como el de una casa en orden es lo que reina».[10]

En su ensayo «Bautismo de soledad», el compositor y novelista estadounidense Paul Bowles sabe captar muy bien el silencio del Sáhara: «Lo primero que ves, cuando llegas al Sáhara, sea por primera o por décima vez, es su quietud. Un silencio absoluto, increíble, predomina en las afueras de los pueblos».[11] Bowles sentía que incluso los mercados tenían «un cariz silencioso», y aventuraba que lo quedo tenía una fuerza en sí mismo que se resistía al ruido y, por lo tanto, era capaz de disolverlo de inmediato. El cielo también lo sobrecogía: «Y luego tenemos el cielo, comparado con el cual los demás cielos parecen amilanados esfuerzos. Sólido y luminoso, siempre deviene el punto focal del paisaje».[12] Bowles describe a continuación «el bautismo de la soledad», que es una sensación única que no tiene nada que ver con la soledad y que puede ser adictiva. No hay nada, no hay ningún lugar capaz de competir con eso cuando has caído bajo el hechizo del inmenso, luminoso y silencioso paraje: «Ningún otro entorno puede brindar la suprema y satisfactoria sensación de existir en medio de un absoluto». Escribió Bowles que, tras haber experimentado ese absoluto en el desierto, el viajero sentirá el compulsivo instinto de regresar... «sea cual sea el coste que deba asumir sacrificando dinero y comodidades, porque lo absoluto no tiene precio».[13]

En *Desert Divers*, el sueco Sven Lindqvist escribió que, cuando se detenía a escuchar, los sonidos se magnificaban y el silencio quedaba ninguneado. Se fija en que «un grillo, oscuro como la esquirla de una piedra, canta con estridencia. El viento silba entre los seis cables del tendido teléfono tañendo una nota fina y metálica como no había oído yo desde la infancia. Y luego, el silencio, más excepcional incluso».[14]

El escritor y pintor francés Eugène Fromentin, en cambio, consideraba «el silencio [del desierto] uno de los más sutiles encantos de esta solitaria y vacua tierra»,[15] porque, naciendo de la vacuidad, adquiría una densidad que potenciaba toda suerte de interpretaciones espirituales. Hubo otros escritores franceses, como François-René de Chateaubriand, Alphonse Lamartine o Gérard de Nerval, que también escribieron sobre el silencio del desierto. Barthélemy dijo del desierto que «el silencio, aquí, es la otredad».[16] La experiencia que quiso tener la exploradora suiza Isabelle Eberhardt en el desierto fue la de «volver a intentar aislarme durante los meses que hiciera falta en el silencio absoluto del desierto».[17]

El periodista Martin Buckley viajó por todo el mundo en busca de tierras desérticas. Buckley y la que sería su futura esposa, Penny, decidieron incluso contraer matrimonio en un desierto de Senegal. A diferencia de lo que les ocurre a la mayoría de los viajeros del desierto, Buckley logró encontrar el silencio: «El auténtico silencio requiere de una ausencia de fricción entre el aire y los objetos, de una vacuidad y quietud que solo existen en el desierto».[18] El desierto puede centrarse en su propio sentido de la identidad, muy alejado del ruido de esas ciudades en las que, aunque apagues el ordenador o la radio, siempre parece haber alguna clase de ruido. En el desierto, en cambio, el «inmenso» silencio se da por hecho, y se estimulan los otros sentidos. «Recuerdo un atardecer en el Valle de la Muerte –escribe Buckley–. El aire era denso, quieto, y tenía el aroma de la salvia almizclera que la noche libera».[19] Buckley es consciente de que la mayoría se niega a enfrentarse a la soledad porque la encuentra aterradora, y, como consecuencia, su vida se va llenando de charlas innecesarias: «Nos negamos a vivir la soledad, y, sin embargo, la preparación es esencial, porque vamos a tener que morir solos».[20] Esta soledad, y por definición el silencio, es lo que sin lugar a dudas enfatizan la mayor parte de las religiones.

Uno de los motivos principales de querer viajar por el desierto podría ser la búsqueda de la soledad. En un mundo cada vez más intensamente poblado, el encanto de los espacios vacíos va en aumento, y si uno tiene la suerte de encontrar un lugar vacío y en silencio, su recuerdo puede llegar a formar parte de su vida cotidiana. Buckley se sentía capaz de «conservar la imagen de un lugar silencioso y espacioso».[21] Sin embargo, William Atkins, otro escritor contemporáneo, disiente de él. Atkins considera que el desierto no es silencioso, y que encontrar silencio en el desierto es una tarea ardua. Jamás fue capaz de eludir sus propios ruidos corporales, y para ello tenía que «dejar de revolverse con inquietud, de tragar, pasarse la lengua por los labios, detener el castañeteo de sus dientes, el parpadeo de sus gelatinosos ojos, la aspiración de los orificios de su nariz y el borboteo de sus tripas»[22] (de hecho, prácticamente tenía que dejar de respirar). Atkins considera que una de las cosas que buscan los viajeros son los absolutos, y los absolutos son muy difíciles de encontrar (tanto si estamos hablando de la oscuridad absoluta como del silencio absoluto). Pero vale la pena buscarlos, porque, como dijo Paul Bowles, «lo absoluto no tiene precio». Por supuesto, uno podría cerrar los ojos y hacerse la ilusión de estar viviendo en una oscuridad absoluta, pero cuesta muchísimo más conquistar el silencio absoluto, porque, como escribió Atkins, cuanto más silencioso es el entorno, uno es más capaz de oír sus propios sonidos corporales. James Crowden escribió que «el silencio absoluto,[23] así como el cero absoluto, es un estado de ánimo». Sin embargo, hay una asociación muy profunda entre la oscuridad y el silencio. Es casi como si se esperara que hubiera silencio en los lugares oscuros. La luz puede ser toda una distracción, porque nos permite ver, y, cuando vemos, estamos involucrando otro de nuestros sentidos, por lo que nos resulta mucho más difícil absorber el silencio.

Uwe George es un realizador de documentales que se dedicó a estudiar las aves del Sáhara. En su libro, *In the Deserts of This Earth*, describe el silencio de un día muy concreto en el que no soplaba el viento y fue profundamente consciente de los ruidos de sus funciones corporales, que, como ya había expresado William Atkins, de repente le parecieron atronadores: «Oía todos y cada uno de los latidos de mi corazón, e incluso el fluir de la sangre en mis venas. Un trago de mi cantimplora provocaba un alto y claro borboteo al bajarme el agua por la garganta e ir directa a mi estómago. Este estado de hipersensibilidad fue escalando rápidamente hasta volverse angustioso».[24] George se sintió muy solo y como si se encontrara en un planeta deshabitado. En un momento dado, cayó presa del pánico y pensó que se había perdido, hasta que vio sus propias huellas en la arena y, siguiéndolas, pudo regresar al campamento. Le vinieron a la mente los astronautas que habían aterrizado en la luna y, entonces, comprendió que es necesario que esta clase de aventuras se emprenda en pareja.

George estimó que había descubierto el silencio absoluto y que este silencio en particular que él halló solo se encuentra en el desierto. En el desierto no se puede considerar el silencio como algo que es opuesto al ruido, sino como un estado que, por derecho propio, es capaz de introducirte en otra dimensión. El silencio puntual que sobreviene en el desierto puede tener repercusiones positivas y duraderas a lo largo de toda la vida. De todos modos, decir que George descubrió el silencio absoluto es muy discutible, porque también fue muy consciente de los sonidos de su propio cuerpo y de su mente, poblada de palabras. Sin embargo, y solo a veces, en ese profundo espacio interno al que todos tenemos acceso, cabe la posibilidad de que no seamos conscientes del sonido.

En el libro de Janette Turner Hospital, *Oyster*, hay una descripción muy poética del silencio en el desierto de Australia. El silencio es el vínculo que une el presente con la Edad de Hielo: «En esos confines, el silencio es la dimensión en la que flotamos. Se infla sobre nosotros como el inmenso velamen de un galeón terráqueo, y sigue inflándose hasta adentrarse en la geografía exterior de la Vía Láctea».[25] En otro fragmento de su libro, la escritora manifiesta que siempre tenemos que estar lidiando con nuestros sonidos corporales, pero que, en el desierto, «la inmensidad del silencio nos asusta a todos, me parece a mí».[26] Cree la autora que el miedo al silencio fue lo que históricamente animó a los trabajadores a congregarse en campamentos que les permitieran ser ruidosos en compañía.

En *Las huellas del desierto: una mujer sola en el desierto australiano*,[27] Robyn Davidson relata que se trajo consigo varios camellos a Australia para recorrer algunos de los parajes más áridos de la tierra. Apenas hace mención del silencio del desierto, pero ya hemos visto que el silencio en el desierto no es algo que pueda darse por sentado. Ahora bien, si no lo buscas, ¿es posible que aparezca junto a ti y pase de largo? No hay duda de que el silencio del desierto puede llegar a ser profundamente enriquecedor, pero, como ya hemos visto, para otros puede terminar siendo de lo más alarmante.

Padres del Desierto y ermitaños varios

Además de atraer a escritores, el silencio del desierto también guarda estrechos vínculos con la religión. Durante los tres primeros siglos que siguieron a la muerte de Jesucristo, cuando el cristianismo ya había sido legalizado por el emperador romano Constantino, la religión se jerarquizó e institucionalizó (algo a lo que siempre se había opuesto Jesús durante su ministerio). Así pues, en el siglo III d.C., y huyendo de la institucionalización, algunos ascetas se dirigieron al desierto de Egipto para vivir allí sumidos en el silencio y la contemplación. La plegaria contemplativa era fundamental para los Padres del Desierto (hombres en su mayoría; las Madres del Desierto llegarían posteriormente, y fueron relativamente pocas). Con este nombre fueron denominados los primeros ermitaños y monjes cristianos; y el monacato cristiano posterior basaría su estilo de vida en el que habían llevado estos Padres del Desierto. Juan Casiano, que fue uno de los primeros Padres del Desierto, comprendió las dificultades a que se enfrentaban muchos de los recién incorporados a la vida eremita: la soledad les hacía sentir «la locura de todas las proyecciones de su alma [...] y encontraban el silencio perpetuo intolerable».[28] Sin embargo, la mayoría de los Padres del Desierto hicieron lo indecible por permanecer en silencio. Uno de ellos, Agatón de Egipto, llevó una piedra metida en la boca durante tres años seguidos para impedirse a sí mismo el habla, y algunas sectas cristianas, aunque sin alcanzar tales extremos, siguieron el camino del silencio durante siglos.[29]

A pesar de que la palabra «ermitaño» deriva de la latinización de una palabra griega que significa «del desierto», en realidad los ermitaños nunca existieron en la cultura griega. Sin embargo, sí elaboraron una justificación filosófica para describir a los que habían decidido vivir solos: una filosofía de la soledad.[30] Hubo muchas clases distintas de ermitaños. En el siglo v, san Simeón y otros ermitaños que vivían en pilares recibieron el nombre de estilitas; y los que vivían en lo alto de los árboles, dendritas. Cuando ves la columna de Simeón, al norte de Alepo, en Siria, cuesta imaginar que alguien pudiera haber sobrevivido, ni que fuera una sola noche, encaramado a ella, y aún menos los treinta y siete años que se dice que vivió san Simeón en una pequeña plataforma que se construyó en lo más alto de la columna. Cuando vi todo aquello, no entendí cómo debió de subirse ahí, para empezar. Esta clase de métodos, como el de vivir sobre una plataforma en el desierto, eran muy drásticos, pero, como buenos ermitaños que eran, estos hombres buscaron la manera de poder vivir sabiamente, y eso lo lograron reservándose un tiempo para apartarse de todo y reevaluar sus vidas.

San Antonio de Egipto, conocido también como san Antonio el Grande, empezó la práctica de la vida ascética a los veinte años y, tras llevar una vida moderadamente solitaria durante quince años, se retiró para recogerse en una soledad y un silencio absolutos en el desierto. Fue allí mismo donde esgrimió sus legendarios combates contra el demonio, representados en pinturas realizadas por tan numerosos artistas que casi puede considerarse que debía de ser un rito de tránsito para todo artista pintar al santo. Los pintores que representaron a san Antonio de Egipto fueron, entre otros, Matthias Grünewald, Alberto Durero, Max Ernst, Odilon Redon, Giambattista Tiepolo, David Teniers, Jerónimo el Bosco, Pedro Brueghel el Joven, Salvador Rosa, Paul Cézanne, James Ensor, Stanley Spencer y Salvador Dalí; y todos ellos lo representan siendo tentado por el diablo en su solitaria y silenciosa reclusión.[31]

Tras haber desperdiciado su juventud, el explorador francés Charles de Foucauld respondió a la llamada del silencio y se fue a vivir como misionero con los tuaregs. En 1904 se estableció en Tamanrasset, en Algeria, donde sería asesinado en 1916, aunque no sin antes habernos dejado abundantes escritos sobre las ventajas del silencio. Charles de Foucauld había encontrado la felicidad «en el silencio del desierto. Este desierto para mí es de una dulzura intensa [...] y por eso me cuesta tanto viajar, abandonar esta soledad y este silencio».[32]

Impresiones personales

La experiencia que viví una noche en el desierto de Wahiba, en Omán, no podría calificarse ni de tranquila ni de silenciosa. Iba yo con dos amigos míos por el desierto, a lomos de un camello, a reunirnos con el guía que nos traería las tiendas de acampada («Les estará esperando justo detrás de esa duna», nos dijo el conductor de camellos antes de marcharse). Sin embargo, allí no había nadie, y «justo tras esa duna», había otra duna de arena y otra más y otra... Sentí que me invadía una oleada de pánico, que es lo más opuesto a la serena quietud. Lo único que alcanzábamos a ver en todas direcciones era arena, arena y más arena. Carecíamos de provisiones, y, a medida que iba anocheciendo, los niveles de ansiedad se incrementaron. Finalmente se hizo de noche y sentimos frío. ¿Seríamos capaces de sobrevivir una noche en el desierto sin tiendas, comida y agua? Pude llamar a un amigo que estaba en Muscat, pero cuando nos preguntó dónde estábamos, me entró la desesperación. El simple hecho de poder telefonear ya le restaba valor a nuestra condición de personas intrépidas, aunque ninguno de nosotros había ido al desierto a ponerse a prueba. Es más, ¿por qué estábamos allí en realidad? Solo por vivir una experiencia más, supongo. Estaba temiéndome lo peor de nuestra aventura hasta que, con inmenso alivio, vimos que el guía se dirigía caminando hacia nosotros. Esa noche fue ruidosa en extremo, con un viento ululante que levantaba la arena por los aires. Nos habían dicho que al anochecer amainaría, pero no fue así, y nuestro breve intento de cocinar resultó tarea imposible. Mi litera, por si fuera poco, se rompió en plena noche, lo cual confirmó la sensación que ya tenía yo de que no estaba hecha para ser exploradora del desierto.

Otra experiencia en el desierto todavía más silenciosa que la anterior fue la puesta de sol que vi al llegar a las salinas de Makgadikgadi, en Botsuana, uno de los mayores saladares del mundo y lo único que queda del lago Makgadikgadi, que significa «lugar sediento» y que en el pasado tuvo el tamaño de Suiza; y hablo de miles de años antes de que se secara. El guía me animó a que experimentara este silencio caminando sola hacia la lejanía. Con la petaquita del requerido trago que me tomo al anochecer, me dirigí hacia la puesta de sol y experimenté unos momentos de absoluta tranquilidad y silencio. Este silencio era enorme, envolvente.

Corre por ahí un mito urbano relacionado con la Zona del Silencio, que es un área desértica ubicada al norte de México. Se cree que las ondas de radio no se propagan bien en ese lugar, y que el fenómeno guarda relación con un misil de prueba que se estrelló en la región en 1970 y que transportaba un elemento radioactivo. Durante la operación de rescate de la aviación militar estadounidense, se observaron «unas extrañas anomalías magnéticas que impedían las retransmisiones por radio». Este distrito, por añadidura, cuenta con la presencia de un gran número de meteoritos y de una inmensa variedad de especies endémicas, como la tortuga del desierto, unos reptiles y liebres que son únicos, ratas canguro, coyotes y búhos, así como con muchas especies de plantas raras. En 1974 declararon este lugar tan árido una reserva de la biosfera. Las retransmisiones de radio también están muy limitadas en las proximidades del telescopio Green Bank (situado en la localidad de Green Bank, al oeste de Virginia), que podríamos considerar el radiotelescopio más grande del mundo que es totalmente dirigible y se encuentra más cercano al centro de la Zona Nacional de Radio Silencio de Estados Unidos. Esta medida permite que el telescopio detecte unas señales de radio de frecuencia débil que en otro caso serían imperceptibles.

Por consiguiente, aunque no haya garantías de que uno termine hallando el silencio en el desierto, si nos acercamos a él con los parámetros mentales adecuados, veremos que el silencio está allí presente, esperando a ser descubierto.

5. En busca de edificios silenciosos

El silencio puede hallarse en una amplia variedad de lugares, y a menudo son las estructuras que ha construido el hombre, las ruinas, los edificios abandonados y los lugares de culto los que identificamos más con la paz y la quietud.

El susurro de las ruinas

Las ruinas son una fuente de silencio muy interesante, y creo que esto tiene bastante que ver con los vínculos que mantenemos con el pasado. Aunque los edificios que ahora se encuentran en ruinas quizá fueran transitados y ruidosos tiempo atrás, el hecho de que hayan sucumbido al abandono nos permite maravillarnos y ser testigos silenciosos de su historia. Pasear entre las ruinas antiguas, abatidas por los elementos o producto del deterioro natural, nos ofrece una sobrecogedora y silente conexión con el pasado:

> XVIII. No lejos de allí, un templo antiguo
> cubría la tierra con sus ruinas:

> dos o tres columnas permanecían todavía en pie
> y el musgo crecía sobre el mármol y el granito.[1]

Muchos viajes se emprenden con el objetivo específico de ir a visitar ruinas. Es cierto que uno puede llegar a entender mejor una civilización si visita sus ruinas, tanto si hablamos de ruinas griegas o romanas como si lo hacemos de las aztecas, incas o jemeres. Una ruina es capaz de forjar un vínculo directo con las personas que allí vivieron. Cerrando los ojos, e impregnándonos de la sensación del lugar (y, de alguna manera, ignorando la inmensa cantidad de autobuses repletos de turistas), uno puede sentirse transportado a una era anterior.

Mis abuelos, y otros familiares allegados, están enterrados en un enclave de romántico nombre llamado la abadía del Dulce Corazón, que se encuentra en Dumfriesshire, en Escocia. Esta abadía cisterciense se fundó en 1275 por iniciativa de Dervorguilla de Galloway, que la hizo construir en memoria de su esposo, John Balliol, cuyo corazón embalsamado fue enterrado junto a ella cuando murió. He asistido a muchos entierros en esta abadía, y siempre he tenido la sensación de que estas ruinas de arenisca roja son el testimonio vivo de la historia de amor que vivieron Dervorguilla y John Balliol. Estuve muchos años pagando la cuota anual en concepto de reserva de una parcela de este cementerio. Mi tumba no sería de las que resulta fácil ir a visitar (la mayoría debería emprender un largo viaje), pero pensaba que ser enterrada en un lugar tan romántico y tranquilo, y junto a mis antepasados, compensaría toda molestia. De todos modos, he dejado expirar la reserva, porque creo que terminaré mis días en Londres.

Durante la semana que pasé en el norte de Yorkshire, en el verano de 2019, conseguí visitar muchas abadías y monasterios en ruinas, incluidos la abadía de Jervaulx, la abadía de las Fuentes y el priorato del Monte de la Gracia. En la abadía de las Fuentes siempre hay movimiento, pero en la de Jervaulx no había nadie y resultaba más fácil conjurar su pasado. En un claustro me resulta más fácil evocar las innumerables oraciones silenciosas que debieron de rezarse. En Jervaulx, mi hermana y yo paseamos por el claustro en ruinas que da a las ruinas adyacentes de la iglesia (la sala capitular, la cocina y los dormitorios), mientras que, con la mente, nos dedicábamos a rememorar imágenes de monjes llevando una vida de silencio. Cuando el escritor y reverendo inglés Richard Coles visitó las ruinas de Rievaulx para hacer un programa de televisión,[2] comentó que, aun necesitando que el silencio sea troncal en todo lo que emprendemos, en la actualidad hemos perdido prácticamente del todo este silencio tan fundamental. En Rievaulx, de todos modos, Coles sintió que ese silencio todavía podía palparse.

Sin embargo, no todas las ruinas provocan sensaciones agradables. Las ruinas que son producto de las guerras evocan algo muy distinto, como las causadas por las catástrofes naturales. No generan una conexión y una comunión silenciosas con el pasado, sino que más bien provocan una sensación de agobio, terror y violencia. No son ruinas silenciosas, sino que más bien parecen exigir a gritos que se reconozca su doloroso pasado. Las fotografías de ciudades bombardeadas suscitan en nosotros un inminente y silencioso terror; y cada escena parece estar aguantando la respiración en silencio.

Catedrales e iglesias

Las catedrales históricas también forman parte del circuito turístico, y con sus pilares y columnas pueden convertirse en bastiones del silencio; su solidez y substancia generan en nosotros una sensación de calma. Si tienes la suerte de poder visitar una catedral o una iglesia vacías, el silencio puede ser intenso. El silencio de una catedral románica es tangible; existe en tanto es su substancia.

Las iglesias son capaces de transmitir el silencio de tiempos pretéritos. David Tas escribió «The Walnut Tree» tras una visita que hizo a la iglesia de La Chataigneraie, en Vendée, con su difunta esposa. Ese día hacía calor, y sintió como si la iglesia los invitara a entrar:

> A la fría oscuridad donde el silencio
> absorbía nuestras plegarias con el resplandor de las velas.[3]

El filósofo suizo Max Picard describe las catedrales como edificios erigidos en torno al silencio que en sí encierran, de la misma manera que la hiedra, al ir trepando por un muro durante siglos, lo va aprisionando. Se lamenta del hecho de que, en la actualidad (y estamos hablando de la década de 1950), «las catedrales son como un silencio labrado en la piedra, y están tan desiertas como desierto está el silencio». Las catedrales se han convertido en unos museos silenciosos. «De todos modos, están interrelacionadas: catedral con catedral, silencio con silencio. Permanecen en pie como unos ictiosaurios de silencio que ya nadie comprende».[4]

Una de las descripciones más memorables del silencio de las catedrales fue escrita por J.K. Huysmans, quien, en varias de sus novelas, refleja los diversos aspectos que tiene el silencio. Huysmans se extiende en profusos comentarios sobre la iconografía de la arquitectura cristiana en *La Cathédrale*, el tercer volumen de la trilogía sobre Durtal, su alter ego espiritual, que se convierte al catolicismo y va a Chartres en busca del silencio. Sin embargo, el silencio con que Durtal se encuentra no termina de ser positivo para él. Este silencio refleja el profundo pesimismo que siente Huysmans, «cuando observamos en atónito silencio la negrura del vacío».[5] En su novela *A contrapelo*,[6] el antihéroe Jean des Esseintes se rodea de criados mudos, unos ancianos doblegados por muchos años de silencio. El protagonista logra crear así un entorno en el que no tiene que soportar la obligación de oír las pisadas de sus criados. En *En Rada*, Huysmans, que detestaba el campo, verbaliza la importancia táctica del silencio describiendo la actitud de una pareja de ancianos. La poesía de Huysmans recibió una gran influencia del poeta francés Charles Pierre Baudelaire, y hay que tener en cuenta que, a Baudelaire, a pesar de llevar una vida disoluta, le gustaba estar a solas y en silencio. Cuando se iba a su dormitorio, solía decir que había logrado escapar «de la gran congoja de no ser capaz de estar solo».[7]

La mayor parte de las iglesias tiene al menos una capilla que es, o tiene la intención de ser, silenciosa. En la abadía de Westminster, uno de los puntos clave del ajetreado y ruidoso circuito turístico, se va advirtiendo con regularidad a la gente que debe guardar silencio. Y eso sucede también en la capilla Sixtina, y distrae muchísimo (más que el ruido que hace la gente al hablar).

El artista Mark Cazalet suele trabajar por lo general en silencio, aunque no exclusivamente. Antes de ponerse a dibujar o a pintar, hace una lectura o una meditación. Para él, es una manera de alejarse del mundo que lo rodea. El dibujo que inicia a continuación resulta ser todo un proceso que a menudo no cuenta con un plan preestablecido. Cazalet considera que ser capaz de regresar a un lugar establecido cuyo silencio es fidedigno ya es de por sí todo un regalo; y cuando uno ha regresado a este espacio silencioso, ser capaz de ponerse a trabajar en una obra en progreso es estar en un proceso satisfactorio, aunque a veces nos asuste. ¿Qué sucede si ese espacio silencioso y creativo no se puede volver a hallar? Podría ser como llegar al borde de un acantilado y verse uno en la obligación de tener que dar un paso al frente, hacia lo desconocido. Entre el ojo del artista que ve, la mano que se mueve y el espectador hay «un entramado de intercambios que, cuanto más preciso y mejor hilado esté, más complejo resultará su diseño»; y luego tenemos la paradoja de que hay que soltar para permitir que «el silencio se expanda y llene con él la angustiosa incertidumbre de la creatividad».[8] Cazalet describe el silencio como un entablillado que nos permite reconectar todas las piezas.

En 2016, Cazalet inauguró la exposición «Meditación silenciosa en colores: una nube inmensa de testimonios» en la catedral de St. Edmundsbury, en Bury St. Edmunds, en Suffolk, Inglaterra. La muestra consistía en una serie de ciento cincuenta y tres pinturas que Cazalet realizó durante su residencia artística. (Ciento cincuenta y tres es el número de peces que se cita en el Evangelio de san Lucas y san Juan, y se considera un número inclusivo porque representa a todas las naciones, a la totalidad del pueblo). En Bury St. Edmunds eran bienvenidos todos los que quisieran posar para él durante media hora; la única condición impuesta era que debían posar en silencio mientras él ejecutara su retrato. Todas las pinturas eran óleos sobre tabla, y todas tenían el mismo tamaño. Cazalet empezaba cada sesión con una introducción básica a la meditación silenciosa, y, al final del posado, los modelos podían contarle su experiencia. Algunos referían haber sentido euforia, y otros, desolación; el trato era que, mientras Mark estuviera escuchando lo que los demás quisieran contarle, guardaría silencio. Cuando terminó la serie, las pinturas se colgaron en la catedral a la altura del espectador. ¡Qué experiencia más intensa pasear contemplando estas obras! Algunos personajes miraban directamente al espectador, mientras que otros mantenían los ojos cerrados. Me chocó mucho darme cuenta de que captaba mejor a las personas que tenían los ojos cerrados que a las que los mantenían abiertos, porque eso entra en contradicción directa con el dicho aquel que dice que los ojos son el espejo del alma. Fue una experiencia profundamente conmovedora.

Creo que basta con una exposición como la que hizo Cazalet en Bury St. Edmunds para demostrar que, incluso hoy en día, las catedrales son unos lugares santos que exceden en mucho a lo que representa un museo. El hecho de que las obras de Cazalet se pintaran y expusieran en una catedral fue muy relevante, porque estar en un espacio cuyo origen data del siglo XI, y que ha sido testimonio de centenares de años de adoración, implicaba que el silencio cultivado allí durante tantos siglos había pasado a formar parte integrante de su exposición.

Construido a efectos de atrapar el silencio

Cuando Selfridges, los grandes almacenes del Reino Unido, abrió sus puertas por primera en 1909 en la calle Oxford, Gordon Selfridge inauguró la Habitación del Silencio, una habitación destinada a los clientes y situada en la planta baja del edificio donde se podía acudir en busca de paz y tranquilidad. Por desgracia, no queda constancia del aspecto original que debió de tener esta Habitación del Silencio, pero sí se sabe que, en 2012, el arquitecto Alex Cochrane, reinventando este mismo espacio, creó un refugio para los clientes. La sala se describía como una habitación situada en el interior de otra habitación: una cámara de silencio interior. La habitación exterior pasaba a convertirse en un pasillo que conectaba la planta comercial con la Habitación del Silencio, a la vez que amortiguaba los ruidos y el tráfico. Las singulares bombillas que se encontraban alojadas en las esquinas guiaban a los visitantes por los negros pasillos que conducían a la estrecha entrada de la cámara. La habían construido con roble y fieltro de lana natural, materiales ambos elegidos por sus cualidades acústicas y táctiles, y habían dispuesto asimismo un banco alrededor del perímetro para poder echarse. La habitación fue creada en torno a la campaña denominada Sin Ruidos que Selfridges lanzó en 2013. Por desgracia, parece ser que la diseñaron con el fin de crear un evento singular y temporal.

Quien dejó constancia del ruido de Nueva York fue el escritor Malcolm Lowry: «Es como si desvendaran a unos enormes gigantes sumidos en la agonía».[9] Algunas personas notan de repente que ya no son capaces de soportar ni un día más esta especie de ruido urbano constante. Eso fue lo que le sucedió al escritor George Michelsen Foy un día que estaba esperando el metro en Nueva York; el ruido de los trenes combinado con el lloriqueo de sus hijos lo llevó a embarcarse en una misión: encontrar el lugar más tranquilo de la tierra.[10] En su búsqueda, Foy visitó un monasterio cisterciense, una cabaña de sudoración amerindia y una mina de níquel situada a dos kilómetros bajo tierra. Terminó su periplo en una cámara anecoica (que quiere decir «sin ecos») que los Laboratorios Orfield tienen en Minnesota y que, según *El libro de los récords Guinness*, es el lugar más tranquilo de la tierra porque absorbe el sonido en un 99,9% de los casos. Esta cámara anecoica es una habitación pequeña aislada por capas de cemento y acero que bloquean todo sonido exterior; el interior va forrado con unos amortiguadores dispuestos en líneas cruzadas que absorben los sonidos. La mayoría de los que permanecen en esta cámara durante más de quince minutos presenta graves síntomas de claustrofobia, tiene náuseas, ataques de ansiedad e incluso padece alucinaciones auditivas. Foy se reservó para sí mismo una sesión de cuarenta y cinco minutos... ¡y logró aguantar de un tirón! Al principio sintió que estaba perdiendo la paz interior, porque era consciente de los sonidos de su respiración, de la circulación de la sangre recorriendo sus arterias y de los latidos de su corazón. Pero cuando dejó de obsesionarse con todo eso, empezó a disfrutar del silencio, y solo salió de la cámara cuando se le acabó el tiempo. Posteriormente relató que se había sentido de maravilla, descansado, en calma. La NASA también envía a sus astronautas a entrenarse a una cámara anecoica con el fin de prepararlos para el silencio del espacio. De todos modos, hay que precisar que el espacio exterior no es silencioso, y que un astronauta le contó a Foy que, cuando no se oye un ruido constante dentro de una cápsula espacial, eso indica que hay algún problema, porque eso significaría que los ventiladores interiores deben de haberse parado e impiden que circule el aire.[11]

Me resulta imposible imaginarme a mí misma dentro de una cámara anecoica: solo de pensarlo, me angustio. Una vez tuve un novio que hizo un experimento en Alemania que consistía en pasar un cierto tiempo bajo tierra (creo que era un mes). No había luz natural, no podía tener un despertador ni llevar reloj de pulsera, y una de las constantes que le monitorizaban continuamente era el tiempo que pasaba durmiendo. Me queda borroso el objetivo de este experimento, o los resultados que obtuvieron, pero creo que era algo que guardaba relación con la investigación de los ritmos circadianos. Creo que las veinticuatro horas del día no tardaron en convertirse en cuarenta y ocho. La falta de sonido y de luz natural se ve que trastornan el reloj biológico.

LA ESPIRITUALIDAD

6. Los enfoques religiosos

Siempre ha habido deidades e ídolos dedicados al silencio. Se han hallado varios sellos de piedra procedentes de la civilización del valle del Indostán (3000 a. de C.) que son muy anteriores a la figura del Buda y que representan a unos hombres sentados en la clásica posición meditativa del yoga. La mayoría de las religiones y las tradiciones espirituales consideran el silencio fundamental y lo tienen en gran estima; este silencio es precisamente el que tiene la facultad de vincularnos con el pasado y con la esencia de la espiritualidad. Jesús fue a las colinas a orar; los profetas judíos partieron hacia tierras ignotas; y los yoguis hindúes y los sabios tibetanos, según refiere la tradición, fueron a meditar a cuevas remotas.

Las civilizaciones antiguas

En la antigua Grecia, Harpócrates era el dios del silencio. Los griegos adaptaron su figura del dios niño egipcio, Horus, hijo de las divinidades Isis y Osiris. Horus representaba el sol que salía cada día al amanecer y derrotaba a la oscuridad; se le representaba con un dedo en la barbilla, y su jeroglífico significaba «niño». Sin embargo, los griegos de la época tardía y los romanos malinterpretaron ese gesto y lo identificaron con los conceptos de secreto y silencio. En las *Metamorfosis*, de Ovidio, Horus aparece descrito como «el niño dios que pide silencio llevándose un dedo a los labios».[1]

Silenciar a las mujeres se remonta a los tiempos de la *Ilíada,* donde en un fragmento Hera es acallada por su esposo Zeus, que la amenaza con violencia cuando ella manifiesta su desacuerdo en un asunto relacionado con la guerra de Troya.[2] En la *Odisea*,[3] el caprichoso adolescente Telémaco le dice a su madre Penélope que las historias son solo para los hombres, y que las mujeres deberían ocuparse de los trabajos que les son propios. También le dice a su madre que se calle cuando la mujer le expone sus quejas sobre uno de los artistas que ocupan el espacio destinado a los varones del palacio de Odiseo. En la novela *El silencio de las mujeres*,[4] Pat Barker cuenta la historia de la *Ilíada* desde el punto de vista de las mujeres, sobre todo del de Briseida, la esposa del rey Mines que no tuvo descendencia. Sin embargo, y como ya apunta el mismo título, en casi toda la novela Briseida permanece en silencio y solo describe sus pensamientos internos.

En el Imperio romano, las diosas Angerona, Tácita y Muta parece que se funden en una sola, y es difícil diferenciarlas. Ovidio escribió que Angerona recibía también los nombres de Tácita y Muta, aunque en realidad las tres eran personificaciones del silencio. La diosa Muta, la muda, probablemente fue

Larunda, la náyade. En cuanto a Angerona, igual que a Harpócrates, a menudo se la representa con un dedo en los labios, animándonos a dejar de hablar, mientras que a Tácita se la suele mostrar con la lengua arrancada, señal de las consecuencias que puede acarrear consigo hablar de más.[5]

Alrededor del año 70 d. de C. ya había naturalezas muertas pintadas en las paredes de Pompeya. Una de las cualidades de estos bodegones es la absoluta quietud y el silencio que emanan, una quietud mucho más profunda que la de aquello que no se mueve: «La pintura es poesía en silencio; y la poesía es esa pintura que nos habla»,[6] nos dice el filósofo griego Plutarco. Nunca me había planteado el significado de un bodegón más allá de considerarlo una colección de objetos inertes, pero en realidad los bodegones son capaces de transmitir, y de hecho transmiten, una gran sensación de calma y satisfacción. Es probable que las naturalezas muertas tuvieran su origen en las decoraciones de las tumbas egipcias y fueran ofrendas que los muertos se llevaban consigo a la otra vida.

Hay varios ejemplos de estas pinturas murales egipcias que todavía están presentes en algunas de las tumbas descubiertas. Uno de los primeros bodegones romanos de que se tiene constancia procede de Pompeya; sobrevivió a la erupción volcánica y ahora se encuentra conservado en el Museo Arqueológico Nacional de Nápoles. El bodegón representa unos jarrones y un cuenco de cristal rebosante de fruta, y, teniendo en cuenta que sobrevivieron en silencio durante dos mil años, las manzanas y las uvas que contiene el cuenco están para comérselas.

Caminando entre las ruinas de Pompeya hace unos años, pude constatar que los numerosos grafitis que aparecen en las paredes son como un silencioso recordatorio de la prosperidad del lugar. ¡Qué fácil me resultó, en ese silencio, reconstruir el bullicio de la ciudad en mi imaginación!

El silencio en las tradiciones orientales

El Buda (siglo v a. de C.) consiguió liberarse a través de la meditación silenciosa sentado bajo el árbol de Bodhi. Tras haber alcanzado la iluminación, cuando le formulaban una pregunta, el Buda tenía por costumbre no responder, y el silencio que mostraba a modo de respuesta se denominó «la práctica del noble silencio».

Con la llegada del budismo a China, Naga, o el dios Serpiente, se metamorfoseó en un dragón y pasó a convertirse en el signo del maestro iluminado (porque su presencia viene asociada a la búsqueda de la iluminación silenciosa, que es una práctica de la meditación zen). Cada uno de los gestos del Buda tiene un significado simbólico, y fue precisamente en tiempos del Buda cuando Platón dio constancia por primera vez de la existencia de un lenguaje de los signos.[7] A pesar de que el lenguaje de los signos sea un modo de comunicación silencioso, yo no sé si los que lo practican lo sienten así, ya que el silencio es mucho más que la mera ausencia de sonido. El verdadero silencio también tiene que ser interno.

El antiguo escritor y filósofo chino Lao-Tse, el famoso autor del *Tao Te Ching*, creía que la sabiduría se alcanzaba a través de la inacción (*wu wei*) y no de la acción, y que la soledad era muy saludable para rehuir las presiones sociales. Estos sabios taoístas consideraban que el silencio era el precursor necesario de la creatividad; iban a los refugios de montaña y allí dedicaban varios días a la silenciosa contemplación. La analista junguiana Anne Baring escribió en una ocasión: «Si eran artistas, perfeccionaban la pincelada y observaban todos y cada uno de los detalles que la vida desplegaba a su alrededor. Si eran poetas, invitaban a las palabras de un poema a penetrar la quietud, sosteniendo la respiración para no perturbar el surgimiento».[8] Los que practicaban el taoísmo creían que vivir en armonía con el Tao (el Camino) era una manera de alcanzar la perfección y devenir uno con los ritmos del universo. El tai chi chuan, un arte marcial que en la actualidad se practica de manera generalizada en Occidente, encarna los principios del taoísmo y promulga una práctica que lo lleva a uno a estar en armonía con el universo.

Las religiones mistéricas

Los practicantes del zoroastrismo veneraban unas torres de silencio (*dakhmas*) que eran unas estructuras elevadas y circulares en las que depositaban a sus muertos para ofrecerlos a los buitres o a otras aves carroñeras. Los cuerpos se clasificaban según hubieran pertenecido a hombres, mujeres o niños, y luego se colocaban en círculos distintos. Los cadáveres se consideraban impuros y debían quedar fuera del alcance de la tierra y del fuego, dos elementos sagrados para los zoroastristas, y de ahí que se ofrecieran los cadáveres a las aves, para que estas se alimentaran de la carne que les procuraban los tejidos humanos. Una vez los huesos habían sido decolorados por la acción de la luz solar, proceso que podía durar un año entero, se desechaban tirándolos a un orificio que había en el centro de la torre para que se desintegraran con cal viva hasta que todo resto hubiera desaparecido. A mediados del siglo v a. de C., Heródoto ya tenía conocimiento de estas prácticas y sabía de otras religiones mistéricas, además de estar familiarizado con los cultos secretos del mundo grecorromano que se caracterizaban principalmente por el secretismo y el silencio que rondaban en torno a la iniciación y a sus prácticas rituales. Sin embargo, Heródoto era un fiel tan devoto y leal que, atacado de una suerte de locura, sintió la necesidad de que él también debía guardar silencio: «Cualquiera de los detalles de estas ceremonias me resulta familiar, pero yo no voy a decir ni una sola palabra más al respecto».[9] A pesar de que Heródoto fue el primero en mencionar que los zoroastristas exponían a sus muertos al aire libre, la primera mención de que hubiera unas torres construidas específicamente para este propósito no apareció hasta mucho tiempo después, en el siglo IX d. de C.; y el término «torre de silencio» no sería acuñado hasta principios del siglo XIX por parte de Robert Murphy, un traductor que trabajaba para el gobierno colonial británico de la India. La razón de que Murphy las denominara «torres de silencio» no está demasiado clara, pero en cualquier caso este nombre fue el que pervivió, y así es como las conocemos hoy en día. Creo que incluso han montado una excursión en la que, previa reserva, puedes ir a ver una torre de silencio que hay cerca de Bombay.

En la religión mistérica romana denominada mitraísmo, que era un culto mistérico del mundo romano que se centraba en la deidad Mitra y se inspiraba en el zoroastrismo, los que se iniciaban en ella se llevaban los dedos a los labios y susurraban: «¡Silencio, silencio, silencio!». Mucho antes del advenimiento del cristianismo, las religiones mistéricas egipcias que adoraban a Isis y a Osiris «se cerraban en banda a los que hablaban, pero se abrían a los que permanecían en silencio».[10]

Los contextos cristianos del silencio

El silencio va trazando su camino entre los diferentes libros de la Biblia cristiana de muy distinta manera (y, a menudo, de una manera paradójica). En el principio, la Palabra de Dios nacía del silencio, y como los cristianos creen en un Dios que les habla, es necesario que permanezcan en silencio para poder escucharlo. Así como esta práctica resulta muy fortalecedora para los creyentes que sienten atracción por el silencio, para la mayoría, en cambio, el silencio de Dios se vive más bien como una ausencia, o quizá incluso como una indiferencia: «Me llamaréis, pero no os escucharé; me buscaréis, pero no me encontraréis» (Proverbios 1:28).[11]

A menudo, y cuando se sufre, lo único que se desea es tener a alguien cerca. La compañía humana puede resultar de gran alivio, y la presencia silenciosa de alguien es un consuelo. Job, a pesar de haberse mostrado inquebrantable en su compromiso con Dios, lo pierde todo: hijos, riqueza e incluso la salud. Cuando tres amigos suyos se enteran de lo que le ha sucedido, van a condolerse con él y a consolarlo: «Después se sentaron con él en el suelo y estuvieron siete días con sus noches, pero ninguno le decía nada, viendo lo atroz de su sufrimiento» (Job 2:13). Sabían que lo mejor era dejarlo llorar en silencio. En contrapartida al consuelo del silencio, la Biblia también recurría a él como método de control: el marido tenía derecho a golpear a su esposa para acallarla. Es en la Primera epístola a los Corintios donde san Pablo afirma: «Pero si quieren aprender algo, que pregunten en casa a sus maridos, pues es indecoroso que las mujeres hablen en la asamblea» (1 Corintios 14:35).

Jesús guardó silencio durante treinta días antes de empezar a predicar. En los evangelios era Marta, sobre todo, discípula de Jesús, la que hablaba, mientras que su hermana María permanecía en silencio. Los cristianos monásticos que incorporaron el silencio a sus rituales cotidianos seguían el camino silencioso de María, mientras que el clero secular seguía a Marta. El padre Laurence Freeman, monje benedictino, escribió que, en la observación de la muerte de Cristo en la cruz durante el Viernes Santo, podemos aprender el significado del silencio, porque la muerte es el silencio último. Es obvio que la muerte causa un vacío doloroso, pero, si fuéramos capaces de abrazar este silencio, podríamos aprender que la vacuidad y la humildad espiritual también pueden devenir plenitud. Hay una antigua homilía, que suele leerse durante el oficio de Tinieblas el Sábado de Gloria, que te deja sumido en un profundo silencio: «Pasa algo extraño; se cierne un inmenso silencio sobre la tierra, un silencio y una quietud inmensos».[12]

Los primeros cristianos eran gente muy ruidosa que solía declamar sus plegarias en voz alta, tal y como en la actualidad siguen haciendo muchos cristianos. No es que se mencione ningún monasterio en la Biblia, pero cuando los primeros cristianos se desplazaron de Siria a la India, descubrieron que tanto los hindúes como los budistas contaban en sus tradiciones con la figura de los monjes y los monasterios, y que con ellas iba aparejada el ejercicio de una cierta práctica silenciosa. El ideal y el estilo de vida monásticos fueron importados al cristianismo en el siglo II d. de C., y está claro que se convertirían en una parte fundamental del cristianismo, ya que los monasterios terminaron siendo los enclaves desde donde poder observar a Dios sumido en la quietud.

Los cartujos

San Bruno de Colonia, fundador de los cartujos, una orden perteneciente a la Iglesia católica, fue un reputado profesor que en 1075 recibió el cargo de canciller de la archidiócesis de Reims. Sin embargo, san Bruno no era nada amante de la pompa y el boato que iban asociados a la jerarquía eclesiástica y rechazó la proposición de convertirse en obispo. En 1084 se trasladó a la Alta Saboya, donde construyó un oratorio que posteriormente se convertiría en la Gran Cartuja, sede monástica por antonomasia de los cartujos. El edificio tenía celdas individuales, y en una de ellas Bruno vivió aislado y en la más estricta pobreza, tras lo cual dejó bien claro que «solo los que han vivido algo así pueden conocer la gloria y el beneficio celestiales que el silencio y la soledad de lo desierto aportan a los que lo aman».[13] Las estatuas de los cartujos resaltan la importancia del silencio exterior, aunque se pone todavía más énfasis en la práctica del silencio interior como una manera de estar atento y mostrarse claramente receptivo. Y eso podría sonar alarmante para algunos, como, por ejemplo, Alberico, un monje cisterciense del siglo XII que llegó a decir que «el silencio es ese lugar donde chocas contigo mismo»;[14] y es verdad que el silencio logra que te enfrentes a ti mismo y a tus demonios interiores.

Los cartujos siguen viviendo bajo unas reglas muy estrictas que les prohíben fumar y consumir carne roja y carne de ave; además, desde el mes de septiembre hasta la Pascua, siguen un ayuno por el que solo les está permitido hacer una comida al día. Una vez al año tienen permiso para salir de pícnic y dar una larga caminata de ocho horas, pero el resto del tiempo deben pasarlo en un silencio que, en su mayor parte, es solitario. Si alguien se decanta por relajar un tanto las normas, su intento topa con una fiera resistencia. En las cartujas, que es el nombre por el que se conoce a los monasterios cartujos, los novicios empiezan por poner a prueba su vocación durante un mes con la intención de saber si serán capaces de soportar la dura vida que llevan los monjes cartujos.

Los cartujos, que son ermitaños por instinto, tienen un lema: *Soli Deo* («para Dios solo»). Siempre han sido de una independencia a ultranza, y su estilo de vida ha cambiado poco desde el Consejo de Trento, que se celebró en el siglo XVI. Los cartujos nunca se vieron sometidos a ninguna reforma, porque nunca llegaron a «desviarse», por así decirlo. Pasean juntos todos los lunes, y mientras dura el paseo, tienen permiso para hablar entre ellos, aunque los animan a no entrar en franca discusión; cada treinta minutos han de cambiar de compañero de paseo para no intimar demasiado. Los novicios y los monjes que han hecho los votos (los solemnes) tienen prohibido caminar juntos; de hecho, se trazan unas rutas completamente separadas. «Pero lo más importante es el silencio interior [...]. Cuanto más tiempo lleve uno viviendo en una celda, mejor predisposición de ánimo mostrará».[15] Es muy poco probable que un cartujo que tema el silencio se quede a vivir en el monasterio; y no es el silencio lo que resulta espantoso, sino lo que este revela. Un cartujo escribió que «nuestro silencio no es negativo, sino que es una forma de prestar atención, una receptividad positiva».[16]

La película *El gran silencio,*[17] que trata de un monasterio cartujo llamado la Gran Cartuja, situado en los Alpes franceses, se estrenó en el Reino Unido en 2005. Dieciséis años fue el tiempo que tardó el director Philip Gröning en conseguir los permisos necesarios para filmar en el interior del monasterio. Pasó unos seis meses inmerso en la vida monástica, y en su película, que dura tres largas horas, se llegan a decir muy pocas palabras. Gröning se ocupó personalmente del trabajo del cámara y del técnico de sonido, y no retocó la iluminación natural. No añadió música de fondo ni recurrió a imágenes de archivo para rodar la película, y tampoco se oyen comentarios en *off*, por lo que el espectador es quien queda a cargo de toda interpretación. Dado que se dicen tan pocas palabras, son otros los sonidos que tienden a dominar la escena y añaden más dramatismo a la película. La campana de la iglesia convoca a los monjes a la oración, y algunos ruidos muy concretos, como el de cortar leña o el hollar de unas pisadas, se oyen muy de vez en cuando. Sin embargo, lo que predomina es la sensación de profundo silencio. En esta película, que en gran parte es silenciosa, hay una secuencia en la que la nieve va cayendo en silencio sobre el tejado del monasterio. Y resulta hipnótico de contemplar, aunque no pase nada más, salvo eso mismo, que la nieve va cayendo en silencio sobre el tejado del monasterio.

Un día fui a ver la película al cine, a la hora de almorzar. Me había llevado un bocadillo, pero me resultó imposible comérmelo, porque, a cada mordisco que le daba, sentía como si estuviera interrumpiendo el silencio, cosa que en realidad hacía. En esa sesión matinal se habían congregado principalmente dos grupos de personas: jubilados y estudiantes. Pude adivinar, por su lenguaje corporal, que la mayoría de los jubilados no se mostraba especialmente entusiasmada (estaban inquietos y cuchicheaban entre sí; e incluso hubo quien se marchó antes del final), mientras que los jóvenes parecían extasiados, y me fijé en que les costaba lo suyo marcharse, aun cuando los créditos del final ya habían desaparecido de la pantalla. Es obvio que existe un anhelo y una necesidad de silencio entre las generaciones jóvenes. Timothy Radcliffe, monje dominico, vio la película en St. Louis y comentó que, en su opinión, debería de haberse titulado *El gran crujido de las palomitas*. De hecho, vio la película con un público muy parecido al mío (jóvenes y mayores), y la reacción general del público de St. Louis fue la misma que yo había presenciado en Londres.[18]

El abandono del silencio

En el siglo XI se distanciaron mucho de la tradición del silencio y pusieron más énfasis en los rituales externos. A pesar del gran atractivo que representaba para muchos, en realidad eso entraba en contradicción directa con el profundo conocimiento interior que se había ido adquiriendo a lo largo de los siglos, y que las distintas tradiciones sapienciales habían ido alentando al hablar de la existencia de un núcleo eterno o místico que es común a todas las tradiciones religiosas o espirituales para las cuales el silencio tiene una gran importancia. Santo Tomás de Aquino y san Buenaventura supieron conservar el equilibrio entre el silencio y el discurso, pero el fallecimiento de ambos en 1274 dio al traste con este equilibrio tan precario, y el silencio fue apartado del mapa de ruta. El aumento del número de personajes contemplativos que se dio a finales del siglo XIII, y durante todo el siglo XIV (como el maestro Eckhart, Julian de Norwich y el autor anónimo de la obra *La nube de lo desconocido*), en parte fue una protesta contra el distanciamiento generalizado de la práctica del silencio. Julian de Norwich fue uno de los muchos personajes que reconocieron que la plegaria incitaba al silencio, y que daban por sentada la pobreza inherente que había en todo discurso. El maestro Eckhart nos anima a liberarnos de todas las preconcepciones que sobre Dios podamos tener, y a sumergirnos en la silenciosa naturaleza indómita de la divinidad; el propósito de la existencia humana es amar, conocer y estar en unión con la divinidad inmanente y trascendente: «No hay nada que se parezca tanto a Dios como el Silencio».[19] Para permitir que la Palabra de Dios se filtre entre las bandas de ruido y el caos que hemos ido creando, el silencio debe cultivarse. El misticismo es una ruta silenciosa que nos conduce a Dios, y el camino de un místico termina anhelando la nube del desconocimiento, un desconocimiento situado más allá del conocimiento y que sobreviene con un silencio que trasciende las palabras. La mayoría de las personas que dicen que oyen a Dios cuando Él les habla, lo que oyen es a Dios en el silencio de sus corazones.

Al margen de la vida monástica, el silencio del seglar en el seno de toda religión organizada fue convirtiéndose en una práctica cada vez más rara, aunque también había quien lo promovía, como el escritor del siglo XIV William Langland. En su libro *Pedro el labriego*, un soñador se queda dormido en las colinas de Malvern e inicia su búsqueda espiritual del «dulce conocimiento», una vivencia de Dios personal, silenciosa y transformadora.[20] Nicolás de Cusa, un filósofo, teólogo, jurista y astrónomo alemán pionero del humanismo renacentista, fue el último miembro de la jerarquía de una institución (en la que fue nombrado cardenal y posteriormente vicario general de los Estados Papales) que enseñó el dulce conocimiento, y, tras su muerte, la tradición del silencio sería abandonada en favor del cristianismo institucional durante cientos de años.[21]

En *La divina comedia*, Dante describe la esfera de Saturno diciendo que es un punto de transición localizado entre las seis esferas inferiores del cielo y las restantes esferas superiores. Es el cielo de los contemplativos, que Beatriz, la musa de Dante y su inspiración, denominó «la Séptima Morada». Cada una de las esferas del cielo es gobernada por los ángeles, pero en esta esfera en concreto los coros angélicos han sido silenciados; no se canta ni se danza. El peregrino ve una escalera de oro que asciende hasta perderse de vista, símbolo de la perfección de la vida contemplativa. Cuando llega al Empíreo, un lugar de pura luz, sufre una ceguera temporal. Sin embargo, tras recuperar la vista, cae en un profundo éxtasis (un estado que solo se alcanza a través de la contemplación silenciosa).[22]

Isabel de Este fue un personaje cultural y político que tuvo una gran relevancia en la Italia renacentista. El poeta Ludovico Ariosto la describía como «la liberal y magnánima Isabel», y el diplomático Niccolò da Correggio la denominaba La Primera Dama del Mundo.[23] Isabel de Este recibió una educación en estudios clásicos y, ya de jovencita, en Ferrara, conoció a muchos eruditos y artistas humanistas. En los tiempos de Isabel, las mujeres eran alabadas por saber guardar silencio; ella, en cambio, se ganó la fama de haber roto el molde y optado por tener voz propia. Además de ser una prolífica escritora de cartas, actuaba de regente cuando su esposo, el marqués de Mantua, debía ausentarse. En su *studiolo* de Mantua, había una figura de bronce de Pan tocando la flauta, en silencio, por supuesto, que diríase la encarnación misma de la interacción que existe entre la música y el silencio. Si Pan hubiera mirado al techo de *la grotta*, habría visto una de las piezas favoritas de Isabella, *la impresa delle pause* (una línea de una notación musical escrita en la clave de contralto que era propia de Isabel). Esta *impresa* constaba de nueve pausas silenciosas y un símbolo de repetición que representaba «el tiempo infinito y el silencio infinito».[24]

Martín Lutero fue prácticamente contemporáneo de Isabel. Fue excomulgado por el papa León X tras haberse negado a retractarse de sus escritos, que, entre otros asuntos, exponían sus dudas sobre la eficacia de las indulgencias. Cuando Lutero clavó un cartel con sus tesis en la puerta de la iglesia de Todos los Santos de Wittenberg, en 1517, nació lo que posteriormente se denominarían «Las noventa y cinco tesis». Otra de las preocupaciones de Lutero fue el auge que estaba adquiriendo el silencio durante los servicios eclesiásticos, silencio que, a partir de su época, iniciaría el camino de su extinción en la corriente dominante de la iglesia y solo perduraría en algunas organizaciones marginales.

A pesar de que Isabel y Lutero se habían posicionado en contra del silencio, san Ignacio de Loyola, otro contemporáneo de ambos y fundador de la orden de los jesuitas en 1540, consideró el silencio de un modo muy distinto. Con el fin de crear las condiciones adecuadas para poder realizar sus ejercicios espirituales, los jesuitas declararon el silencio obligatorio. San Ignacio pasaba hasta siete horas al día recogido en silenciosa plegaria: «Dios otorga, Dios enseña, Dios realiza su obra; y eso solo puede hacerse en el silencio establecido entre el Creador y la criatura».[25] Algunas organizaciones e individuos (como los cuáqueros, la Sociedad Unida de Creyentes en la Segunda Aparición de Cristo, los menonitas y algunos católicos, entre los que se incluyen santa Teresa de Ávila y san Juan de la Cruz, además de, y ya en el siglo XX, Dietrich Bonhoeffer y Simone Weil) hicieron todo lo posible por mantener vivo el silencio, aunque estos místicos siempre estuvieron bajo sospecha ante los ojos de la iglesia convencional.

Lo cierto es que, durante cientos de años, la Iglesia cristiana, salvo por algunas excepciones, siguió ignorando la vertiente de la meditación silenciosa de su legado. A partir de la Reforma, la oración individual y privada se consideró sospechosa, y esa fue una de las razones por las que las iglesias empezaron a cerrar sus puertas cuando no se celebraba misa. Resulta raro pensar que las iglesias cierren para evitar que se ore en silencio. Nunca me había planteado que las iglesias pudieran ser declaradas lugares inapropiados con el objeto de impedir que las personas rezaran o la visitaran en silencio; siempre había creído que las cerraban para impedir los robos. Es obvio que el silencio puede interpretarse como una amenaza porque uno nunca sabe lo que al otro le puede estar pasando por la cabeza, y que, por consiguiente, se considerara más seguro minimizar cualquier manifestación pública de silencio. A menudo, cuando las iglesias abrían sus puertas, la gente las usaba para pasear y conversar, como puede admirarse en el género de pinturas holandesas al que pertenecieron artistas como Pieter Saenredam, y que se caracteriza por mostrar iglesias en las que distintos grupos de personas pasean charlando entre sí.

La Iglesia ortodoxa oriental

La Iglesia ortodoxa oriental fue mucho más eficaz en la preservación de la tradición del silencio. Gregorio Palamás, un monje del monte Athos, fue quien promovió el hesicasmo, la tradición mística de la Iglesia ortodoxa oriental que aboga por la plegaria silenciosa a través de la contemplación de iconos. Es una tradición que sigue vigente.[26] La idea es que los iconos existan como medio de comunicación para entrar en contacto con los seres representados (una persona contempla a otra sin necesidad de palabras). Esa es la razón por la que el único texto de los iconos en general sea el nombre del santo al que representan. El hesicasmo, que procede de un concepto griego que significa «quietud, descanso, mutismo y silencio», se basa en una enseñanza de Jesús que dice: «Tú, en cambio, cuando ores, entra en tu cuarto, cierra la puerta y ora a tu Padre, que está en lo secreto, y tu Padre, que ve en lo secreto, te lo recompensará» (Mateo 6:6). La presencia, que no el discurso, se encuentra alojada en el corazón mismo de la tradición ortodoxa: «Ama estar en silencio y no hablar, porque, así como el silencio va acumulando tesoros, el habla no cesa de desperdigarlos»,[27] fueron las palabras que escribió en una ocasión el asceta y abad cristiano Isaías de Gaza. Cuando la luz del Espíritu Santo ilumina el corazón del hesicasto, las palabras de san Isaac de Siria, nacido en el siglo VII, cobran sentido: «Ama el silencio por encima de todas las cosas, porque el fruto que deja, la lengua no es capaz de expresarlo».[28] San Isaac escribió que una de las razones por las que practicaba el silencio era porque la lectura lo llenaba de gozo y conocimiento; y cuando su lengua permanecía en silencio, era capaz de entrar en un estado de ensoñación que se nutría de «incesantes oleadas de alegría».[29]

San Juan Clímaco, un monje que vivió en el monasterio del monte Sinaí, decía que el hesicasmo era «el conocimiento preciso y la buena gestión de los propios pensamientos. La quietud del alma es la ciencia del pensamiento y de una mente pura».[30] El silencio se encuentra vinculado al corazón (que en griego es *nous*); y al ojo del corazón uno llega mediante la gracia de Dios y la quietud interior. Uno de los inconvenientes y mayores riesgos para los hesicastos es el orgullo, porque, al haber experimentado su propia luz, pueden llegar a pensar erróneamente que son seres iluminados. Sin embargo, lo cierto para esta tradición es que la búsqueda de la gracia de Dios y de la luz divina debería ser incesante y proseguir hasta la muerte.

Santa Teresa de Ávila fue una mística española que reformó la orden carmelita. Basó su vida en la plegaria contemplativa, y su obra trascendental, *El castillo interior*, ocupa un lugar decisivo en la literatura renacentista española y en el misticismo cristiano. En la cuarta morada de su obra, que describe la parte más interna de nosotros mismos, Dios nos deleita con las más exquisitas paz, quietud y dulzura. El cardenal Basil Hume describió esta circunstancia como estar en una habitación a oscuras con alguien a quien amas, mientras que san Juan Crisóstomo, nacido en el siglo v, dijo de ella que representaba la escucha en el silencio, la espera. Hay mucha gente que no forma parte de una religión organizada, pero que encuentra solaz en la naturaleza, y en Dios también, punto de vista que supo comprender muy bien santa Teresa de Ávila, tal y como refleja en *El castillo interior*: «Aprovechába me a mí también ver campo o agua; flores. En estas cosas hallaba yo memoria del Criador, digo que me despertaban y recogían y servían de libro».[31]

Otro místico y carmelita español, san Juan de la Cruz, autor de *La noche oscura del alma*, escribió que «el silencio es el primer lenguaje de Dios».[32] Tanto él como su mentora, santa Teresa de Ávila, quisieron reformar la orden carmelita reinstituyendo, entre otras cosas, la observancia de unos largos períodos de silencio. Los seguidores de estas reformas fueron conocidos con el nombre de carmelitas descalzos. Sin embargo, hubo algunos monjes de la orden que se opusieron a las reformas y consiguieron que encarcelaran y torturaran a Juan. En cualquier caso, al cabo de ocho meses el religioso logró escapar y quedó bajo los cuidados de santa Teresa hasta que recuperó la salud.

El monte Athos es una zona montañosa muy boscosa de Grecia. A partir de la década de 1960, esta comunidad de monjes de la Iglesia ortodoxa oriental, que tiene prohibida la entrada a las mujeres, vio aumentar sensiblemente el número de monjes en sus veinte monasterios. Desde 1972 hasta 1976 llegaron ciento cuarenta y tres nuevos monjes, y de 1987 a 1996 esta cifra se elevó a seiscientos nueve.[33]

Aidan Hart, uno de los pintores de iconos de la Iglesia ortodoxa más famoso de la actualidad, me hizo partícipe de sus reflexiones acerca del silencio y la pintura de iconos: «Para mí, el silencio no es la ausencia de palabras ni de ruido externo, sino el camino hacia la comunión con Cristo. Es quitar esos cascotes interiores que no te permiten avanzar hacia Cristo. Cabe decir al respecto que, en último término, es algo positivo en lugar de negativo. Las palabras pueden concebirse a partir de este silencio contemplativo, y las que nacen de la comunión están llenas de vida y gracia. En lugar de perturbar el silencio, le dan sentido, lo vuelven fecundo».[34] Mientras estuvo viviendo como un ermitaño en Shropshire, Hart sintió que cuanto más se adentraba en la profundidad de la quietud interior, más conciencia tomaba del misterio de Dios, y mayor conciencia de cuál era la procedencia de sus palabras y el efecto que estas tenían en los demás. Las palabras que procedían de su «corazón quieto» (es decir, de su profundo silencio interior) resultaron ser verdaderas, estar llenas de gracia y ser las más adecuadas para los oídos de quienes fueran a visitarlo (algo que él atribuía a la divina gracia). Cuando Hart pinta, es consciente de la profunda sensación que le provoca la belleza interior, que resulta ser «como una música paradisíaca». Hart contrapone el retrato elaborado por él a esta sensación, y observa si las combinaciones de colores y sus ritmos se corresponden con esta música silenciosa. ¿Estaríamos hablando aquí de la música de las esferas? Cuando Hart siente que ha alcanzado esta armonía, no se detiene, sino que sigue adelante. Y eso es algo que también advierte en los alumnos a los que enseña (los mejores saben conservar la quietud interior y son capaces de oír esta música silenciosa). El viaje hacia la iluminación es un viaje de por vida. Como escribió san Isaac de Siria: «Tú estate en paz con tu propia alma; y el cielo y la tierra estarán en paz contigo».[35]

La hermana Teresa Keswick, una monja carmelita de nuestros tiempos que reside en Quidenham, en Norfolk, me dijo un día que, aunque a las monjas se las anima a guardar silencio, las carmelitas en realidad no tienen que hacer este voto, que se remonta a los tiempos medievales en que el papa aprobó la Regla de san Alberto, pergeñada para apoyar a los eremitas del monte Carmelo. A pesar de que los empresarios actuales no se preocupan demasiado de la santidad de sus empleados, la hermana Teresa afirma que se conseguiría un mayor rendimiento en el trabajo si se trabajara en silencio. Hay que tener en cuenta que, tanto los parlanchines de oficina como los que se encuentran a merced de sus comentarios, todos padecen las consecuencias de esas incesantes charlas y cotilleos en los lugares de trabajo. Gran parte del sarcasmo y de las críticas podrían atajarse de raíz guardando silencio: «Lo que sí es seguro es que, prácticamente bajo cualquier circunstancia, el silencio resulta muy útil para cultivar la amabilidad». Teresa Keswick explica que hay dos clases de silencio en el convento. El Gran Silencio dura desde las ocho de la tarde hasta las seis y media de la mañana, y solo debería romperse en caso de absoluta necesidad. El silencio que se observa durante el resto de las horas del día no requiere una actitud tan severa, aunque la Regla de san Alberto previene contra la cháchara, tal y como viene citado en el Evangelio de san Mateo (12:36): «En verdad os digo que el hombre dará cuenta en el día del juicio de cualquier palabra inconsiderada que haya dicho». Otra monja de Quindenham dijo que vivir en silencio le había dado «la noción del movimiento y del sentido del tiempo».[36]

En su extenso libro *Historia de la cristiandad*, Diarmaid MacCulloch afirma que tanto el silencio como la contemplación tienen su origen en el seno mismo de la sociedad, y que, previamente al siglo v, los ideales de los Padres del Desierto («Ve a sentarte a tu celda, porque tu celda te enseñará todas las cosas»)[37] fueron tan ampliamente difundidos que incluso llegaron a la isla Bardsey, situada mar adentro, frente a la costa de Gales.[38] Bardsey llegó a adoptar el sobrenombre de la Isla de los 20 000 Santos: «La isla de los eremitas [...] esa isla de la soledad donde uno nunca está solo».[39] Esta diminuta isla, que mide unos 2,5 kilómetros cuadrados, fue un centro de peregrinación muy importante en la época medieval, y siguió en pie hasta 1537, año en que el monasterio y todas sus edificaciones circundantes fueron demolidos por Enrique VIII. En la actualidad sigue atrayendo a peregrinos, aunque la isla resulta más conocida por su espectacular vida aviar y su inmensa colonia de focas grises. La hermana Elena María se mudó a Bardsey en 1969 y creó un oratorio. Al principio evitaba todo tipo de conversaciones y se mantenía en el más estricto silencio, pero, al cabo de treinta años residiendo en la isla, se decidió a hablar con los visitantes.[40] El oratorio de la hermana Elena María se ha reconvertido en una capilla, y la isla ahora cuenta con una casa retiro que acepta huéspedes. También hubo muchos solitarios y ermitaños celtas en Lindisfarne, en Iona, y en la Roca de San Miguel, donde los eremitas vivían una de las seis tiendas de piedra en forma de colmena llamadas clochanes y que aún siguen en pie y pueden visitarse, siempre y cuando el mar esté en calma. Durante la estación veraniega, hay un barco que sale de Kerry, en Irlanda, y tarda unos cuarenta y cinco minutos en llegar, aunque solo atraca si la mar está en calma. El día que fui yo, la estación veraniega todavía no había comenzado y no pudimos arribar a tierra, de lo que me alegré muchísimo, porque el camino que asciende hasta las clochanes es traicionero. Aparte de contar con la presencia de alcatraces, que hacen de este lugar un sitio extremadamente ruidoso (¿chillarían tanto cuando los monjes vivían allí?), la localidad tiene un cierto renombre porque fue una de las localizaciones elegidas para rodar la película *La guerra de las galaxias*.

San Benito enfatizó la observancia del silencio en su regla: «El discípulo debería permanecer en silencio y escuchar».[41] A pesar de que las tres reglas de la vida monástica benedictina (pobreza, castidad y obediencia) en realidad no incluían el silencio, se reservaban muchos momentos para su práctica. En la abadía benedictina de Cluny, el régimen de silencio que practicaban los monjes los condujo a inventarse una lengua de signos monástica.[42] Hacían el signo del pan dibujando con el pulgar y con dos dedos un círculo, y el del queso, juntando las dos manos como si estuvieran prensando queso. Los trapenses, una orden cristiana que se escindiría de los monjes cistercienses en 1664, y que solo adquirió su independencia en 1892, llevaba una política de silencio todavía más estricta. Su énfasis en la observancia de una estricta austeridad fue la reacción a la clara laxitud que llevaba adueñándose de los monasterios cistercienses desde hacía tiempo. Para seguir guardando silencio, los monjes incorporarían otros signos al que ya constaba en la Regla original de san Benito; el signo para nombrar a Dios se hacía uniendo ambos pulgares con los dedos índices de la mano hasta formar un triángulo; el índice y el dedo corazón de la mano derecha puestos encima de la muñeca izquierda eran el signo que utilizaban para denominar el café, mientras que el pulgar de la mano derecha sobre la muñeca izquierda era el signo que indicaba fiebre.

El quietismo y el cuaquerismo

En el siglo XVII, el místico español Miguel de Molinos describió tres clases de silencio: el silencio de las palabras, el silencio del deseo y el silencio de los pensamientos.[43] Molinos, a quien el filósofo e historiador William James describió como un genio espiritual, fue el representante del resurgimiento religioso que adoptaría el nombre de quietismo. El papa Inocencio XI, que vivió en el siglo XVII, declaró que era una herejía situar la contemplación por encima de la meditación, promover la quietud intelectual por encima de la oración pronunciada en voz alta y promover la pasividad interior por encima de la acción piadosa. Una vez más, las autoridades tenían miedo de no poder ejercer el control sobre lo que el individuo estaba pensando en silencio, como si en el silencio los pensamientos subversivos tuvieran la capacidad de propagarse mejor. En 1687, Molinos fue encarcelado en el castillo del Santo Ángel, en Roma, lugar en el que moriría unos años más tarde, en 1696.

El quietismo influyó en el pensamiento de san Francisco de Sales, que quiso poner el énfasis en el amor puro que resulta de las prácticas espirituales: «La contemplación, Teótimo, no es más que una amorosa, simple y permanente atención del espíritu a las cosas divinas».[44] Deberíamos pensar en la calidad de nuestras palabras en lugar de fijarnos tanto en la cantidad, y solo hablar cuando tuviéramos algo relevante que decir. El quietismo se difundió ampliamente por obra de Madame de Maintenon, una conversa que influyó a muchos personajes relevantes de la corte de Luis XIV. El escritor inglés John Donne, en cambio, que también fue clérigo anglicano y decano de la catedral de San Pablo, enfocó el silencio de una manera muy distinta. A pesar de haber dado muchos sermones, solo pervivieron ciento sesenta. Su poderosa retórica era tan persuasiva que a menudo le bastaba solo con eso para reducir a toda su congregación, por lo general ruidosa, al silencio.

Los cuáqueros compartían muchas de sus creencias con los quietistas. Esta tradición, fundada por George Fox, no sigue ningún credo establecido, sino que considera que la religión y la vida son una sola cosa. Dicen que hay algo sagrado en nuestro interior, y que Dios está presente en todos y cada uno de nosotros. Se los llamó cuáqueros porque temblaban, o temblequeaban (*quacked*, según la voz inglesa), cuando oían pronunciar el nombre del Señor, y en sus inicios incluso algunos iban desnudos en señal de un simbólico retorno al Paraíso. El cuáquero William Law escribió que «la vida espiritual no es otra cosa que la obra del espíritu de Dios que habita en todos nosotros, y que, por lo tanto, el silencio que guardemos debe constituir una parte fundamental de la preparación que llevemos a cabo para recibirlo».[45] William Penn escribió que «el silencio es sabiduría, mientras que el habla es un sinsentido que nos mantiene a salvo».[46] A pesar de que el silencio es algo que puede ser compartido por todas las religiones del mundo, los cuáqueros son los que se llevan el mayor reconocimiento por celebrar reuniones silenciosas. Su silencio es el silencio de la escucha. Dicen que, incluso durante las reuniones, observan distintas clases de silencio. Sentados en silencio y en muda quietud pueden surgir palabras interesantes, y, a través del silencio, es cuando el yo emerge. Si alguien habla, aun cuando sea para hacer una pregunta, sabe que nadie le responderá verbalmente; las preguntas son respondidas con el silencio.

El día que asistí a mi primera reunión cuáquera me encontraba enfrascada en la redacción de este libro. No tenía ni idea de lo que me aguardaría al llegar; tan solo sabía que debía sentarme y guardar silencio. La casa de reuniones se encuentra en Wandsworth y data de 1778. Es la casa de reuniones cuáqueras más antigua de todo Londres. Los revestimientos de madera de las paredes y la galería de los ministros son los originales. La casa se encuentra ubicada en pleno centro de una gran promoción inmobiliaria. Por suerte, como es un edificio catalogado, no pueden derribarla y se ha podido salvar. Cuando llegué, tras dejar atrás el ajetreo de la calle Wandsworth High, situada en la parte trasera de la casa, me dieron la bienvenida y me sentí muy acogida; y desde el mismo momento en que me senté, me noté cómoda y en paz. Recuerdo que era por la tarde, un día laborable, y que solo había diez personas, pero aun así se percibía una gran armonía y calma en la sala. Seguro que eso tiene bastante que ver con el hecho de que los cuáqueros llevan reuniéndose en esa misma sala desde hace unos doscientos cincuenta años. Si pensamos en el silencio positivo que ha estado albergando la sala durante todo este tiempo, la sensación que eso te provoca es fuertísima. La media hora que pasé allí sentada transcurrió volando, y eso nunca me había sucedido meditando. No sé muy bien por qué, pero estar sentada entre los cuáqueros y meditar me parecieron dos cosas muy distintas. No me sentí angustiada ni juzgada, y tampoco me revolví inquieta; tan solo me sentí aceptada. Lo que no entiendo es por qué no volví. Siempre había creído que si alguien se sentía inclinado a hablar en una reunión cuáquera, que no era precisamente mi caso, haría algún comentario de naturaleza personal o espiritual. Pero ese día lluvioso en Wandsworth, lo que le preocupaba a la única persona que habló era de lo más prosaico: un asunto relacionado con las moquetas.

El cuáquero George H. Gorman describió las reuniones como esos lugares donde «se alcanza una gran profundidad en el silencio (y poseen) una calidad eterna que reduce las limitaciones impuestas por el tiempo y el espacio», y sigue diciendo que «sin el silencio, no podemos alcanzar nuestro yo interior, y es precisamente de este yo interior de donde irradia toda la energía creativa».[47] El silencio al que se adhirieron los cuáqueros siguió teniendo una gran importancia a lo largo de todo el siglo XIX. Caroline Stephen, la tía de Virginia Woolf, era una teóloga cuáquera que describió con estas palabras el silencio: «El silencio que valoramos no es el mero silencio que sale de los labios. Es la profunda quietud del corazón y la mente, el dejar de lado toda preocupación por las cosas pasajeras».[48] Las comunidades cuáqueras promueven la libertad, la igualdad, la justicia y la paz, e intentan vivir con sencillez. «El cuaquerismo tiene como premisa la vulnerabilidad, el despojarnos de todos los constructos y redes de seguridad y exponernos abiertamente a la presencia real del Dios vivo que está presente en nuestro interior. Y esa vulnerabilidad es de una hermosura insoportable».[49]

La oración y el silencio

Los escritores siempre se han quejado de la falta de silencio. La perturbación que causa en la gente la falta de silencio no es nada nuevo: existe desde hace miles de años. En el siglo I, el filósofo romano Séneca vivía sobre una casa de baños, y un día escribió en un ensayo que el silencio se aprendía a partir de los sufrimientos que conllevaba la vida; y que los sonidos procedentes del piso inferior de su vivienda habían logrado que llegara a sentir odio por su propia capacidad auditiva. Explicaba que, cuando los hombres hacían ejercicios con pesas y se empeñaban a fondo, o al menos eso fingían, «puedo oír cómo gruñen; y cuando sueltan el aire retenido, los oigo resollar con unos jadeos exacerbados».[50] Así que Séneca estaba sentado intentando escribir sobre el silencio mientras, en el piso inferior, unos hombres resollaban de manera parecida a los resuellos que podemos oír hoy en día en un gimnasio moderno. Es fácil imaginar la rabia que sentiría, así como la impotencia de reconocer que no podía hacer nada para que se callaran.

Siempre se dio por sentado en el mundo antiguo que la lectura era una actividad que se hacía en voz alta, pero también hay quien afirma que es un mito que los antiguos se dedicaran a leer exclusivamente en voz alta. Tenemos muchísimos ejemplos que demuestran todo lo contrario y nos dicen que las personas sí leían en silencio: Teseo leyó en silencio la carta que encontró sobre Fedra, ya fallecida; y en un discurso titulado «Sobre la fortuna o virtud de Alejandro»,[51] Plutarco nos relata que Alejandro había estado leyendo en silencio una carta de su madre. De todos modos, es posible que no exista una lectura silenciosa genuina, porque, cuando leemos para nosotros, la mayoría de las veces hay una voz alojada en nuestra mente que es quien va pronunciando las palabras.

Los eruditos siguen debatiendo cuál debió de ser el momento en que debió de difundirse la lectura silenciosa, porque hasta el siglo XII la lectura silenciosa, o leer por dentro, no empezó a divulgarse, y eso correspondió con el auge de la noción del yo. Las cosas empezaron a hacerse en privado, y ya no era necesario hacerlo todo en común. Bastante tiempo atrás, san Agustín había descrito en sus *Confesiones* cuáles eran los hábitos de lectura de san Ambrosio, arzobispo de Milán, diciendo que, cuando recibía visitas sin anunciar, siempre lo encontraban leyendo y en silencio: «Cuando Ambrosio leía, sus ojos recorrían las columnas de texto, y mientras su corazón buscaba el significado, su voz y su lengua permanecían en reposo».[52] San Ambrosio era «un hombre de semblante inteligente, con grandes orejas y una barba negra y bien recortada»,[53] y además era un orador muy famoso. Dice la leyenda que, cuando era muy pequeño, un enjambre de abejas se posó en su rostro y le dejó un rastro de miel en forma de gota. Su padre lo interpretó como una señal de su futura elocuencia y melosa lengua; y por eso se lo asocia a las abejas. Como consecuencia de todo ello, las abejas pasaron a convertirse en símbolo de la elocuencia.

Los antiguos mostraban un cierto reparo en aceptar la lectura silenciosa, porque se preguntaban si los que oraban en silencio no estarían intentando ocultar alguna cosa, y la tendencia cada vez más marcada de optar por la lectura silenciosa alarmaba a los Padres de la Iglesia. La lectura silenciosa implicaba que tenía que confiarse en el lector, porque eso le permitía a él comunicarse directamente con el autor sin la necesidad de que nadie tuviera que leerle en voz alta. Este cambio de tendencia hacia la lectura silenciosa y, por lo tanto, hacia la lectura en solitario, fue un paso de gran calado. Anteriormente, la lectura había sido oral, fuera en voz alta y en grupo, fuera en voz baja y susurrando para uno mismo. En un nivel práctico, una de las cosas que hacía de la lectura silenciosa una tarea complicada era que los manuscritos griegos y latinos se transcribían con todas las letras juntas, sin dejar un espacio libre entre palabra y palabra. Por eso, con la lectura silenciosa, empezó a desarrollarse la puntuación, y el texto quedaría dividido en líneas que le conferían un sentido, facilitaban su lectura y, quizá también, resultaba más fácil de retener. La separación de las letras para conformar palabras y frases se fue desarrollando poco a poco, tema que no pareció constituir ningún problema para los primeros monjes cristianos, porque se sabían casi de memoria los textos que transcribían. A pesar de todo, obviamente cabía lugar para el error, porque si se daba el caso de que se eliminaban una o dos letras de una misma palabra, el sentido total de esta podía cambiar. Una historia apócrifa nos dice que, con los años, «celebrado» terminó convirtiéndose en «celibato» (¡Pues menuda diferencia debió de representar para los monjes!). En el siglo VII, Isidoro de Sevilla valoró mucho el hecho de que, mientras estaba leyendo en silencio, costaba más que lo leído «le escapara de la memoria».[54] Se requieren unas partes del cerebro y unas habilidades cognitivas distintas cuando leemos para nuestros adentros o leemos en voz alta, porque, cuando leemos en voz alta, automáticamente buscamos las palabras que vienen a continuación. Yo soy una de las lectoras de mi parroquia, y por eso conozco de primera mano la sensación de notar que los ojos van escaneando el texto hacia delante. San Benito pensaba que la plegaria debería ser más pura, más interior, caracterizarse por el silencio del corazón y estar menos comprometida con lo externo. Sentía que las horas silenciosas que advenían tras las Completas (la última oración de la Liturgia de las Horas), denominadas también el Gran Silencio, señalaban el momento más sagrado de la jornada. En la vida monástica medieval, el silencio solo era truncado por las campanas de la iglesia cuando sonaban para indicar que había llegado la hora del ángelus. El sonido de estas campanas era importante, porque a menudo era el único modo que tenían los habitantes de las áreas circundantes de saber la hora del día o el inicio de la misa. Los monjes medievales que pasaban la mayoría de su vida en silencio tenían permiso para disfrutar de la música cuando enfermaban y debían guardar cama. El efecto que les provocaría la música debió de ser maravillosamente armónico, y debió de contrastar profundamente con el silencio al que estaban acostumbrados. Si vives inmerso en un silencio casi absoluto, seguro que hay momentos en que deseas romperlo. Y aunque estoy segura de que algunos monjes medievales se debían de reunir clandestinamente para charlar, la mayor parte del día la pasaban en silencio. Con el paso del tiempo, la vida monástica occidental empezó a olvidar la importancia del silencio, y esa fue una de las razones por las que el monje trapense y novelista Thomas Merton, ya en el siglo XX, tuviera que esforzarse tanto para lograr convertirse en un eremita sin tener que abandonar la abadía de Nuestra Señora de Getsemaní, en Kentucky.

Dado que todas las religiones implican que el mejor método para comunicarse con Dios y ponderar la divinidad es a través del silencio, parece contradictorio que el cristianismo le volviera la espalda. Las misas o los servicios litúrgicos se volvieron muy pródigos en palabras y prestaban muy poca atención al silencio; y el silencio y la meditación que practicaron los Padres del Desierto fueron abandonados por la corriente dominante durante siglos. «¡Pobre cristianismo parlanchín!», escribió el novelista inglés E.M. Forster en *Pasaje a la India* al compararlo desfavorablemente con el profundo silencio que reinaba en las cuevas del distrito de Malabar.[55] Evocando la imagen de unos niños que gritan en una piscina, el sacerdote anglicano W.H. Vanstone pronunció las siguientes palabras: «La iglesia es como una piscina en la que todo el ruido procede del lado donde se toca pie».[56]

En el judaísmo, la ausencia de todo sonido tiene una energía propia (como un leve murmullo); el silencio en el judaísmo, por lo tanto, es el silencio de la escucha (y la fe es la capacidad de oír la música que se encuentra presente más allá del ruido); es la música silenciosa de las esferas de que nos habla el Salmo 19. En los rollos de la Torá, la última letra de la primera palabra del libro bíblico del Levítico, *aleph*, se escribe en minúsculas. Y eso cambia su significado de una manera muy significativa; lo que habría significado «y Dios se encontró con» pasa a ser «y Dios llamó a». Álef, que es la primera letra del alfabeto hebreo, es una letra silenciosa, y la enseñanza jasídica afirma que contiene en sí misma toda la Torá. En el misticismo judío, álef representa la unicidad de Dios. En el siglo XVIII, Baal Shem Tov, fundador del judaísmo jasídico, caminaba por los bosques y se sentaba en silencio junto a los ríos para aprender el arte de la escucha. En sus enseñanzas era fundamental establecer una conexión directa con la divinidad. Y este vínculo impregnaba cada aspecto de la vida y, como sucede en otras religiones, nos enseñaba que, si queremos que Dios nos hable, tenemos que aprender a guardar silencio. Si la creencia es que la vida tiene un propósito y un significado, es necesario escuchar lo que está oculto en el silencio interno. El silencio es capaz de contener en sí la posibilidad misma de cualquier sonido concebible. En el cuento de Jorge Luis Borges *El Aleph*, una extraña esfera situada en un sótano lleva por nombre Aleph; apenas mide dos centímetros escasos, pero lo abarca todo: «Todo el espacio se encontraba allí mismo, real, sin reducir».[57]

Cuando preguntaron al escritor y ganador de un premio Nobel Elie Wiesel acerca de la ausencia de silencio en el judaísmo, respondió: «El judaísmo está repleto de silencios... pero de estos silencios no hablamos».[58]

El diálogo interreligioso

El silencio es reverenciado en el hinduismo, pero es la actitud mental y el modo de acercarnos al silencio lo que en realidad cuenta. Como dijo el líder espiritual Sri Ramana Maharshi: «¿De qué sirve el voto de silencio si uno se encuentra absorto en diversas actividades?».[59] A menudo, cuando un discípulo le hace una pregunta a su maestro hindú, este guarda silencio. Es un concepto muy parecido al *wu wei*, que en la cultura china consiste en no hacer nada, en mantenerse inactivo, y que, surgiendo del confucianismo, se definió como la forma ideal de gobierno, algo que adquirió gran importancia en el taoísmo.

Este enfoque difiere mucho de lo que sucede en la vida monástica cristiana, en la que los monjes pueden estar en silencio y, al mismo tiempo, mantenerse ocupados en sus tareas. Sin embargo, hay monjes que cruzan los límites de la religión: Henri Le Saux, un monje francés de Bretaña que adoptó el nombre de Swami Abhishiktananda, tendió un puente fascinante entre el advaita hindú y el cristianismo. Se fue a vivir a la India y demostró el valor que tenían las religiones cuando coincidían en el plano espiritual, y describió su propia experiencia del despertar diciendo que fue como si hubiera descubierto «la cueva del corazón». Cuando Abhishiktananda, a quien le encantaba hablar, paseaba a lo largo del Ganges sumido en el más estricto de los silencios, solía cruzarse con algún que otro *sadhu*, que también guardaba silencio, y lo que hacían ambos era hablarse por señas, gesticulando para expresar la belleza del mundo y el amor que sentían por Dios. Decían de Abhishiktananda que «ahora ya existe alguien capaz de hablar del silencio las veinticuatro horas del día».[60] A menudo Abhishiktananda iba a visitar a Sri Ramana Maharshi a su *ashram* de Arunachala, en Tamil Nadu, al sur de la India. El escritor inglés W. Somerset Maugham también visitó el *ashram* de Ramadna Maharshi en 1938. Corren muchas versiones sobre lo que sucedió en ese lugar, pero parece ser que Somerset Maugham cayó enfermo, y es casi seguro que conoció a Ramana Maharshi en persona, porque dicen que este iba a visitarlo a su dormitorio, y, cuando iba, ambos se quedaban sentados mirándose durante una media hora y sin hablar. Llegó un momento en que Maugham empezó a sentirse incómodo y se planteó si no debería decirle algunas palabras, pero Ramana Maharshi le contestó: «El silencio es lo mejor que hay. El silencio también es conversar».[61] En su novela *Al filo de la navaja*, Maugham se inspiró en Ramana Maharshi para crear el personaje del gurú espiritual Sri Ganesha.[62]

Los vínculos espirituales con el silencio son tan poderosos que hay quien ha muerto por su causa. La mística francesa Marguerite Porete,[63] autora de *El espejo de las almas simples*, un libro de misticismo cristiano que trata del amor divino, fue quemada por hereje en 1310 tras negarse a retractarse del valor que ella otorgaba al silencio. Caminó hacia la hoguera en un silencio desafiante, y es precisamente por su silencio por lo que se la recuerda. El silencio traspasa las tradiciones religiosas, y casi siempre de manera positiva, dado que es considerado, podría decirse que universalmente, el medio que permite alcanzar el centro mismo o la unidad del Ser Supremo, aunque, por supuesto, también puede tener consecuencias negativas, como sucedió en el caso de Marguerite Porete.

7. La meditación

La palabra «meditación» proviene de la misma raíz indoeuropea que «medicina», «medida» y «metro», y significa «poner atención a» o «reflexionar sobre». Es una práctica común a todas las grandes tradiciones espirituales y se lleva escribiendo sobre ella desde hace siglos. Desde tiempos muy antiguos se reconoce que la meditación es un elemento muy importante en las religiones orientales. Asimismo, también forma parte de la tradición espiritual occidental, aunque esto se haya reconocido recientemente, sobre todo a través de las obras del monje benedictino John Main, del monje trapense Thomas Merton y del monje benedictino Bede Griffiths. Estos personajes del siglo XX resultaron fundamentales para cubrir el vacío que existía entre Oriente y Occidente; y la meditación fue uno de los principales vínculos que descubrieron que compartían ambas tradiciones. Durante muchos siglos no se consideró que la meditación fuera inherente al cristianismo, y, por eso mismo, sobre todo durante la década de 1960, muchos dirigieron la mirada a Oriente y a sus tradiciones en busca de la plegaria profundamente silenciosa de la meditación. El asombro fue mayúsculo por parte de todos cuando descubrieron que la tradición meditativa ya existía en Occidente.

Oriente y Occidente

La meditación es la manera que tiene Dios de transformarse en una realidad consciente, puesto que no podemos contemplarlo ni conocerlo directamente. Y eso es así tanto para los meditadores cristianos, cuyo objetivo es trascenderse a sí mismos y penetrar en el silencio, la quietud y la profundidad interior de su ser, como también para los meditadores budistas, que se proponen liberarse de los engaños del yo. Tanto la tradición espiritual de Oriente como la tradición espiritual de Occidente enfatizan ambas la importancia de no esperar nada a cambio de la meditación, y eso es algo que a los occidentales nos cuesta bastante, porque la sociedad vive orientada hacia la consecución de unos objetivos concretos. Como dijo el monje benedictino inglés Aelred Graham: «El punto idóneo de la meditación no es el de estar pensando en algo, sino en no estar pensando nada (la nada)».[1] Estamos tan dominados por el deseo de conseguir nuestros objetivos que no estoy muy segura de que haya muchas personas, incluidas las practicantes de la meditación budista en Occidente, que la hagan tal cual, sin esperar nada a cambio.

El silencio de la contemplación es lo que unifica principalmente pasado, presente y futuro: «Y la paz de Dios, que supera todo juicio, custodiará vuestros corazones y vuestros pensamientos en Cristo Jesús» (Filipenses 4:7). Cuando el lenguaje cesa, comienza el silencio, pero este silencio no es solo un cese del lenguaje, no es la ausencia de todo sonido, sino que es, como describe el filósofo suizo Max Picard, «una marca del amor divino, que el misterio de la fe siempre envuelve como un manto de silencio».[2] La meditación ha sido fundamental en todas las principales tradiciones religiosas, y es ahí donde el cristianismo entra en contacto con las religiones orientales, como dejó escrito Aelred Graham: «La tradición hinduista-budista quizá enseña con mayor claridad que la tradición cristiana que el único lugar en que podemos conversar con Dios es aquí, y que el único momento en que podemos hacerlo es ahora».[3] Dios está más presente en el silencio que en las palabras, y tenemos que ser lo suficientemente valientes para aceptar este silencio. El canónigo John Fenton dijo en una conferencia que dio en Oxford que «la característica más obvia de Dios es su silencio. Dios no tose, ni murmulla, ni arrastra los pies para que nos cercioremos de su presencia».[4] En *Finding Oneself 1*, Laurence Freeman hizo la siguiente descripción del silencio: «El silencio es una fuerza muy poderosa, el verdadero silencio».[5] Recalca que no está hablando de ese silencio negativo que surge cuando se ignora a alguien o se le ocultan cosas para no irritarlo, para que no haya represalias ni se induzca a engaño. Al contrario, Freeman nos está hablando del silencio verdadero, ese silencio en que las mentes se expanden y los corazones se abren, y en que sentimos una renovada afinidad con los demás. Este silencio nos aporta paz, tanto a nosotros como a los demás; y en este silencio es donde el verdadero yo es capaz de aflorar.

En Occidente, la psicología se preocupa del yo, mientras que en Oriente se preocupan más de la trascendencia del yo. Las tradiciones espirituales occidentales, sobre todo la meditación, han tenido una profunda influencia en la psicología occidental. En realidad, el yo no tiene una solidez o una continuidad reales, pero (sobre todo en Occidente) uno intenta aferrarse a su propia identidad y a su noción del yo. La meditación nos brinda la manera de aprender a soltar ese yo, y por eso somos capaces de aprender que, cuando los pensamientos van y vienen, lo que están demostrando es que son inasibles. Sean cuales sean la razón y la motivación que nos lleven a meditar, e independientemente del contexto, podemos salir beneficiados de ella. Sin embargo, si reducimos la meditación a una jerga puramente psicológica, omitimos el gran ámbito en que se desenvuelve la experiencia espiritual. En Occidente, la polarización entre la vida activa y la contemplativa provocó que algunos cristianos, que en su mayoría llevaban una vida activa, se sintieran alienados ante la profunda oración silenciosa que trasciende la complejidad y restaura la unidad.

¿Qué es lo que le lleva a uno a meditar? Para la mayoría puede ser la insatisfacción que se siente ante el mundo material en que vivimos, o, más bien, la sensación que se tiene de que ha de existir algo más en la vida que el solo hecho de ser productores o consumidores. El monje benedictino John Main dijo que, si no podemos sentir satisfacción produciendo o consumiendo, o de la manera en que nos movamos en el mundo exterior, deberíamos empezar por contemplarnos a nosotros mismos, y eso se puede empezar a hacer partiendo de la meditación. Nuestra percepción cambia con la meditación, porque lo que adviene no es un proceso consciente, sino más bien el descubrimiento de otro nivel de la conciencia. «No meditas para experimentar la experiencia –explica Main–. Meditas para penetrar en la experiencia. La meditación consiste en entrar en la conciencia y traspasar la conciencia introspectiva».[6] El escritor trapense Thomas Merton vio el gran peligro que suponía despachar por las buenas las ricas tradiciones espirituales de Oriente. «Si Occidente sigue infravalorando y descuidando el legado espiritual de Oriente –escribió Merton–, eso podría acelerar la tragedia que se cierne sobre el hombre y su civilización».[7] Sin embargo, dado que Occidente sí es poseedor de una rica tradición en meditación, creo que nos corresponde seguir siendo fieles a nuestras raíces: «Los seres humanos no podemos renunciar a nuestro pasado. La conciencia de Occidente era distinta de la que tenían en la India y en Oriente».[8] Y eso es algo que el Dalái Lama, entre otras muchas figuras relevantes, ha comentado alguna vez; y de lo que también nos habla el poeta, activista, pacifista y maestro zen Thich Nhat Hanh: «Un árbol que no tiene raíz no puede sobrevivir; no se puede crecer espiritualmente si no se tienen raíces. Uno no debería abandonar la religión en la que tiene sumergidas sus raíces».[9] Sí, es cierto que podemos aprender mucho de las religiones y las tradiciones que difieren de las nuestras, pero, cuando se trata de defender las lealtades últimas, lo mejor es que nos mantengamos fieles a nuestros orígenes.

Es un hecho que pertenecemos a una tradición en concreto, y William Johnston, un sacerdote jesuita que pasó gran parte de su vida en Japón y se implicó muchísimo en el diálogo interconfesional, se hace eco de las palabras de Thich Nhat Hanh cuando refiere la importancia de nuestras tradiciones y raíces, que incluyen la meditación silenciosa: «Siempre me ha parecido que una manera psicológicamente realista de hacer las cosas bien es mantenernos en el seno de la corriente dominante de nuestra tradición, y adoptar de las ajenas, con mucha humildad, lo que consideremos bueno y valioso».[10] Basándose en el profundo conocimiento que tenía de Japón, Johnston escribió: «En Japón, cualquier payaso sabe notar la diferencia que existe entre las palabras sabias y las tonterías; pero hace falta ser muy buen maestro para saber distinguir entre el silencio sabio y el silencio de los tontos».[11]

El lama rinpoche Yeshe Losal, del monasterio Samye Ling, un monasterio tibetano budista que hay cerca de Eskdalemuir, en Dumfriesshire (uno de los lugares más lluviosos del Reino Unido), dijo que una de las razones por las que los occidentales encuentran tan difícil soportar la soledad es porque acumulamos muchísima rabia y dolor. El monasterio, fundado en 1967, cuenta con unos sesenta internos, y también acoge huéspedes. Hace muchos años pasé allí una noche cuando regresaba de casa de unos amigos que viven en el norte de Escocia. Recuerdo que me sentí muy bien acogida, y también que me contaron que varias personas estaban haciendo un retiro de silencio de tres años en dos islas situadas mar adentro, frente a la costa escocesa (los hombres vivían en la isla de Arran, y las mujeres, en la Isla Sagrada o isla de Lindisfarne). Recuerdo asimismo que me explicaron que cuando estas personas se marchaban del retiro, lo hacían ignorando completamente los cambios que habían tenido lugar en el mundo. A mí me resultaría muy raro no saber lo que está pasando en el mundo, pero quizá nos preocupa demasiado lo que dicen las noticias. Es como si tuviéramos la responsabilidad de tener que estar enterados de lo que sucede en el mundo, aunque no acabe de entender yo la razón.

La monja budista Tenzin Palmo vivió en Gran Bretaña bajo el nombre de Diane Perry hasta su ordenación. Luego se fue a la India, país en el que residió veinticuatro años, doce de los cuales los pasó meditando (pasó tres en una cueva, sin mantener contacto alguno con los seres humanos). Al término de ese período, Tenzin Palmo relató que no se había aburrido ni un solo momento. Para ella, el propósito de la vida era percatarse de su naturaleza espiritual, además de querer ser la primera persona en alcanzar la iluminación bajo una forma femenina. Es curioso, pero tras haber vivido tanto tiempo sola y en silencio, cuando Tenzin Palmo decidió abandonar la soledad para regresar a Inglaterra, fue capaz de encajar perfectamente en la sociedad. La monja budista era muy parlanchina, pero se mostraba especialmente sensible ante las necesidades de los demás; notó que se había vuelto mucho más compasiva y que había perdido todo ánimo de criticar al prójimo. Sentía una paz interior y una claridad tales que afirmaba que entendiéndose uno mismo es como se puede llegar a entender a los demás, porque todas las cosas están interrelacionadas entre sí. Después de tantos años en la India, Tenzin Palmo pensó que le había llegado el momento de retomar sus raíces occidentales, y descubrió que todo lo que había aprendido en Oriente, de hecho, ya se hallaba profundamente arraigado en el cristianismo.[12]

Tanto la tradición monástica oriental como la occidental consideran central la meditación silenciosa. Como dijo Thomas Merton: «La contemplación religiosa de Dios [...] es un don trascendente y religioso».[13] En el convento de Tyburn, en Bayswater Road, una de las zonas más ajetreadas y ruidosas de Londres, hay una orden silenciosa de monjas que han renunciado al mundo y solo abandonan el convento para ir al médico o a votar. Disfrutan de algunos ratos de ocio en los que les está permitido hablar, pero una de ellas, vestida con un hábito blanco, siempre se queda en la capilla recogida en silenciosa plegaria. La orden, fundada según la regla de san Benito, fue creada en París por Marie Adele Garnier, o madre María de san Pedro, en 1898. A causa de las leyes antirreligiosas que se aprobaron en Francia, la madre María de san Pedro se vio obligada a huir a Inglaterra en 1901. Falleció en Tyburn en 1924, y en nuestros días la orden cuenta con conventos esparcidos en diez países.

Hasta la llegada del Concilio Vaticano II, celebrado en la década de 1960, la misa católica contaba prioritariamente con el silencio y la contemplación, pero, tras ese concilio en concreto, Thomas Merton, entre otros religiosos, sintió que el misticismo, el silencio y la contemplación habían sido descartados por completo.[14] En su opinión, corrían el grave peligro de perder el conocimiento espiritual que a lo largo de las generaciones se había ido adquiriendo gracias a los contemplativos, y como el silencio iba a quedar exento de los servicios eclesiásticos, sería tarea de los monjes que residían en los monasterios mantener viva la práctica. Ahora parece que se tenga miedo del silencio durante las misas. La misa en lengua vernácula es una misa hablada y, a menudo, se acompaña de guitarras, lo que deja muy poco espacio a la reflexión silenciosa. No hace mucho fui a una iglesia situada en el norte de Londres en la que el sacerdote inició la misa pidiendo unos minutos de silencio. No me lo esperaba, pero me pareció muy bien, aunque un tanto inusual. Los sacerdotes tienden a creer que sus congregaciones son incapaces de tolerar el silencio, pero los seglares a menudo dicen que les encantaría que hubiera más silencio durante los oficios.

Al día siguiente de mi primera experiencia cuáquera en Wandsworth, asistí a un funeral que se oficiaba en una iglesia católica atestada de gente. Llegué pronto, mientras el coro ensayaba. Sin embargo, sus cánticos quedaban ahogados por el rumor de las charlas de la congregación, y no pude evitar comparar ambas experiencias. ¿Os preguntáis si me puse a charlar yo también? Pues os diré que creo que sí. Es difícil quedarte en silencio cuando estás rodeada de tantas personas, algunas de las cuales hacía mucho tiempo que no había visto, porque los funerales, así como las bodas, son lugares excelentes para renovar el contacto con los amigos.

Tras el Concilio Vaticano II, los cánticos fueron espaciándose todavía más en algunos monasterios benedictinos; y los resultados fueron catastróficos. Los monjes que tenían permiso para cantar habían sido capaces de sobrevivir durmiendo tan solo cuatro horas por la noche, pero, cuando les prohibieron seguir con su actividad, cayeron enfermos y presa del agotamiento. Cuando se dieron cuenta de lo que estaba sucediendo, y se permitió a los monjes poder volver a entonar sus cánticos, su salud mejoró.[15] El silencio no es siempre lo más necesario. Sin embargo, el silencio en realidad forma parte de los cánticos monásticos (el sonido surge del silencio para luego volver a posarse en él). En el monasterio, los monjes se sitúan frente a frente en el coro; la primera parte del salmo es cantada por un grupo, y luego el grupo que está delante lo concluye, respetando todas las pausas silenciosas que convienen. La mayoría de los monasterios en la actualidad siguen sin poder disfrutar de esta experiencia compartida del silencio. Antes del Concilio Vaticano II, se destinaban algunos momentos a disfrutar del silencio en común, aunque nadie supiera muy bien lo que había que hacer para llenarlo.

Sin embargo, y como pasa con todo, el silencio no es estático: va cambiando, y hay que ir reevaluándolo. Como escribió

Merton: «El silencio interior depende de la búsqueda continua, del llanto sostenido en la noche, de asomarse repetidamente al abismo. Si nos aferramos a un silencio que creemos descubierto para siempre, dejamos de buscar a Dios, y entonces el silencio termina por morir en nuestro interior».[16] A través del silencio entramos en contacto con lo más básico de la existencia humana. Merton creía que el propósito de la meditación era capacitarnos para liberarnos de los asuntos mundanos, de las cosas que a menudo solo conllevan confusión y lamentaciones; y pensaba que, desprendiéndonos de todo eso, era posible entrar en amoroso contacto con Dios. Brindándole a Dios nuestras alabanzas, honrándolo, dándole las gracias y amándolo, también recibiremos esa ayuda tan necesaria. El monje benedictino, y pionero del pensamiento interespiritual, Bede Griffiths, escribió que la sabiduría de las grandes religiones era necesaria para la supervivencia de un mundo que estaba en crisis (el matrimonio entre Oriente y Occidente).[17]

El budismo del sudeste asiático tiene veintiuna palabras distintas para denominar el silencio, y eso dice mucho de la importancia que el budismo siempre ha otorgado al silencio. El silencio puede unificar a los que profesan religiones distintas; prestar atención a este silencio implica escuchar, una disciplina muy distinta a la de leer las escrituras, que implica usar el sentido de la vista. La India cuenta con muchos gurúes, *sannyassins* y monásticos que han dedicado su vida al silencio, por eso solo mencionaré las figuras que han sido más relevantes en Occidente. Meher Baba, que guardó silencio durante cuarenta años, fue un defensor de la idea de «vivir más, y más centrados en el presente, que siempre es hermoso y se expande más allá de los límites del pasado y del futuro».[18] Sri Aurobindo, que permaneció en silencio durante los últimos veinticuatro años de su vida, creía que podíamos evolucionar y desarrollar nuestras vidas en este mundo para convertirlas en unas vidas divinas. El hombre sería un superhombre. Y un monje hindú anónimo, que proclamaba los beneficios del silencio, también dijo al respecto: «Si pudiera conseguir que tan solo un uno por ciento de este mundo practicara el silencio, el mundo se transformaría».[19]

Raimon Panikkar fue un sacerdote católicorromano de padre hindú. «Me fui de Europa para ir [a la India] como cristiano; una vez allí, descubrí que era hindú, y regresé a casa como budista sin que jamás hubiera dejado de ser cristiano».[20] Panikkar fue uno de los grandes propulsores del diálogo interreligioso, y eso fue lo que le hizo ganarse la expulsión del Opus Dei[21] en 1962 por desobediencia a la organización. Respecto a la relación que mantenía con el silencio, Panikkar escribió: «Para que el silencio sea la respuesta, / la búsqueda silenciosa debe anteponerse a él».[22] Hay que reflexionar en profundidad sobre el silencio antes de recurrir a él como reacción frente a lo que está sucediendo.

Fue el monje benedictino John Main quien reintrodujo la meditación silenciosa en Occidente recurriendo a un mantra. Tras haber abandonado el sacerdocio, Main trabajó para el Servicio Colonial de Kuala Lumpur, donde conoció a swami Satyananda Saraswati, que le enseñó a meditar con un mantra.

Main regresó a Inglaterra, se hizo monje y fue a vivir a la abadía de Ealing. Posteriormente lo destinarían a la abadía de San Anselmo, en Washington D.C., en calidad de director de su escuela, y, durante su estancia, estudió las obras de Juan Casiano, uno de los Padres del Desierto del siglo v que había viajado en calidad de monje a Egipto y a Palestina además de a Galia sudoriental. Main se dio cuenta de que la práctica que había aprendido de swami Satyananda en Malasia se parecía mucho a lo que habían practicado los Padres del Desierto. Cuando regresó a Inglaterra, formó unos cuantos grupos de meditación cristiana con la colaboración de otro monje, Laurence Freeman. Esta agrupación terminó convirtiéndose en la Comunidad Internacional de Meditación Cristiana (WCCM, según las siglas en inglés), que en la actualidad sigue siendo una organización internacional muy dinámica y está dirigida por Laurence Freeman. Freeman se dedica a viajar por todo el mundo impartiendo charlas y dando retiros; su sede central se encuentra actualmente ubicada en Bonnevaux, en Francia. Aelred Graham, un monje benedictino inglés que vivió dieciséis años en Estados Unidos en calidad de director administrativo del priorato de Portsmouth y escribió, entre otras obras, *Zen Catholicism* («El catolicismo zen»), comentó que John Main era el guía espiritual más importante de la iglesia contemporánea.

Main describió la meditación como una manera de aceptar plenamente el regalo de nuestro ser. Por decirlo con sus mismas palabras: «Creo que lo que todos debemos aprender es que el silencio no se crea. El silencio ya se encuentra en nuestro interior. Lo que tenemos que hacer es penetrar en él, quedarnos en silencio, convertirnos en el silencio mismo».[23] Y además... saber que no pasa nada durante la meditación, y que debemos aprender a hacer caso omiso de todo lo que en realidad sucede. No es tarea fácil, sin duda, pero si insistimos, «este espacio para la expansión del espíritu puede encontrarse en el silencio, y la meditación es tanto un camino de silencio como un compromiso con el silencio que van creciendo en cada faceta de nuestra vida».[24] Como dice Laurence Freeman, no hay nada más importante en estos tiempos que corren de noticias falsas que recordar esta certidumbre. Thomas Merton no vivió lo suficiente para ver este mundo de informaciones que se manipulan para que parezcan noticias auténticas y que tenemos a nuestra disposición en internet. Aun así, Merton escribió: «Yo hago del silencio monástico una protesta contra las mentiras de los políticos, los propagandistas y los agitadores».[25]

Los beneficios

A pesar de que tanto las tradiciones de Oriente como las de Occidente ponen el énfasis en que no intentemos obtener resultados concretos de una meditación, a partir del siglo XX los psicólogos han manifestado un gran interés por la meditación como método de mejora de la salud mental, y también como una manera viable de aliviar la tensión y la ansiedad.

Aunque la meditación religiosa o espiritual no pretende ser una terapia, podría ofrecer buenos resultados terapéuticos. El escritor y jesuita estadounidense William Johnston dijo en una ocasión: «La contemplación cristiana es la experiencia de ser amado, y de amar, en el nivel más profundo de la vida psíquica y del plano espiritual»,[26] y ser amado profundamente es, sin duda alguna, terapéutico. Para Johnston, «si la religión institucional ha decepcionado en cierto modo a los practicantes de la meditación, ha sido en parte por su incapacidad de acompasarse al repentino salto evolutivo de la conciencia en esta última década».[27] Johnston creía que en una práctica como pueda ser la del zen, o en una meditación profunda, hay que tener fe. Albergaba también sus propias reservas sobre los motivos que habían inducido a Aldous Huxley a meditar: «No puedes ir distanciándote de ti mismo indefinidamente en la esperanza de que algo suceda en tu interior»,[28] porque, aunque Huxley creía muchísimo en la meditación, no seguía ningún credo religioso.

Muchas personas, en la actualidad, ni siquiera son conscientes de que necesitan alguna clase de ayuda espiritual o psicológica (aunque, en mi opinión, ambas estén conectadas). Lo único que saben es que la vida les parece vacía y absurda. La meditación, por supuesto, no es religiosa cuando uno la practica para mejorar su salud o agudizar su perspicacia en los negocios, pero ¿qué importancia tiene eso si ayuda a las personas a evolucionar psicológicamente o a cuidar mejor de su salud? Aunque la meditación pueda empezar por procurarnos unos beneficios estrictamente psicológicos, puede llegar a transformarse (que es lo que suele suceder) en una práctica espiritual. La práctica de la meditación se puede enseñar a personas no creyentes, o de poca fe; y a veces sentarse y ponerse a respirar puede ser el comienzo de una búsqueda espiritual en la que muchos terminen encontrando a Dios, o a la Divina Presencia, en lugar de a ese Dios antropomórfico que han rechazado. Bede Griffiths comentó que «el primer paso es penetrar en el silencio para así poder silenciar el mundo de los sentidos».[29] Sea cual sea la razón por la que empecemos a meditar, con la práctica la meditación puede llegar a convertirse en lo que es en esencia: una manera de conectar con nuestro propio centro y encontrarnos con la Divina Presencia. Los budistas dicen que la iluminación no es algo que deba buscarse; hay muchas personas que se sientan a meditar durante años y no les sucede nada en particular. Y no es un tiempo perdido, porque, como Johnston observa: «Uno abandona todo aquello que le es familiar [...] y penetra en la nube del desconocimiento».[30] No deberíamos establecer juicios en lo que respecta a la meditación. Por consiguiente, el hecho de que uno medite bien o mal no es importante; basta con que medite. No se trata de una competición; no hay un perdedor y un ganador. Una de las ventajas de que, en apariencia, no suceda nada es que no caes en la trampa de creer que eres una persona espiritual especial.

Hay muchos ateos y personas no creyentes que meditan. Sam Harris, autor de *Despertar: una guía para una espiritualidad sin religión*,[31] es un meditador muy comprometido que da clases de meditación en línea.[32] A pesar de que existe una amplia variedad de métodos para la práctica de la meditación, el propósito de todas ellas en general es calmar y centrar la mente mientras uno va observando con delicadeza el paso azaroso de los pensamientos y las fantasías y los va dejando atrás, siempre con la intención de adquirir un mayor conocimiento vivencial de la naturaleza de la realidad. El *mindfulness* moderno, que ahora está tan de moda, implica tener que centrar la conciencia propia en el momento presente, aunque también hay que decir que hay quien sale más preocupado que antes por sus problemas y que también los hay que, por el hecho de revivir una experiencia extrema, terminan consiguiendo un resultado contraproducente. En la meditación experimentamos todo el amplio espectro de la vida, incluidos el dolor y la incomodidad, y, como vivimos en una cultura de la comodidad, la vertiente incómoda o aparentemente negativa de la vida suele ser considerada un problema. Sin embargo, no existe nadie que no haya experimentado jamás el sufrimiento; y la compasión que aprendemos a sentir por los demás durante la meditación es la que deberíamos aplicarnos a nosotros mismos. Si hacemos frente a lo que pueda surgir durante el silencio de la meditación, expandiremos el ámbito de nuestra conciencia.

El nervio vago controla el sistema inmune, y la calma y la relajación lo activan. Como consecuencia, el sistema inmune se potencia gracias a la meditación, y por eso la meditación tiene unos resultados tan positivos en un nivel puramente físico. Los resultados de los experimentos publicados en la revista científica *Neuroscience Letters*, a pesar de ser preliminares, aventuran que el silencio podría ser terapéutico en ciertas enfermedades como la depresión y el Alzheimer, que vienen asociadas a una menor tasa de regeneración neuronal en el hipocampo. Un experimento demuestra que basta con dos horas de silencio al día para que se regeneren las células en el hipocampo.[33]

Otra ventaja indirecta de la meditación es que puede servir para reordenar los pensamientos. A condición de concentrar la mente y dirigir su curso, el proceso del pensamiento puede obrar con mayor eficacia. La meditación nos proporciona unos intensos momentos de conciencia que nos sirven de práctica para seguir estando consciente durante el resto del día. El escritor James Roose-Evans reconoció la bondad de sus beneficios: «En el centro y en el mismo seno de todo ritual genuino es donde se encuentra el silencio, un silencio profundo, pagado de sí mismo, rotundamente impresionante y dichoso».[34]

Sin embargo, como observó el filósofo estadounidense Ken Wilber, no importan cuáles sean sus beneficios psicológicos, porque la meditación, en cualesquiera de las tradiciones, es, en último término, espiritual. Desde la perspectiva espiritual representa la unión con Dios, con lo Divino, o con el conocimiento de la Realidad Última. Es el objetivo al que aspiran todas las religiones, y, bien trabajado, podemos hallarlo en las profundidades de uno mismo. En la tradición Theravada de la meditación budista vipassana, que es la visión penetrante o la conciencia plena, se entrena la mente para que esta perciba todos los pensamientos mientras estos la transitan sin detenerse. En algunas variantes de la tradición vipassana, la atención se va desplazando deliberadamente por todo el cuerpo, de un lado a otro, y todas las percepciones o distracciones que aparezcan se liberan.

La meditación es gratuita, y no hay que comprar material; puede hacerse en cualquier parte y en cualquier momento. El científico Rupert Sheldrake escribió que, en el siglo XX, muchos creyeron que la ciencia sería quien reinaría e impondría su supremacía, y que la religión sencillamente iría desapareciendo; pero no ha sido eso lo que ha sucedido. Sheldrake medita y reza, y entiende la diferencia entre ambas cosas, de la misma manera que comprende la diferencia que existe entre la inspiración y la espiración. La oración es la declaración de una intención, mientras que la meditación está relacionada con la liberación de los pensamientos y con un distanciamiento de lo cotidiano; se trata de estar en el momento presente. La repetición de un mantra puede resultar útil para encontrar la quietud.

Una vez me hablaron de una moderadora que presenció un larguísimo silencio durante el transcurso de un debate. La mujer iba posando alternativamente la vista en las partes intervinientes sin interrumpir el silencio, y luego, cuando una de las dos partes se decidió a retomar la palabra, lo hizo con menor hostilidad. El silencio había logrado neutralizar un poco esa rabia. En las entrevistas, el miedo al silencio suele estimular a la gente a hablar, y a menudo se termina farfullando de una manera innecesaria e incoherente. Pero ¿por qué el silencio resulta tan amenazador? ¿De qué tenemos miedo? El reputado escritor y profesor universitario Sam Keen cree que las palabras son una buena manera de estructurar, manipular y controlar la vida. Por eso, en su ausencia, tememos perder el control; si hay algo que no somos capaces de nombrar, perdemos poder sobre eso. El silencio puede significar impotencia y pérdida de control. El control es poder, y el poder es seguridad. Y al contrario: el silencio también puede ser muy poderoso.[35]

A pesar de que la meditación es esencialmente una práctica de observación interna (que suele hacerse en silencio y con los ojos cerrados), también se da una dinámica muy especial que surge de compartir la experiencia de la meditación en grupo. Existen muchos grupos de meditación a los que cualquiera puede apuntarse. Durante la pandemia, yo me apunté a un grupo llamado Benedict's Well, asociado a la Comunidad Internacional de Meditación Cristiana (WCCM). Este grupo se reúne cada lunes por la mañana vía Zoom para meditar en silencio y participar en una charla que, por lo general, dirige Laurence Freeman.

Por eso, aunque a través de la meditación reaccionemos ante lo más profundo de nuestra propia naturaleza, y, alcanzando el centro mismo de nuestro propio ser, podamos convertirnos en la persona que en realidad somos, la meditación también es una práctica sumamente unificadora. En un grupo de plegaria o meditación puede sobrevenir el más profundo silencio interior. Es en este nivel, en el que las palabras son superfluas, donde el diálogo religioso resulta más eficaz. Lo ideal es trascender los pensamientos y las imágenes, entrar en un estado de conciencia caracterizado por un profundo silencio. Occidente ha ido perdiendo esta sabiduría universal, o esta filosofía eterna, por nuestra tendencia a decantarnos por la ciencia y la filosofía, aunque, últimamente, a raíz de la aparición de algunos movimientos transpersonales, esta sabiduría está volviendo a resurgir. Y eso es algo que todas las religiones orientales han reconocido siempre: Dios se sitúa más allá de la mente racional y, por lo tanto, no es accesible a través del pensamiento.

Mi práctica personal

¿Qué hago para intentar encontrar este silencio interno? Como vivo sola, paso gran parte del día en silencio sin darle demasiadas vueltas al asunto, aunque sí confieso que soy propensa a poner la radio. Por las mañanas medito, actividad que llevo practicando desde hace años. Empecé gracias a un curso al que me apunté de meditación trascendental (MT) hará unos treinta años más o menos. Maharishi Mahesh Yogi, el fundador de la técnica de la meditación trascendental, se embarcó en su primera gira mundial en 1958 y posteriormente comentaría que a lo largo de la vida había formado a cuarenta mil profesores de MT, que, a su vez, enseñaron la técnica a más de cinco millones de personas. En las décadas de 1960 y 1970,

Mahrishi Mahesh Yogi adquirió gran notoriedad por ser el gurú que eligieron algunos personajes famosos como The Beatles y The Beach Boys. Tres semanas antes de su fallecimiento, que acaeció en 2008, se retiró de todas sus actividades y buscó refugio en el silencio.

El curso de MT al que yo me había apuntado fue organizado curiosamente por el gimnasio de mi barrio, en Notting Hill. Recuerdo que la formación duraba todo un fin de semana, y que luego había que ir unas cuantas tardes más. Nos dieron un mantra personalizado y secreto, y nos pidieron que no lo divulgáramos nunca. No sé muy bien cómo, pero lo cierto es que conseguí descifrar mi mantra secreto y me di cuenta de que estaba compuesto por las mismas letras que formaban el nombre de Maharishi Mahesh Yogi. La idea no me gustó nada, francamente, y decidí que, como yo no creía que Maharishi fuera mi maestro, no me apetecía pasar el rato recitando su nombre interminablemente. Fue entonces cuando me enteré por casualidad de la existencia de la Comunidad Internacional de Meditación Cristiana (WCCM). En esta comunidad te aconsejan que uses un mantra universal, el *maranatha*, que en arameo significa «Ven a mí, Señor», en tu práctica diaria.

Sigo pensando que la meditación es extraordinariamente difícil, pero yo no me canso de insistir, y valoro la disciplina que requiere y el hecho de que se hayan escrito tantas cosas positivas sobre ella, por no hablar de toda la gente que admiro y que es practicante. Sin embargo, yo entraría a formar parte de ese grupo de personas que medita una sola vez al día, y Laurence Freeman, del WCCM, me comentó en una ocasión que meditar cuesta menos si lo haces un par de veces al día. El dato de que no hay que albergar expectativas representa todo un reto para mí, sobre todo cuando los pensamientos pasajeros bombardean mi tan anhelado silencio interno. Es simple, pero no es fácil.

La influencia de Thomas Merton

Thomas Merton fue una inmensa inspiración durante las décadas de 1960 y 1970, además de ser un activista social. Escribió más de setenta libros, incluida su muy aclamada autobiografía *La montaña de los siete círculos*, que llegó a vender seiscientos mil ejemplares cuando se publicó por primera vez en 1948. Recuerdo haberla leído cuando yo tendría unos veintipocos años, y la ilusión que me hizo descubrir que existía una manera diferente de aproximarte al catolicismo al margen de lo que me habían enseñado en la escuela de monjas.

Merton nació en Francia. Su padre era neozelandés y pintor de profesión; y su madre, una artista cuáquera de Estados Unidos. Fue bautizado en el seno de la Iglesia anglicana, y poco después su familia se mudó a Estados Unidos. Con el tiempo, Merton regresaría a Inglaterra para cursar sus estudios superiores, y fue en esa época, estando de vacaciones en Roma, cuando se le ocurrió la idea de hacerse monje trapense. Terminó los estudios en Cambridge, se matriculó en la Universidad de Columbia y empezó a interesarse vivamente por el catolicismo. Hubo dos libros que le intrigaron muchísimo, y que en concreto fueron *El espíritu de la filosofía medieval*,[36] de Étienne Gilson, y *El fin y los medios: sobre los ideales y los métodos empleados para su realización*,[37] de Aldous Huxley (dos obras que resultaron determinantes en su iniciación al misticismo). Mientras estaba estudiando en Columbia, Merton conoció a Mahanambrata Brahmacharia, un monje hindú de la Universidad de Chicago que había ido de viaje a Nueva York. Quedó muy impresionado tanto por el personaje como por sus ideas, aunque Brahmacharia, así como el Dalái Lama y Thich Nhat Hanh, siempre aconsejaba que, en lugar de cambiar de religión, era preferible que las personas reconectaran con sus propias raíces espirituales. «Florece en el mismo lugar donde fuiste plantado».

Merton se licenció en Literatura Inglesa en Columbia, en 1938, y al término de ese mismo año se convirtió al catolicismo y decidió ingresar en la vida religiosa. De todos modos, prosiguió sus estudios y se sacó un máster en Literatura Inglesa por la Universidad de Columbia, en 1939. Su primer movimiento fue acudir a los franciscanos para solicitar unirse a su orden, pero cuando estos tuvieron conocimiento del pasado turbulento de Merton, decidieron rechazar su candidatura. Merton empezó enseñando inglés en la Universidad de San Buenaventura del Estado de Nueva York y, mientras ejercía de docente, fue cuando floreció su vida espiritual. Thomas Merton redujo muchísimo el consumo de alcohol, e incluso dejó de fumar y de ir al cine. Un año, en Semana Santa, fue a la abadía trapense de Nuestra Señora de Getsemaní, en Kentucky, a hacer un retiro, de donde salió muy satisfecho espiritualmente. Regresó a Nueva York y se quedó en la ciudad durante un tiempo. Sin embargo, temiendo ser llamado a filas, decidió regresar a Getsemaní, y en 1941 fue aceptado como postulante. Mientras estuvo residiendo en la abadía, escribió varios diarios, y en 1944 hizo una primera profesión de votos. En 1947 tomó los votos definitivos; y en 1949 fue ordenado sacerdote y adoptó el nombre de padre Luis.

En Getsemaní le costó mucho persuadir a sus superiores de que le dieran permiso para vivir en soledad. Hasta que no le dejaron convertirse en eremita, Merton fue un hombre inquieto e insatisfecho. Sin embargo, en 1965, y tras liderar el cambio, fueron otros monjes trapenses quienes obtuvieron también permiso para ser ermitaños.[38] Por aquel entonces, Merton dedicaba toda su jornada a vivir como un eremita en Getsemaní. Le encantaba estar en la cabaña que le habían destinado en los mismos dominios del monasterio; la campiña circundante le recordaba a Inglaterra, y decidió bautizar el lugar imponiéndole el nombre de Campo de Santa Ana. Merton sentía que solo allí era capaz de ser un auténtico monje: «Esta soledad confirma la vocación que tengo de estar solo. Cuanto más tiempo paso en soledad, más la amo. Un día la soledad me poseerá por completo, y entonces nadie, ni un solo hombre, volverá a verme jamás».[39] El silencio y la soledad nunca deberían ser una vía de escape para huir de las personas que nos desagradan, sino más bien una auténtica y profunda búsqueda de Dios. Merton decía: «Mi corazón no consiente en albergar otra cosa que no sean Dios y la soledad misma».[40] La soledad no era algo teórico para Merton; era una práctica, «el lugar que yo ocupaba en este mundo».[41] Merton había encontrado a Dios en la soledad interior; y creía que la soledad auténtica no era tal si no venía identificada con la soledad interior.[42] Creía que lo que justificaba la práctica de una soledad deliberada no solo era lograr conocer y amar a Dios, sino también fomentar las relaciones con los demás seres vivos: «Cuanto más avanzo en la soledad, con mayor claridad veo la bondad de todas las cosas».[43] La primera vez que Merton llegó a Getsemaní, le sorprendieron las profundas y variadas emociones que surgían del silencio compartido por muchos. En cierto modo, se contradice bastante con el amor que le tenía a la soledad, pero lo cierto es que Merton vio que el silencio que implicaba a los demás era más profundo que el silencio experimentado en carne propia: «El silencio, la solemnidad, la dignidad de estas misas y de la iglesia, y la sobrecogedora atmósfera de unas plegarias tan fervientes que casi resultaban tangibles, me embargaron de amor y veneración».[44] Sus enseñanzas sobre la soledad son tan válidas que conectan con la sabiduría ancestral. Por eso apremiaba a la gente de «la era tecnológica» (y estamos hablando de la década de 1960) a descubrir la soledad interior. Merton creía que existe un absoluto que se encuentra oculto en el seno mismo de todas las cosas, y que solo puede descubrirse si alcanzamos el nivel más profundo; creía que el idioma necesario para alcanzar ese punto es el lenguaje del silencio: el lenguaje de Dios y el lenguaje de la intimidad.[45]

Merton entendió que no todos estamos llamados a ser ermitaños, pero que, en cualquier caso, a todos nos convendría un poco más de soledad y silencio. Sin embargo, y hablando como eremita, Merton escribió: «Resulta claro para todos nosotros que el mayor y único servicio que podemos hacerle a la Iglesia es llevar una vida de contemplación. Nuestro silencio y nuestra soledad no son meros lujos y privilegios».[46] Sigue diciendo Merton que no es posible encontrar la paz interior a menos que uno esté en armonía con su auténtico yo interior. El silencio te da la oportunidad de entenderte mejor a ti mismo y de entender a los demás: «Y sentí el profundo e intenso silencio de la noche, y de la paz, y de la santidad, envolverme como el amor».[47]

Aparejadas a la fama de Merton, aparecieron oleadas de visitantes en la abadía de Nuestra Señora de Getsemaní, y un club de admiradores devotos que Merton confesó que hacía que se sintiera vulgar y que estaba formando parte de una especie de vodevil litúrgico. Sin embargo, y ya en los albores de la década de 1960, durante la última etapa de su vida, y a pesar de los años que había dedicado a convertirse en un auténtico solitario, empezó a buscar excusas para poder salir del monasterio y participar en congresos y reuniones. En 1966 tuvieron que operarlo de la espalda en un hospital de Louisville, y allí fue donde conoció a M (Margie), una joven estudiante de enfermería de la que se enamoró. Quedaron muchas veces, a pesar de que Merton le había prometido a su abad que dejaría de verla. Sin embargo, todo terminó el día en que la estudiante decidió regresar a Cincinnati.

A finales de 1968, el nuevo abad de Nuestra Señora de Getsemaní, Flavian Burns, le concedió permiso para viajar a Asia. Merton fue un gran impulsor del diálogo interreligioso, debate en el que ya creía durante sus años universitarios. En la India se reunió tres veces con el Dalái Lama, y también con el maestro Chatral Rinpoche, de la tradición budista tibetana Dzogchen. En Darjeeling se hizo amigo de Tsewang Yishey Pemba, un miembro muy relevante de esta comunidad tibetana.

Merton es un personaje muy controvertido, como suelen serlo los más grandes, pero los últimos comportamientos de que hizo gala, como cuando se enamoró de la estudiante de enfermería Margie Smith, no bastan para restarle valor a la enorme relevancia de sus escritos. No hay duda de que sus textos ejercieron una gran influencia en varias generaciones de católicos. Incluso el papa Francisco llegó a comentar de él en 2015 que era un personaje digno de estudio por haber abierto nuevos horizontes a la Iglesia. Merton es citado con frecuencia, y se ha convertido en un personaje sumamente influyente en los círculos espirituales de todo el mundo.

Otro maestro católico muy influyente fue el monje cisterciense nacido en Estados Unidos Thomas Keating, que contribuyó a la forja de un movimiento cristiano de oración contemplativa que, mediante el uso de la Oración Centrante, fomentaba el desarrollo de la plegaria contemplativa. Este movimiento rescata las enseñanzas de la antigua sabiduría cristiana y las actualiza. Keating se basó en un consejo que aparece escrito en Mateo 6:6, y que dice: «Tú, en cambio, cuando ores, entra en tu cuarto, cierra la puerta y ora a tu Padre, que está en lo secreto». Keating escribió que la plegaria silenciosa es «el método humano para descubrir lo que la presencia interior, en nosotros y fuera de nosotros mismos, esa que nos penetra, es en realidad».[48] La plegaria es transformadora, porque, en el momento adecuado, nos recompensa con «una más profunda, mucho más íntima y fiable, más adecuada y deliciosa relación con Dios».[49] En esta «morada interior», a la que podemos acceder gracias al silencio, es donde Keating dice que podemos desarrollar tanto el valor como la humildad necesarios para enfrentarnos a la cara oscura de nuestra personalidad, a nuestras sombras.

Los desafíos

El gran viajero y escritor Patrick Leigh Fermor se hospedó en varios monasterios y escribió sus experiencias en *Un tiempo para callar*.[50] Leigh Fermor fue una persona muy sociable que no se adaptaba con facilidad a la vida solitaria, y le costó mucho tiempo ajustarse a la reclusión monástica, porque al principio se deprimía: «Viví con el ánimo abatido durante un tiempo; experimenté esa sensación de soledad y monotonía que siempre acompaña toda transición entre los excesos de la ciudad y la soledad de la vida rural».[51] Leigh Fermor descubrió que los silencios de los monasterios le resultaban muy caros de pagar: «El deseo de hablar, de movimiento y de gestualidad nerviosa que me habían acompañado desde que dejé París, en este lugar silencioso, no generó ninguna reacción, ningún impedimento, ni la más mínima resonancia».[52] Sin embargo, al cabo de poco Leigh Fermor descubrió que la abadía se había convertido en todo lo opuesto a una tumba: no es una *thelema* ni un nepente, sino una universidad silenciosa, una casa de campo, un castillo colgado a mitad del cielo, lejos del alcance de los problemas y vejaciones que comporta una vida normal y corriente.[53] Lo que inicialmente le había parecido un cementerio pasó a convertirse en objeto de deseo, y el mundo exterior fue lo que en realidad le parecía falto de naturalidad: «un infierno de ruidos». Leigh Fermon entendió que se tarda un cierto tiempo en adquirir y entender el gusto por el silencio, y que sus efectos beneficiosos son acumulativos, «porque en la reclusión de la celda (existencia cuya quietud solo se ve alterada por las comidas silenciosas, la solemnidad de los rituales y los largos y solitarios paseos por los bosques), las turbulentas aguas de la mente se aquietan y aclaran».[54] Fermor tenía la sensación de que las Completas (las plegarias que se hacen al final de la jornada) se parecían mucho a las que debieron de pronunciarse en las iglesias medievales, y que la oscuridad que reinaba en la iglesia potenciaba el silencio. Leigh Fermor describió el silencio que sucedía a la música en uno de los monasterios en que residió diciendo que se encuentra alojado en el núcleo mismo del sonido: «Al himno le sucedía una larga quietud que parecía sacada de las mismas entrañas del sonido».[55] Los monjes del monasterio trapense que lo acogieron solo tenían permiso para romper el silencio cuando cuidaban de los animales de la granja de la abadía; y, aun así, solo les estaba permitido hablar con estos. Al margen de eso, la regla del silencio era taxativa para todos, salvo para el abad y el responsable de los hospedados, que tenían permiso para hablar de vez en cuando. Durante una de las muchas temporadas que pasó en un retiro benedictino de California, el novelista Pico Iyer escribió: «Me encontré sumido en un silencio que no era tanto una ausencia de sonido sino más bien la presencia viva de todo aquello con lo que habitualmente me cruzaba caminando, fuera despierto o sonámbulo [...]. Era una soledad que todo lo aclaraba; era un silencio tan envolvente y profundo que hizo que me olvidara del término "silencio"».[56]

Durante mi retiro en España, del que ya he hablado en el primer capítulo de este libro, descubrí que me sentía muy cómoda estando en silencio; sin embargo, también descubrí que la meditación me angustiaba. En el retiro me animaron a abrazar mi angustia, y, durante un rato, breve, por cierto, tuve la sensación de que sería capaz de lograrlo; no obstante, unos instantes después me sorprendía a mí misma componiendo unas inacabables listas mentales y sintiendo que la ansiedad volvía a apoderarse de mí. La concentración, o la capacidad de meditar, me costaba muchísimo sentada en una silla muy incómoda, y además en una sala en la que no corría el aire porque hacía demasiado ruido para tener las ventanas abiertas. Y luego, claro está, ¡quién se resiste a la tentación de observar a los demás! Alguna vez incluso crucé la mirada con alguien que también me estaba mirando a mí. ¡Quién me dice a mí que no era yo la única en encontrar difícil la prueba! Eso me animó bastante. Incluso llegó a parecerme que una persona sentada al final de la sala tenía resaca (quizá algunos se habían escurrido con sigilo para ir a tomar una copita en secreto, mientras yo iba alardeando con mi copa de vino tinto ante los demás). Mientras me daba una cuantas palmaditas en la espalda, en sentido metafórico, claro, por haber sido tan sincera conmigo misma, me pregunté qué estaba haciendo yo allí pensando en todas esas cosas. La mayoría de mis compañeros de meditación parecían haberse sumido profundamente en ella. ¿Qué me pasaba a mí?

La meditación no le va bien a todo el mundo; hay muchas personas que han tenido malas experiencias durante una meditación. Y quizá, en parte, eso tenga algo que ver con el hecho de que nuestra sociedad exige una gratificación instantánea a la meditación y al *mindfulness*, mientras que, en un contexto religioso, la meditación consiste en conectar con lo divino y esperar resultados a largo plazo. Muchos cristianos místicos tuvieron la oportunidad de experimentar «la oscura noche del alma», y todavía hay personas hoy en día que padecen esos mismos síntomas de desconexión y terror y que albergan ideas suicidas. Estas «oscuras noches» actuales parece que se manifiestan cuando las personas pierden la noción de su propio yo o se olvidan de que también ocupan un lugar en este mundo. En este caso, meditar o practicar *mindfulness* puede desatar la negatividad y convertirse en una actividad peligrosa. Muchas personas tienen miedo del silencio que se exige en toda meditación, porque eso significa quedarse a solas consigo mismas. Este miedo puede ser un impedimento real para la práctica de la meditación; incluso hay quien ha tenido que salir a toda prisa de una sala de meditación porque ha caído presa de un ataque de pánico. Es preciso tener una buena salud mental para practicar la disciplina de la meditación, porque los estados emocionales negativos que se han reprimido, en lugar de ser analizados, podrían repercutir en nosotros y provocarnos una grave desazón. Además, hay que tener en cuenta que las imágenes que el inconsciente saca a la luz pueden resultar difíciles de asimilar. Sin embargo, para la mayoría de los que gozan de buena salud mental, abrazar el dolor que pueda surgir de una meditación puede considerarse algo transformador e iluminador.

En un artículo que apareció en 2016 en *The Economist* titulado «The Power and Meaning of Silence» («El poder y el significado del silencio»), su autor, que es anónimo, empieza describiendo el percutado sonido de dos gongs, en Birmania, y el quiebro del silencio absoluto del monasterio. Sin embargo, más adelante el autor se queja de que, incluso dentro del mismo monasterio, el silencio es más bien algo a lo que aspirar más que una realidad. Los monjes que habitan en el monasterio de Mingaladon tienen al lado el transitado aeropuerto de Myanmar. Es de suponer que estos monjes ya habrán descubierto alguna manera distinta de nutrir su silencio interior, a pesar del ruido de los aviones, pero este escritor encontró su inmersión en el retiro silencioso que había contratado para alejarse del mundanal ruido muy desconcertante. Por un lado, necesitaba estímulos externos, pero, por otro, descubrió que el silencio, si le era impuesto, lo aburría. Pasó menos de setenta horas en aquel retiro de siete días que había reservado previamente, aunque reconoció que quizá, si se hubiera quedado más tiempo, habría tenido alguna revelación en lugar de haber sufrido una crisis. Los retiros en soledad forman parte de la tradición budista, pero el silencio en soledad puede llevar a los meditadores más experimentados a cruzar sus propios límites.

Con gran reticencia, Tim Parks, un novelista británico que reside en Italia, siguió el consejo de probar la relajación paradójica, una técnica por la que debía centrarse en sus propias sensaciones y descartar todo pensamiento para aliviar unos dolores abdominales crónicos que sufría. El objetivo de esta terapia, que casi siempre se usa para aliviar el dolor pélvico crónico, es distraer la atención de todo pensamiento. Al principio Parks se resistió a vivir este proceso. Le habían dicho que no intentara relajarse conscientemente, sino que se limitara a procurar vaciar la mente de todo pensamiento verbal. Es casi imposible estar en silencio mientras las palabras no paran de ir dando vueltas por tu cabeza; el silencio en sí es más bien un ruido cuando tienes la cabeza repleta de palabras. Parks avanzó la idea de que el ruido del mundo exterior nos ayuda a ahogar el ruido de nuestra propia cabeza, y que, para conseguir alcanzar un profundo silencio interior, el ruido interno es lo que hay que abordar en primer lugar. El estrépito exterior puede alienarse cuando se alcanza un profundo silencio interior. El día en que un amigo de Parks le dijo que lo que él hacía practicando esta clase de relajación en realidad era una forma de meditación, el novelista se negó rotundamente a aceptar la etiqueta que le acababan de colgar. De todos modos, terminó apuntándose a un retiro de silencio: «El silencio es una tarea ardua, porque no es la ausencia de todo sonido. Al final, siempre hay un perro que ladra a lo lejos, o un compañero de meditación que lanza un suspiro. El silencio es la capacidad que tienes de no reaccionar con enfado, sino de empaparte de esos sonidos y penetrar en una intensa quietud interior».[57] Parks descubrió que no solo tenía una noción más clara de quiénes eran sus compañeros, sino que el mundo natural le parecía más próximo, claro y vívido; y eso es precisamente lo que refiere la mayoría de las personas que han pasado un cierto tiempo en silencio. Parks iba a todas partes acompañado de unos tapones para los oídos, pero en el tren que tomó de regreso a su casa, al término del retiro, se dio cuenta de que ya no los necesitaba.

El pánico y el miedo son bastante habituales. El escritor y teólogo Belden Lane se consideraba una persona contemplativa, pero, la vez que estuvo en un retiro en el desierto, descubrió que allí el silencio era tan devastador que dudó de si sería capaz de aguantar una semana entera. En *The Solace of Fierce Landscapes* («El consuelo de los paisajes extremos»), escribió: «Necesito ser muy cuidadoso describiendo el silencio, esa nada que me ha atraído tanto escribiendo este libro».[58] Lane se dio cuenta del peligro que tiene idealizar el silencio monástico, aunque valoró el hecho de que, en el silencio compartido de un retiro, uno puede aprender con gran rapidez a valorar a los demás. Tras haber pasado unos cuantos días de silencio en un retiro, las emociones ahogadas tienden a emerger a la superficie y pueden resultar de lo más inquietantes.

Los jóvenes

Una vez hablé con Andrew Willson, el capellán de la Universidad Imperial de Londres, y me contó que conoce a muchos estudiantes que buscan el silencio y la quietud, porque consideran que unen y tienen propiedades sanadoras. Algunos de ellos, en un momento dado, sintieron la necesidad de aminorar la marcha que llevaba el grupo y decidieron reunirse para organizar sesiones de *mindfulness* mediante oraciones guiadas y técnicas prestadas de las prácticas musulmana y zen. Willson me habló de John Main, así como de M. Basil Pennington, monje trapense, orador y escritor espiritual, dos personajes a los que consideraba unos guías espirituales de suma importancia.

Es relevante, para intentar atajar la soledad, enseñar a la gente a valorarla, y a que valore también el silencio; y enseñar a los niños a meditar desde su más tierna infancia les asegura estar mucho mejor preparados para gestionar cualquier posible sensación de soledad, tanto en el momento presente como de más mayores. Yo nunca he meditado con niños, pero me han dicho que incluso los más pequeños lo disfrutan. Las ventajas son cuantiosas, y entre ellas podemos citar una mejora en la atención y una mayor concentración, relajación y tranquilidad. Las escuelas cada vez son más conscientes de que el silencio es necesario. La Escuela Dharma, una escuela de primaria que hay en Brighton de orientación budista, da una sesión de meditación por las mañanas a todos los alumnos; y las sesiones de *mindfulness* han ido ganando popularidad en algunas escuelas de primaria del oeste de Sussex. Dado que la sociedad es más secular en la actualidad, dedicamos menos tiempo a la reflexión personal o a la espiritualidad, y la sensación de estar conectado a los demás, y con algo que es más grande que uno mismo, suele brillar por su ausencia.

En las escuelas cuáqueras, la jornada empieza con una reunión silenciosa. Con el tiempo, los alumnos valoran mucho ese momento y empiezan a notar esa poderosa sensación que surge de saberse parte de una comunidad sin que por ello deban abandonar la profunda noción de su propia individualidad. Las dos hijas del expresidente de Estados Unidos Barack Obama estudiaron en una escuela cuáquera en Washington D.C.; y eso sin duda las ayudó muchísimo a ser capaces de centrarse y arraigarse mejor en sí mismas, dada la inevitablemente enrarecida atmósfera de la Casa Blanca, su hogar por aquel entonces.

La escritora estadounidense Kathleen Norris llegó a la conclusión de que la imaginación de los niños de primaria se cultivaba mejor a través del silencio, y que los niños demostraban una mayor introspección escribiendo sobre el silencio que sobre el ruido, quizá porque hay menos clichés acuñados sobre el silencio que sobre el ruido. Algunas de las ideas que aportaron estos niños eran muy poéticas y originales: «Es lento y silencioso como un árbol», o «El silencio son las arañas tejiendo las telas». De todos modos, quizá la frase más profunda de todas ellas fuera: «El silencio me recuerda que me lleve puesta el alma vaya donde vaya».[59]

La Escuela Comunitaria de Micaela, una escuela gratuita fundada por Katharine Birbalsingh en 2014 en el barrio de Wembley Park, en Londres, es una defensora de lo que ella llama «los valores conservadores», muchos de los cuales guardan relación con el silencio. Birbalsingh se muestra muy crítica con la mayoría de los métodos de enseñanza actuales, y huelga decir que eso la convierte en un personaje muy controvertido. De todos modos, los increíbles resultados académicos de su escuela son prueba de la gran importancia que se da a los estudios y a esos valores que quizá hoy en día parecen pasados de moda.

En el Instituto de Hornchurch, que antes se denominaba Escuela Secundaria de Albany y en la actualidad es un centro de enseñanza secundaria situado en el este de Londres, se aplicó una política de silencio total entre clase y clase. Los alumnos tenían que caminar en fila y en orden, sin hablar, y también hacer cola en silencio antes de entrar en clase; además, y cuatro veces a la semana, los alumnos que cursaban el equivalente al tercer curso de la ESO española tenían que quedarse, al acabar las clases, a trabajar en el centro durante una hora entera y en silencio. La directora, Val Masson, explicó que, tras haber introducido esta nueva normativa, el número de alumnos castigados por mala conducta se había reducido a la mitad. Tal y como refiere Masson: «El silencio crea una relación mutua de respeto entre los estudiantes y el personal del centro».[60]

Mi prima Kate Sapara me escribió un día para contarme que «aprender a sentarme envuelta de silencio fue muy importante en mi formación como psicoterapeuta humanista».[61] Al guardar silencio, el cliente tiene la oportunidad de entrar en contacto con sus sentimientos más profundos, y, para que eso suceda, el terapeuta también ha de sentirse cómodo estando en silencio. Se les puede hacer un inmenso favor a los niños ofreciéndoles este apoyo emocional basado en la escucha. Kate forma a voluntarios que tendrán que trabajar con niños de primaria. Y, a menudo, se sienten tan incómodos con el silencio que tienen la necesidad de hablar con los niños y dirigir sus actividades. Sin embargo, lo cierto es que, si tú te sientas en silencio con un niño, le estás dejando que aprenda a sentirse capaz, y a saber que es digno de confianza y puede tomar sus propias decisiones (y entonces es cuando el niño siente que vale). Puede resultar muy liberador para él (aunque solo sea una hora a la semana) que no le digan lo que tiene que hacer, pensar o decir. Tener la sensación de que nadie te está juzgando es muy importante. Y después de la experiencia, muchos niños cuentan que se lo han pasado muy bien en silencio y alejados de sus ruidosas aulas.

LAS ARTES

8. La literatura

No es sorprendente que muchos poetas y escritores hayan escrito sobre el silencio, porque en realidad está presente en gran parte de nuestras vidas, a menudo como un anhelo, como algo que da un marco referencial a nuestras vidas. Cuando morimos, penetramos en un silencio desconocido.

La poesía

Un silencio profundo puede sobrevenir mediante la apreciación de cualesquiera de las artes: la arquitectura, el arte, la música, la literatura y la poesía. La poesía es capaz de ofrecernos una reflexión más profunda sobre el significado de estar vivo. En el mejor de los casos, puede ser la fusión entre lo que yace en la superficie de nuestra vida y lo que alberga nuestro interior. En su antología de ensayos *Lenguaje y silencio. Ensayos sobre la literatura, el lenguaje y lo inhumano*, el filósofo y escritor George Steiner escribió que «la canción del poeta es el urbanista de las ciudades; sus palabras tienen ese poder que, por encima de cualquier otra cosa, los dioses negarían al hombre, y es el poder de concedernos una vida soportable».[1] Steiner ahondó sobre el papel que desempeña el lenguaje cuando los regímenes totalitarios lo utilizan para expresar falsedades, y también el que desempeña el silencio en los pensamientos y los sentimientos de los poetas Percy Bysshe Shelley y Paul Valéry.[2]

Uno de los primeros ejemplos del tema central del silencio en poesía es *Beowulf*.[3] Ubicado en Escandinavia, el mundo en el que vivía el monstruo Grendel era oscuro, carente de alegría y silencioso (aun encontrándose en un lugar donde los pueblos se definen por su silencio). Grendel se apoderaba de sus víctimas en silencio, y así llegó a capturar treinta hombres. El silencio, en este caso, implica que los nórdicos, con unas vidas regidas por el silencio, son resistentes y fuertes, pero que su mundo carece de placeres, ya que además es aterrador, monstruoso, frío y oscuro. Los protagonistas de *Beowulf* son de natural silencioso, pero, en la mayor parte de la literatura, el silencio es algo que debe aprenderse, y lo que se suele aconsejar, o sugerir, es que esta es la manera más aconsejable de proceder.

En la mitología nórdica se habla de Vidar, hijo de Odín, en la antología de poemas *Edda poética*,[4] que fue recopilada en el siglo XIII. Vidar era conocido como «el dios silencioso», y en tiempos de grandes dificultades, era en él precisamente en quien las divinidades confiaban. Es probable que el silencio de Vidar tuviera su origen en el silencio ritual que a menudo se asociaba a los actos de venganza. Se le suele representar llevando un grueso zapato elaborado con el cuero que la gente desechaba de la confección de su propio calzado. Vidar es tan fuerte como un coloso, casi tanto como lo es Thor, el dios del trueno, aunque este, a diferencia de aquel, no era nada silencioso, porque se le asociaba a los rayos, los truenos y las tormentas.

Los poetas han descrito los momentos de silencio de muy distinta manera. William Wordsworth «paseaba solo como una nube»; y su soneto de 1802, «Escrito en el puente de Westminster», nos recuerda todo ese silencio que ya ha perdido el Londres actual. Londres siempre fue muy ruidoso, sin duda (como ya explicamos en el capítulo 2), pero tampoco era esta ciudad de ahora que tiene vida durante las veinticuatro horas del día:

> Esta ciudad viste ahora el traje
> de la hermosa mañana; silenciosa, desnuda,
> barcos, torres, cúpulas, teatros y templos
> yacen abiertos a los campos y al cielo.
> Todo brilla y fulgura en el aire limpio.

Y el soneto finaliza de la siguiente manera:

> ¡Dios mío!, las casas parecen dormir;
> ¡y todo este corazón duerme apacible![5]

Los objetos inanimados, de innato silencio, son instrumentos que resultan muy útiles para describir poéticamente el silencio. John Keats recurre a la porcelana para contarnos la historia silenciosa de la mirada que se posa en una urna griega. La urna es un objeto tridimensional que puede contemplarse desde distintos ángulos, y eso es lo que hace Keats en el poema: examinar cada una de las perspectivas. Es como si quisiera implicarse de una manera más plena y verbal con la urna y lo hiciera eligiendo diversos escenarios. Un joven toca un caramillo, en silencio, por supuesto, y sin ser oído, aunque también sin pausa:

> Las melodías conocidas dulces son, pero las desconocidas
> aún son más dulces; así vosotros, suaves caramillos, tocad:
> no para el oído sensible, sino, más queridos,
> tocad para el espíritu cantinelas sin tono.[6]

Nada debe ser alterado. No sugiere el poema que el jarrón vaya a romperse, sino que perdurará silenciosamente en el futuro conservando su autenticidad y belleza:

> [...] «la belleza es la verdad; la verdad belleza»; esto es todo
> lo que sabes de la tierra, y todo lo que saber necesitas.

En su búsqueda de Dios, Arthur Hugh Clough nos dice que cuando alcanzamos la línea de lo que considerábamos que era nuestro límite (nuestro horizonte), esa línea se convierte en una sombra que somos incapaces de distinguir: «Nos acercamos, y a muchas leguas de distancia, y retrocediendo y retrocediendo, tras cada nuevo límite de lo ya conocido, un nuevo y visible ignoto. Habéis encontrado a Dios, ¿verdad? ¡Ah, amigos míos! Estemos... en silencio».[7] Diciendo que Dios solo puede hallarse en el silencio, Clough, en cierto sentido, está rechazando la religión organizada. La divinidad solo puede hallarse en «lo profundo de la oscuridad», y solo el lenguaje poético puede llevarlo a uno a la esencia de lo divino, tal como el autor escribe en «Urano»:

> Cuando en lo primigenio, tranquilo, profundo y vacuo,
> que es lo todavía ignoto, el silencio se sostiene,
> todo conocimiento, por ser retenido, se sostiene.[8]

Alfred, lord Tennyson, devastado tras el fallecimiento de su amigo Arthur Henry Hallam, que murió inesperadamente en Viena en 1833 de una hemorragia cerebral, finalizó el largo poema «En memoria de A.H.H.» en 1849 a modo de réquiem, y en él hace varias alusiones al silencio:

> Allí, dos veces al día se llena:
> en el Severn penetra el mar salado
> y deja medio río Wye callado
> y el silencio por los valles resuena.
>
> Así, el Wye está cortado y silencioso
> y silenciosa está mi honda tristeza,
> y como el llanto se corta y no empieza,
> se acaba ahogando un canto lloroso.[9]

La condición silenciosa del río Wye evoca un susurro quedo, o un silencio; su dolor es tal que el poeta no puede hablar y ni siquiera puede dejar fluir las lágrimas.

La negatividad del silencio es retomada por D.H. Lawrence. En un poema titulado «Silencio», el escritor considera el silencio dañino y se siente acosado por él.[10] Sin embargo, en un poema tardío, titulado también «Silencio», Lawrence muestra una actitud mucho más positiva acerca del silencio, refiriéndose a él como «la gran novia de toda la creación», a la que insta a aparecerse por considerarla una energía creativa.[11]

En «Serpiente», mi poema preferido de Lawrence, el calor del verano siciliano permea todo el poema. El autor usa sin ambages la expresión «en silencio», y, aunque es importante en el contexto del poema, se percibe el denso silencio, aun sin estar presente, en el instante en que el poeta describe el calor diurno.[12]

«Miércoles de Ceniza» suele ser considerado el poema de la conversión de T.S. Eliot. Buscando la Palabra (y entendiendo por ello las palabras de Cristo, así como Cristo en sí mismo), Eliot se confiesa preocupado por las dificultades que entraña la creencia religiosa, y lo duro que es hallarla sin el silencio. Eliot enumera todos los lugares donde no hay un silencio suficiente: el mar, la tierra firme, las islas, los desiertos y las tierras lluviosas. Una vez, mientras caminaba por Boston, experimentó la sensación de verse «rodeado de un inmenso silencio». Esta sensación de «verse envuelto en el silencio» es la de sentirse protegido del mundo exterior, como si uno viviera inmerso en una algodonosa nube de silencio.[13]

En *El libro de las horas*, Rainer Maria Rilke conectó el silencio con lo divino, y destacó que la paz es muy importante para encontrar el silencio. Rilke describe lo que a muchos de nosotros nos resulta tan familiar: «el ruidoso motín» de los sentidos. El desafío consiste en ser capaz de pasar por alto las distracciones hasta alcanzar un profundo silencio interior en el que podamos tomar conciencia de Dios. Rilke postula que una manera de conseguirlo es a través de la meditación.[14]

La necesidad de silencio levanta grandes pasiones. Como ya expresamos en la introducción, Søren Kierkegaard escribió: «Si fuera médico y solo pudiera recetar un único remedio para curar todos los males del mundo, recetaría el silencio. Porque, aunque la Palabra de Dios fuera proclamada en el mundo moderno, ¿cómo podríamos oírla entre tanto ruido? Por consiguiente, ¡cultivad el silencio!». Kierkegaard se tomaba la idea del silencio muy en serio, e incluso adoptó el pseudónimo de Johannes de Silentio para publicar el libro que escribió en 1843 y tituló *Temor y temblor*, una meditación sobre el sacrificio de Isaac.[15]

Ludwig Wittgenstein consideraba que la cháchara que oía en los salones de Viena era tan superficial que representaba una gran amenaza para el sentido de la vida. Gran parte de su obra filosófica, el *Tractatus Logico-Philosophicus,* fue concebida en la naturaleza y el silencio de Noruega. Su objetivo era identificar la relación entre el lenguaje y la realidad definiendo a su vez los límites de la ciencia. «No logro imaginarme en qué otro lugar habría podido trabajar, salvo en este. Quizá sea por el silencio y, quizá, por el magnífico paisaje; me refiero a su callada seriedad», dijo el filósofo en una ocasión.[16]

El poeta inglés Philip Gross reflexionó sobre los distintos silencios a los que recurren prosistas y poetas. Su antología de poemas *A Bright Acoustic* («Una acústica brillante») contiene una secuencia de treinta poemas titulada «Specific Instances of Silence» («Ejemplos específicos del silencio») en la que menciona treinta clases distintas de silencio.[17] Escribe Gross que los poetas trabajan con las palabras y con el silencio, y que el espacio en blanco de la página controla el flujo de las palabras. Dice que, como poeta que es, «entre líneas, el poeta planta semillas y siembra pistas, implicaciones de lo no dicho, ironías no pronunciadas, esa llave que se guarda».[18] Tener un entorno de trabajo silencioso es una cosa, pero lo que le interesa a Gross es poder escribir el silencio en una página; ese es, para él, el núcleo central de la poesía: «El espacio en blanco es una herramienta poderosa. Pocas palabras, por muy bien elegidas que estén, funcionan tan bien como este espacio [...] el truncamiento al final de un verso es mucho más que una pausa».[19]

Gross creció con una tartamudez muy acusada, y los silencios eran todo un calvario para él. La primera vez que asistió a una reunión de cuáqueros estaba muy tenso, hasta que se dio cuenta de que las personas allí reunidas no callaban por obligación, ni porque estuvieran adormiladas o fueran pasivas, sino que, en realidad, estaban escuchando de una manera activa y calmada. La escucha, por lo pronto, se agudiza más en un contexto de silencio.

La poeta estadounidense Jorie Graham usa muchos espacios en blanco en sus poemas, y esas zonas no habladas crean pequeñas islas de silencio. Si lees un poema para tus adentros, tropiezas con muchas pausas. No sé muy bien cómo sonarían sus poemas si se leyeran en voz alta; quizá parecería que está hablando un tartamudo.

Cuando reflexiona sobre lo que escribe, el poeta y jardinero Sean Swallow piensa que podría estar rehuyendo el silencio y la fe, y se pregunta si existiría alguna manera de recuperarlos. Pero entonces le preocupa haber interpretado las cosas al revés, y cree que las palabras de sus poemas deberían fluir del silencio en lugar de intentar esforzarse en penetrarlo.[20] Swallow considera que algunos poetas, como R.S. Thomas y W.S. Graham, comprendieron muy bien el curso de las cosas: «Primero, el silencio y, luego, las palabras».

En «Las furias», R.S. Thomas se refiere a esa paz tan especial que uno puede encontrar en la naturaleza salvaje. Escribe que esta clase de silencio es capaz de aquietar la mente, y se plantea una imagen del silencio como lo que sostiene «el halcón salvaje de la mente», demostrando así el poder que es capaz de ejercer en nuestras mentes. Porque ese es el modo en que sentimos la mente: unas aves de presa indómitas que van decididamente en busca de una «mano enguantada» que las controle.[21]

El filósofo suizo Max Picard escribió que «el umbral del silencio está imbricado en la poesía. La buena poesía es un mosaico incrustado en el silencio».[22] Es maravilloso pensar en el silencio como en un mosaico y considerar que la poesía es una de las teselas incrustadas. Hay un momento, situado más allá de las palabras, en el que incluso las palabras del poeta cesan, y ese momento es el silencio (el lugar en que los sentimientos más profundos e insondables pueden surgir). Todas las manifestaciones del arte nos conmueven y pueden ser un camino a la armonía, la paz y el silencio. Es algo que en la literatura siempre ha sucedido. Sin embargo, y paradójicamente, porque estoy escribiendo sobre el silencio, la poesía a menudo se valora más si se lee en voz alta; y eso incluye también a los poemas que tratan del silencio.

La prosa

En el cuento de hadas de Hans Christian Andersen *La sirenita*, el personaje ofrece su voz a cambio de poder vivir en tierra firme. La primera vez que sale a la superficie del mar, se enamora de un apuesto príncipe y lo rescata de morir ahogado. Decidida a volver a ver a su príncipe, la sirena sacrifica su hermosa voz condenándose a sí misma al silencio. Recibirá unas piernas a cambio, pero se le dice cruelmente que, cuando camine, sentirá como si anduviera sobre el filo de un cuchillo. Para rematar tanta crueldad, la sirena no solo deberá perder su voz, sino que solo se ganará un alma si se casa con su apuesto príncipe. La sirena nada hacia la superficie y conoce a su príncipe, quien la amará a pesar de su mudez. Sin embargo, también le confiesa que solo se podrá casar con la princesa que lo rescató, desconociendo que fue ella misma, su compañera silenciosa, quien lo salvó. Condenada al silencio, la sirena no puede aclararle la situación, y entonces es cuando acuden al rescate sus hermanas y le entregan un cuchillo diciéndole que, si mata al príncipe, volverá a convertirse en sirena. Pensando en todos los sacrificios que ha debido hacer, la sirena se desespera y, como no logra reunir el valor suficiente para matar a su amado, se lanza al mar, cuchillo y ella, y su cuerpo se disuelve en la espuma.[23] Se habla tanto del sacrificio y del silencio en este cuento que no sales de tu asombro cuando descubres que el cuento termina relativamente bien (aunque la pobre sirena nunca llegue a casarse con su príncipe).

Ralph Waldo Emerson esbozó una lista de los libros clásicos o sagrados de cada nación y escribió una encendida defensa de la importancia que tiene leerlos en silencio, porque dice que todos son representativos de la conciencia universal, y muchísimo más útiles que la cortina de fuego de las noticias diarias: «Guardemos silencio; que podamos oír los susurros de los dioses [...]. Así, escuchando humildemente, oiremos la palabra justa».[24] Emerson eligió los *Vedas*, las *Upanishads*, la *Bhagavad-gita*, las obras de Confucio y Mencio, los *Pensamientos* de Pascal y *La imitación de Cristo* de Thomas de Kempis como las obras más valiosas para ser incorporadas a esta clase de estudio. Por otro lado, era muy estricto en sus recomendaciones sobre la forma en que debían ser leídas: de rodillas y en soledad. «Lo que comunican no se da ni se toma con los labios y con la punta de la lengua, sino con un rubor en las mejillas y un corazón palpitante».[25] El enfoque de Emerson era muy preciso: las palabras sagradas que recomendaba debían ser leídas con reverencia y atención, y en silencio.

Es cierto que contamos con distintos casos de silencios religiosos en libros que no son abiertamente religiosos. Por ejemplo, en el libro *Adam Bede*, de George Eliot, se describe a Dinah como una predicadora metodista que, sentada en silenciosa oración, piensa en la comunidad que está a punto de abandonar: «Cerró los ojos, para poder sentir con mayor intensidad la presencia de un Amor y una Compasión mucho más profundos y tiernos de lo que se respira en la tierra y en el cielo. Así oraba Dinah en soledad. Cerraba simplemente los ojos y se sentía circundada de la Divina Presencia; poco a poco, sus miedos, la desesperada ansiedad que le provocaban los demás, se derretían como cristales de hielo en un océano de cálidas aguas».[26] Con los ojos cerrados y sentada en silencio, el temor de Dinah a abandonar su comunidad disminuía.

La novela, en gran medida experimental, titulada *Vida y opiniones del caballero Tristram Shandy*,[27] escrita por el clérigo inglés, nacido en Irlanda, Laurence Sterne, fue considerada por el filósofo Arthur Schopenhauer una de las más insignes novelas jamás escritas, y originalmente se publicó en nueve volúmenes. Está sembrada de dobles sentidos y digresiones;

afirma ser una biografía del caballero que da nombre al mismo título y se centra en los problemas del lenguaje: se usan asteriscos cuando el decoro dicta que algo no puede decirse; y la muerte se encuentra simbolizada con unas páginas en negro. Las palabras son superfluas; solo cuenta el silencio. No estoy segura de la sensación que debe provocar leerla en voz alta. Creo que debería conocerse muy bien el libro para dilucidar el tiempo que hay que dedicar a todas esas pausas y silencios.

El escritor francés Marcel Proust fue un maestro del silencio y necesitaba un espacio silencioso en el que crear: «Los libros son la creación de la soledad y los hijos del silencio». Tenía recubiertas las paredes de su dormitorio de un material de corcho y sobornaba a los obreros del piso de arriba para que dejaran de trabajar.[28] Lydia Davis, traductora de Proust, recalcó que el autor era muy meticuloso al precisar el momento exacto en que sus vecinos de arriba podían hacer uso de los clavos y el martillo. Explicó que el ruido le afectaba: «El ruido es tan discontinuo, tan "manifiesto" cuando hay golpes, que se oye incluso en las zonas donde sonaría más amortiguado». Proust también describió el efecto que los ruidos fuertes e inesperados provocaban en él: «Lo que me molesta no es el ruido continuado, ni siquiera un ruido fuerte, siempre y cuando no golpee el parqué [...] ni que haya algo que se arrastre por el suelo, caiga al suelo o corretee por él».[29] Proust retrató la calidad silenciosa de la luz de la luna: «Cené con Legrandin en la terraza de su casa a la luz de la luna. "Tiene un cierto encanto

¿no? –me dijo–, en este silencio...; para los corazones malheridos, como el mío... no hay otro remedio que no sea el silencio y las sombras"».[30]

Cuando Michael O'Dwyer escribe acerca del libro *Thérèse Desqueyroux*, de François Mauriac, identifica diez formas de silencio vinculadas al discurso, en las que se incluye un silencio que lleva al individuo a «las sombras de su propio ser».[31] En el relato de Joseph Conrad «Una avanzada del progreso», incluido en la antología *Cuentos de inquietud*, de 1898, el silencio que reina entre los dos europeos que trabajan en una factoría de la selva africana es hostil. Es un silencio cáustico: «Cuando los dos hombres hablaban, lo hacían farfullando; y sus silencios eran amargos, teñidos de la misma amargura de sus pensamientos».[32] En *La línea de sombra*,[33] Conrad describe la calamitosa naturaleza de la calma chicha que reina en las aguas tropicales y su terrible silencio.

Virginia Woolf dijo que quería escribir una novela sobre el silencio (las cosas que la gente no dice), y en *Fin de viaje* es donde aparece un personaje que persigue este objetivo, el señor Hewet.[34] En *Al faro*, el personaje de la señora Ramsay se sienta sola a reflexionar diciéndose que lo que necesita más en esos momentos es tiempo: «Ni siquiera para pensar. Solo para estar en silencio; para estar sola».[35] Un enfoque diferente lo encontramos en la novela *Jakob von Gunten*, de Robert Walser. Jakob va a la escuela para aprender a no pensar en nada, ya que «¿quién puede sentirse cómodo cuando le preocupan tanto las alabanzas del mundo?».[36] El trabajo que es silencioso y no reconocido puede ser tan válido como el trabajo que está a la vista, bajo dominio público, tal como explica Jiddu Krishnamurti: «Y se necesita una mente en absoluto silencio, y digo absoluto, no relativo; hay silencio cuando se sale de noche al bosque, ahí hay un gran silencio; los pájaros se han acostado; el viento, el susurro de las hojas han cesado; hay una gran quietud, hay una quietud exterior».[37]

El novelista Colm Tóibín encuentra que «la cantidad de silencio que reina entre las cosas»[38] es un punto de partida recurrente en toda su obra, pero para la novelista angloamericana Tracy Chevalier era justo todo lo contrario. Chevalier estaba intentando un día hacer una llamada telefónica en una calle de Nueva York cuando, de repente, se quedó sobrecogida ante el ruido circundante, el de los coches, la gente, los aviones... ¿Cuándo se había vuelto tan ruidosa la ciudad?, se preguntó. Señala Chevalier que ese fue el momento en que empezó a demostrar un gran interés por el valor del silencio, y volvió a asistir a las reuniones de los cuáqueros, que era algo que no hacía desde la infancia. Recordó que los cuáqueros habían sido una comunidad muy activa en el movimiento por la defensa del abolicionismo y que habían trabajado en la construcción de la Vía Ferroviaria Subterránea, una red viaria de trazado secreto y viviendas francas que se construyó a inicios del siglo XIX y que usaron los esclavos afroamericanos para huir hacia los estados libres.[39] Todo eso la condujo a escribir la novela *El último refugio*, en la que su heroína, Honor Bright, es, tal y como la describe Chevalier, lo más silenciosa que uno pueda imaginar,[40] algo muy difícil de conseguir en una novela. Le costó mucho escribir sobre el silencio, pero esperaba que su intento despertara la curiosidad de los lectores, dado que «vale la pena aquietar la mente para conseguirlo».[41] Honor deja de hablar y la comunidad se siente molesta. Hay quien interpreta su silencio como una señal de culpabilidad, aunque otros, y a pesar de que son cuáqueros, se consideran juzgados. Al final, dejan de hacerle preguntas, y cuando su esposo debe presentarla a los recién llegados a la comunidad, tan solo dice: «Mi esposa ha trasladado el silencio de las reuniones a su vida entera».[42] Mientras asistía a las reuniones, Honor descubrió que su actitud respecto a la comunidad había cambiado; en lugar de pensar que tenía la posibilidad de hablar en voz alta, «ahora sencillamente contemplaba la luz del sol que bañaba la silenciosa estancia, atrapando las motas de polvo que levantaban los amigos al moverse. Oía a los insectos del exterior, y aprendió a distinguir entre el canto del grillo, el cri-cri del saltamontes, el tic-tac del escarabajo y el canto de la cigarra».[43] Tras haber decidido dejar de hablar, sus poderes de observación se incrementaron.

Las novelas que se desarrollan en parajes diferentes que no nos resultan familiares pueden contener silencios que uno jamás habría imaginado. En la novela del islandés Halldór Laxness, *Under the Glacier*, un sacerdote entiende que un glaciar silencioso es la razón de que él haya dejado de rezar, compara su silencio con los quedos narcisos de otoño y dice que las palabras confunden.[44]

Se ha escrito mucho sobre el silencio y el amor, o, más bien, sobre los amantes. Cuando dos personas se conocen por primera vez, al principio charlan mucho, pero luego toda esa cháchara se convierte en un silencio amigable. Como explica el filósofo Blaise Pascal: «En el amor, el silencio es más provechoso que el discurso [...]. Hay una elocuencia en el silencio que es más incisiva que el lenguaje».[45] Efectivamente, el silencio puede convertirse en un recurso cómodo entre las parejas con el paso del tiempo. El novelista estadounidense Nicholas Sparks se fijó en que los abuelos de su esposa, que llevaban casados más de sesenta años, se sentaban juntos en silencio y se dedicaban a contemplar el mundo que los rodeaba. Esta clase de silencio es el que se aprende a lo largo de la vida, y solo los viejos, y los que se sienten cómodos entre sí, son capaces de vivir esta experiencia; de hecho, este silencio sagrado de la pareja fue lo que inspiró la obra de Spark, *El cuaderno de Noah*, descubierta entre un montón de manuscritos desechados de un agente literario: «Los jóvenes, audaces e impacientes, siempre se ven en la obligación de romper el silencio. Y es una pena, porque el silencio es puro. El silencio es sagrado».[46] El libro se hizo con un adelanto de un millón de dólares, pasó a ocupar la lista de los libros más vendidos del *New York Times* y terminaron por rodar una película.

El silencio como temática abarca un montón de disciplinas. En 2016, la Sociedad Británica de Estudios del Siglo XVIII celebró un congreso en París titulado «Modalidades de silencio en el mundo angloamericano de los siglos XVII y XVIII». Como temática de sus ponencias, los participantes debían considerar alguno de los siguientes temas: el silencio y el discurso en los libros científicos; el silencio y el discurso en los tratados de retórica; el silencio y el discurso en los libros de temática cotidiana, los tratados educativos, los libros de conducta y el lugar destinado a las mujeres; el silencio y el discurso en los textos religiosos y las prácticas espirituales; la expresión y la función del silencio en la literatura; la representación y la expresión del silencio en el arte (la pintura, los libros emblemáticos y la música); la represión institucional del discurso, sus consecuencias y su censura, y el discurso en los rituales políticos y sociales. Cualquier variedad de prosa consideraba la temática del silencio lo bastante intrigante para ser explorada de muy diversas maneras.

Cuando la escritura es silenciada

Los gobiernos y los que desempeñan su autoridad también pueden, y, de hecho, así lo hacen, recurrir al silencio como una forma de censura para prohibir determinados libros; y eso puede suceder en muchos niveles. La Iglesia católica contaba con un catálogo de libros de lectura prohibida para los católicos que empezó a redactar en 1559 e iba actualizando cada año. El catálogo estuvo en vigor hasta 1966, fecha en que el papa Pablo VI lo abolió definitivamente. Entre los autores del siglo XX cuyas obras fueron prohibidas aparecen los nombres de Sartre,

Gide, Anatole France y Simone de Beauvoir. A pesar de la abolición de este catálogo, los católicos siguen contando con unas directrices que prohíben determinadas lecturas, aunque seguro que se les deben de haber colado muchas.[47]

Por desgracia, la censura de los libros ya no es un fenómeno del pasado, sino que también sucede en la actualidad (a mayor escala, en Estados Unidos y, en menor medida, en el Reino Unido). Es asombroso constatar que, en Estados Unidos, durante el último año escolar, treinta y dos estados prohibieron mil seiscientos cuarenta y ocho títulos que debieron ser retirados de las bibliotecas y las aulas.[48] Entre ellos se incluían varias obras de Toni Morrison y Margaret Atwood; *Matar a un ruiseñor*, de Harper Lee; *Llámame por tu nombre*, de André Aciman; *La campana de cristal*, de Sylvia Plath; *Gente normal*, de Sally Rooney; *Desde mi cielo*, de Alice Sebold; y *De ratones y hombres*, de John Steinbeck.[49] ¿Cuándo terminará todo esto? Hay lugares en los que las obras de Shakespeare ya se representan previa advertencia de que su contenido puede herir la sensibilidad del espectador. Está claro que la literatura tiene la capacidad de removerte por dentro y conducirte a lugares que nunca antes habrías imaginado, pero mucho me temo que este regreso al puritanismo no augura nada bueno para los niños de hoy en día. La censura impuesta por un gobierno, o por cualquier otra clase de autoridad, es un ejemplo primordial de silencio negativo.

Otro silencio indeseado en el mundo de la palabra escrita es el bloqueo del autor, silencio que experimentaron muchos profesionales, incluidos Thomas Hardy, Herman Melville, Arthur Rimbaud y Gerard Manley Hopkins.[50] Uno de los primeros poemas que escribió Hopkins, «El hábito de la perfección», data de enero de 1886, mientras vivía en Oxford, unos meses antes de su conversión al catolicismo. La palabra «hábito», en este caso, se refiere tanto a la indumentaria religiosa como al comportamiento que se deriva de hacer algo con regularidad:

> Silencio elegido, canta para mí,
> golpea mi oído en espiral;
> y a su son llévame a calmas pasturas,
> y sé la música que amo oír.
>
> No deis forma a nada, labios; sed amorosamente mudos:
> es el cierre, el toque de queda enviado
> de donde todas las rendiciones vienen,
> lo único que os hace elocuentes.[51]

En los dos primeros versos, Hopkins se refiere al silencio como a esa música que quiere oír, y al modo en que quiere que sus labios estén mudos y, por lo tanto, no hablen. Podría estar refiriéndose a sus propios labios, porque, antes de convertirse al catolicismo, Hopkins ya había renunciado a la poesía durante la Cuaresma. Poco después, cuando empezó el noviciado con los jesuitas, quemó todo lo que había escrito y abandonó la poesía por completo. Juró que nunca más volvería a escribir, idea en la que se mantuvo firme durante siete años. Por casualidad, en 1872, leyó la obra del filósofo y teólogo Juan Duns Escoto y, entonces, se dio cuenta de que escribir poesía no entraba necesariamente en contradicción con la idea de llevar una vida monástica. En 1875, su superior le pidió que escribiera un poema en conmemoración del naufragio que había sufrido un buque alemán. El resultado fue «The Wreck of the Deutschland» («El naufragio del Alemania»),[52] que, como le sucedió a gran parte de su poesía, no se publicó hasta después de su muerte. En un poema temprano, «Nondum», Hopkins reza para que Dios no lo haya abandonado:

> Y Tú callas, mientras tu mundo
> lucha por múltiples credos, [...].[53]

El acto de la lectura

Leer, en silencio o en voz alta, crea un gran vínculo con otras personas y otros tiempos. Una innovación muy atrevida, que vio la luz en la Europa del siglo XVIII, fue la práctica novedosa de leer en la cama y en soledad. La actividad era considerada peligrosa y depravada, porque implicaba un peligro doble: uno era comprensible (había peligro de incendio porque se leía a la luz de las velas), pero el otro (dejar que las mujeres leyeran en la cama) era considerado especialmente peligroso e inmoral. El mundo de las fantasías personales que conjuraban los libros podría contravenir los límites morales, porque, una vez que las personas empezaran a leer en silencio y en su propia cama, poco control podría ejercerse sobre sus hábitos de lectura y lo que estaban leyendo. Todavía recuerdo la emoción que sentía yo cuando leía bajo las mantas la procaz colección de novelas de Angélica, escrita por Sergeanne Golon,[54] en el internado de monjas. Desde entonces, la linterna es uno de los artículos básicos que llevo siempre en mi equipaje.

Si un libro se lee en voz alta, los que están a tu alrededor pueden oírlo, tanto si quieren como si no, pero cuando se lee un libro en silencio, el vínculo es más directo entre el autor y el lector. Leer para uno mismo es sumergirse en un mundo de silencio, aunque el silencio solo sea superficial, porque, ensimismándote en un libro, a menudo penetras en un mundo distinto que, de silencioso, no tiene nada. Al vivir sola, la mayor parte de las lecturas las hago en silencio. De todos modos, como crecí en el seno de una gran familia, no me cuesta demasiado ignorar los sonidos que me rodean cuando me encuentro inmersa en un buen libro. Como, además, también leo en el autobús y en el metro, siempre llevo mi Kindle en el bolso (que considero indispensable para viajar, pero que apenas uso en casa; porque, como exlibrera que soy, sigo comprando todos los libros que puedo en formato papel, tal y como siempre había hecho).

Las horas de silenciosa lectura son horas rescatadas de la cacofonía de sonidos que se habría producido si todos leyeran en voz alta. La tradición gráfica china permite que los niños desarrollen la lectura en silencio a una edad más temprana que los de Occidente. Por eso, los adultos chinos son capaces de leer con una celeridad excepcional.

Últimamente han resurgido los clubes de lectura silenciosa, que postulan que leer rodeado de un grupo de amigos es una experiencia increíble. Estos clubes empezaron en San Francisco en 2012 y, en la actualidad, ya hay trescientas ubicaciones en todo el mundo. Antes (y, presumiblemente, después) de la COVID-19, estas reuniones se celebraban en espacios físicos; la gente iba a leer su libro, a tomar una copa de vino y a que le recomendaran otros libros nuevos. El Club de lectura silenciosa de Londres, fundado en 2017, cuenta en la actualidad con 1 450 miembros. Durante la cuarentena de la pandemia, las reuniones se hicieron en línea. Según mis cálculos, en la que yo participé debimos de ser una docena de personas. La sesión comenzaba preguntando a todos los reunidos cuál era el libro que estaban leyendo. Había libros de todo tipo. Una persona incluso confesó que no estaba leyendo nada, pero que se había apuntado porque quería conocer gente. Otra dijo que iba por la mitad de un libro que había empezado hacía seis meses. Aquello se parecía más a un lugar de encuentro que a un grupo de lectura. A continuación, nos dijeron que leyéramos en silencio durante una hora, y que luego volviéramos a reunirnos con el grupo para charlar sobre nuestros libros. Me entraron unas ganas terribles de hacer mutis por el foro, porque no solo tendría yo unos cincuenta años más que el resto del grupo, sino que además estaba segurísima de que a nadie le interesaría la biografía de Sylvia Plath que leía. Me pareció mejor dejar que fuera Mark Twain quien dijera la última palabra y seguir su consejo de que es mejor mantener la boca cerrada... ¡y dejar que a uno lo tomen por tonto antes que abrirla y despejar toda suerte de dudas!

En 2018, las ventas de audiolibros se dispararon un 43% en el Reino Unido, pero durante la primera mitad de 2022, la cifra descendió espectacularmente.[55] A juzgar por las apariencias, en este mundo tan ruidoso en que vivimos, incluso la lectura silenciosa empieza a entrar en declive. También se temía que el libro digital hiciera desaparecer el libro impreso, pero las ventas de los libros digitales alcanzaron su punto cumbre hace ya algunos años, y, aunque en esa época parecía que los audiolibros habían sido los responsables de este fenómeno, lo cierto es que en 2022 el número de librerías independientes del Reino Unido e Irlanda aumentó como nunca durante estos últimos diez años, y en la actualidad ya contamos con 1072 librerías independientes.[56] Según una estadística que leí, parece ser que las personas más atareadas tienden a escuchar los audiolibros a una velocidad que es doble de la normal, y lo encuentran lógico, porque eso concuerda con la velocidad habitual con que leen.[57]

El teatro

Al comienzo de *El rey Lear*, de Shakespeare, cuando las tres hijas del rey manifiestan el amor que sienten por él, Cordelia expresa, en un aparte: «¿Qué dirá Cordelia? Amará en silencio».[58] Su contención se debe a que, siendo como es una hija buena y amorosa, no necesita profesar ante el mundo entero que ama a su padre (él debería entender que ese silencio es la prueba que así lo demuestra). Lo que sucede es que Lear malinterpreta su silencio y le dice: «De nada no sale nada».[59] Acusa a Cordelia de ser áspera, pero ella replica diciendo que es sincera. En otras de sus obras, Shakespeare recurre a la pausa dramática, al silencio, para incrementar y liberar la tensión. En el acto V de *Hamlet*, el escenario aparece repleto de moribundos y de cadáveres. Gertrude es envenenada, como también lo es Laertes; el rey muere asesinado, y Hamlet, que lleva mucho tiempo reflexionando sobre la muerte, y que es asimismo envenenado y tarda bastante en morir, dice, a modo de sus últimas palabras y antes de fallecer: «El resto es silencio».[60]

A pesar de que uno asume que la literatura requiere del lenguaje, hay un número muy significativo de obras de teatro que usan el silencio como un arma para ayudarnos a navegar por el complejo mundo actual, como hacen, por ejemplo, Harold Pinter, Samuel Beckett y Eugène Ionesco. Ionesco dijo que: «No todo está más allá del alcance de las palabras, pero la verdad viva sí lo está».[61] Beckett encontraba que todo discurso era fútil y, en su primera novela, declaró: «Afirmaré el silencio con mayor pericia que la jamás demostrada por ningún otro hombre».[62] Estas obras de teatro usan los silencios que contienen para expresar lo inefable y hallar libertad en ellos. Beckett habló de los abismos del silencio; y en sus pantomimas *Acto sin pa-*

labras I y *Acto sin palabras II*, el silencio es usado para enfatizar la irritación que provoca la vida.[63] Creía Beckett que «cada palabra es una innecesaria mácula en el silencio y en la nada».[64] En el relato brevísimo *Aliento* no hay personajes ni tampoco acción; solo dos gritos, y el aumento y la disminución de la intensidad de las luces del escenario.[65] Pero Beckett también sabía ser prolijo en palabras; en su obra *Yo no*, que representó fabulosamente la actriz inglesa Billie Whitelaw, y más tarde la actriz irlandesa Lisa Dwan, las instrucciones de Beckett fueron que las actrices debían hablar «a la misma velocidad del pensamiento».[66] La intensidad de la obra, y el hecho de que estuvieran atadas con cinta adhesiva a unas sillas que las incapacitaban para moverse, casi vuelve locas a las actrices.

Incluyendo el silencio entre las claves fundamentales de su obra, Beckett, Pinter e Ionesco son capaces de comunicar lo inefable, y resulta sumamente fascinante atisbar lo nunca dicho. Lo consiguen, de hecho, recurriendo a uno de los muy diversos silencios de los que nos habla el escritor Leslie Kane:

> El atontado silencio de la apatía, el sobrio silencio de la solemnidad, el fértil silencio de la conciencia, el silencio activo de la percepción, el silencio asombrado de la confusión, el silencio incómodo del intervalo, el silencio ahogado del ultraje, el silencio expectante de la espera, el silencio recriminatorio de la censura, el silencio tácito de la aprobación, el silencio vituperante de la acusación, el silencio elocuente del sobrecogimiento, el silencio enervante de la amenaza, el silencio pacífico de la comunión

> y el irrevocable silencio de la muerte ilustrados por su reacción muda al discurso que implica que existen experiencias para las que carecemos de palabras.[67]

Esta lista de silencios es muy amplia, rica y variada, y, si te los planteas uno por uno, puedes empezar a valorar las muy distintas maneras en que podemos interpretar los silencios a los que recurrían los dramaturgos. Pinter dijo que «el discurso es una estrategia constante para cubrir la desnudez».[68] Pinter, al igual que Beckett, crea muchos personajes que están en silencio, o bien no hacen uso de la palabra; por ejemplo, Aston, que sale en *Caretaker* («El cuidador»).[69] Para Pinter, el silencio es comunicación: «Comunicamos a la perfección, en el silencio, lo que no se dice, y lo que sucede a partir de entonces [...] es un evadirse continuo, unos intentos desesperados por ganar en seguridad y no tener que hablar demasiado con los demás».[70] En la introducción al primer volumen de sus *Obras completas*, Pinter escribió que el discurso suele tratar del lenguaje que se encuentra situado más allá de las palabras: «El discurso que oímos es indicador de lo que no estamos oyendo. Es una revocación necesaria, una pantalla de humo astuta, angustiosa o burlona que pone al otro en el lugar que le corresponde».[71]

Pinter suele usar el silencio para mostrar el aislamiento y la separación. En sus obras, se podrían decir muchas cosas de las pausas y los silencios que observamos en las relaciones personales. Además, también hay algo inacabado e incompleto, y los finales de sus obras de teatro suelen ser el cúmulo de todo lo que ha quedado por decir. Una de las primeras representaciones de *Silence* contempla el lenguaje del deseo y refleja la terrible brecha existente entre lo que decimos y lo que queremos.[72] No hace mucho di un curso en la Facultad de Literatura de la Universidad de la Ciudad de Londres e incluí en el programa el estudio de *El cuidador*,[73] de Harold Pinter. Aprendí a saber apreciar el lenguaje de Pinter, así como las pausas del profesor, Hugh Epstein, un brillante comunicador.

En sus obras, Ionesco ridiculizaba los problemas banales y describía la condición humana tachándola de insignificante. En el Teatro de la Huchette, situado en el flanco izquierdo del Sena, en París, *La cantante calva* y *La lección,* de Ionesco, están llenando el aforo los seis días de la semana desde 1957, sin duda el doblete más longevo que se haya representado jamás en el mundo entero. La pandemia detuvo por fuerza estas representaciones teatrales; sin embargo, ya han vuelto a levantar el telón. Las instrucciones escénicas que se dan al comienzo son claras: «Hay un momento muy largo de silencio inglés. El reloj inglés toca diecisiete carillones ingleses». ¿Qué es un silencio inglés? Y... ¿por qué se habla de un reloj inglés y de unos carillones ingleses? El silencio que se crea cuando un reloj ha marcado la hora o han sonado unas campanas sí posee una resonancia especial.

En las obras del dramaturgo, poeta y ensayista belga Maurice Maeterlinck, lo que sugieren los personajes es más importante que lo que en realidad dicen. Maeterlinck descubrió que el recurso del silencio en sus obras más tempranas era el vehículo ideal para explorar sobre la muerte y el significado de la vida. El diálogo es austero y sobrio, y sus personajes no tienen ninguna visión, además de tener una comprensión bastante pobre de sí mismos y de su mundo. El dramaturgo consideraba al hombre impotente para rebelarse contra su destino y, como pensaba que los actores no eran adecuados para encarnar sus figuras simbólicas, a menudo recurría a marionetas para representar sus obras de teatro; las marionetas podían emular el control que el destino tenía sobre la humanidad.

El silencio como instrumento teatral fue el arma del dramaturgo francés Jean-Jacques Bernard, que formaba parte de una compañía llamada La escuela del silencio. Bernard era conocido por escribir unas obras dramáticas muy densas sobre deseos encontrados y sobre «lo inexpresado». En sus obras, las emociones se revelan a través de los gestos y las expresiones faciales, así como también a través del silencio.[74] Otra compañía, El teatro del silencio, con sede en La Rochelle, en Francia, fue una compañía de danza creada en 1972 por Jacques Garnier y Brigitte Lefèvre, dos bailarines clásicos de la Ópera de París. La compañía creó muchos ballets de danza contemporánea y empleó a muchos coreógrafos de gran renombre. Algunas de estas piezas de danza contemporánea se ejecutan en silencio, y el silencio puede incomodar al público. Es frecuente que un bailarín se quede en el escenario quieto, sin moverse. La música conseguiría que la pieza fuera mejor recibida y resultara más agradable, pero el silencio la convierte en todo un reto, y, sin duda alguna, le obliga a uno a pensar.

El actor William Chubb me contó que él tiene la sensación de que el silencio, cuando actúas, debes ganártelo. Chubb representó el papel de jefe del grupo parlamentario de los *tories* en una obra extremadamente concurrida y ruidosa que se titulaba *This House*.[75] En una escena que transcurre por la noche, y en la que los dos jefes de los grupos parlamentarios se encuentran por casualidad, hay un glorioso momento de silencio y, luego, una pausa en la que no sabes lo que va a suceder. Esta pausa es un silencio ganado, no algo muerto y aburrido.

En 1988, Anthony Minghella escribió una obra radiofónica titulada *Cigarrettes and Chocolate*,[76] cuyos protagonistas fueron Juliet Stevenson y Bill Nighy. La heroína, Gemma, se niega a contestar al teléfono, hasta que al final terminamos por descubrir que llevaba negándose a hablar desde Cuaresma. Los años anteriores ya había renunciado a los cigarrillos y al chocolate. Este silencio provoca en sus amigos una diarrea verbal. El silencio a menudo provoca extrañeza en las personas y las incita a incurrir en una cháchara excesiva.

En sus comienzos, también el cine era mudo. Las películas no tenían diálogos, solo subtítulos, pero solían tocar música en directo en cada pase. Robert Bresson dice en su libro *Notas sobre el cinematógrafo* con unas atronadoras mayúsculas que «LA BANDA SONORA INVENTÓ EL SILENCIO».[77] En la película de Ingmar Bergman *El séptimo sello*, la muerte casi siempre guarda silencio y, además, se niega a responder a los ruegos del héroe, Antonius Block. Cuando Block implora a Dios a gritos y no recibe ninguna respuesta, salvo el silencio, la muerte le dice que «quizá no haya nadie ahí arriba». El silencio está presente en muchas películas de Bergman, incluida aquella que se titula *El silencio,* y que representa a tres viajeros que llegan a un país sin conocer su idioma, con lo que les resulta imposible comunicarse con la gente del lugar.

En *Un lugar tranquilo*, película dirigida por John Krasinski y protagonizada por Emily Blunt, se narra que llegan a la Tierra unos monstruos ciegos, y la familia protagonista consigue salvarse solo por el hecho de saber guardar silencio. Antes de la llegada de los monstruos, la familia ya dominaba el lenguaje de los signos, porque tenía una hija sorda, y, por lo tanto, todos están preparados para vivir en un mundo colmado de silencios. Sin embargo, un día la madre se queda embarazada, y uno de los principales problemas que plantea la película es el de intentar hallar la manera de que la mujer pueda dar a luz en el más estricto de los silencios. ¿Hay alguien capaz de entrenarse tanto mentalmente para vivir sin emitir sonido alguno? Al haber eliminado todos los ruidos, la familia empieza a anhelarlos. Cada vez se sienten más incómodos con tanto silencio.

9. La pintura

Las artes visuales son otra interesante fuente de silencio, y lo son tanto las pinturas de temática silenciosa como las que instilan una reacción de silencio. Todas las pinturas y las imágenes son silenciosas en el sentido de que no hacen ruido, pero sí recurren a un lenguaje silencioso para hablarnos. Así como determinadas pinturas emanan una sensación de silencio, otras son ruidosas (por ejemplo, uno casi acierta a oír el clamor y el ruido en las pinturas de Pieter Bruegel el Viejo, ese pintor del siglo XVI tan conocido por sus paisajes y sus escenas campestres, que a menudo son la representación de las bulliciosas fiestas de un pueblo). Bruegel se cuenta entre esas primeras generaciones de artistas que no se dedicaban a pintar escenas religiosas. La mayoría de las pinturas son muy buenos ejemplos del modo en que podemos conocer un objeto silencioso y embebernos de él solo por el hecho de estar contemplándolo; y me refiero a contemplarlo de verdad.

Voy muchas veces a la Galería Nacional de Londres a dibujar y siempre me quedo asombrada ante las hordas de turistas, porque casi todos van deambulando con el iPhone preparado para disparar fotos, y solo miran los cuadros a través de las lentes de su cámara, sin detenerse a observar y permitirse sentir el asombro y el respeto que experimentarían si se situaran frente a la pintura ante la que el mismo artista que la creó estuvo colocado. Uno tiene la oportunidad de estar tan cerca del cuadro como lo estuvieron Leonardo da Vinci, Vincent van Gogh o Miguel Ángel; es como si pudieras ponerte en su lugar, y vale la pena, te lo aseguro, tomarte el tiempo necesario, en silencio, para disfrutar de este extraordinario privilegio. Nos vemos transportados al mundo del artista, donde nada existe, salvo el tiempo transcurrido entre él y nosotros, y entre su mundo y el nuestro. Además, el tiempo puede desvanecerse, y lo que poblaba la mente del artista nos llega directamente y nos convertimos en una parte de la cadena formada por todo aquel que tuvo la oportunidad de ver ese cuadro en concreto. Esta conexión silenciosa que nos traslada en el tiempo hasta la época del pintor es una idea particularmente gratificante. He descubierto que, sentada frente a una misma pintura durante horas, se da una ósmosis gradual y algo del artista se me termina transmitiendo.

En mi caso, dibujar la pintura que tengo ante mí contribuye a lograr esta conexión, aunque también sé que otros lo consiguen viniendo a sentarse y a contemplar un mismo cuadro durante horas e, incluso, durante varios días. Tener un único tema en mente mientras paseas por un museo o por una galería de arte resulta de gran utilidad. Pasear por una galería mientras uno va reflexionando sobre el silencio puede ser muy gratificante.

Visité varias veces la maravillosa exposición que organizó la Galería Nacional de Londres en 1995 y que llevaba por nombre «El bodegón español: de Velázquez a Goya». Contemplar una naturaleza muerta puede inducirnos a experimentar una sensación genuina de calma y paz, aun cuando algunos de los objetos que aparecen en los cuadros (por ejemplo, unas sartenes) sean ruidosos cuando se usan. Pero no me bastó con ver la exposición varias veces, así que, poco tiempo después, tomé un vuelo de un solo día de ida y vuelta a Dublín para ver una exposición sobre bodegones españoles que se organizaba en la ciudad.

Una vez entrevisté al escritor Hisham Matar y me habló de su libro, *A Month in Siena*,[1] que considero un maravilloso ejemplo de la manera en que uno puede contemplar y absorber en silencio las pinturas de Duccio. Me contó Matar que, cuando era estudiante en Londres, pasaba la mayor parte de la hora del almuerzo en la Galería Nacional, sentado frente a un único cuadro, y que cada semana iba variando de pintura. Para Hisham Matar, un cuadro requiere tiempo, y cambia de manera inesperada si lo contemplas hora tras hora (y solo mediante la observación silenciosa). Matar afirma que actualmente puede llegar a tardar varios meses, incluso un año entero, antes de cambiar de cuadro.

Leonardo da Vinci dijo que «la pintura conmueve los sentidos con mayor rapidez que la poesía».[2] En la época de Leonardo, la poesía casi siempre se declamaba, pero las pinturas solían contemplarse en silencio. El escritor suizo Max Picard describió la sensación que le provocaba admirar las pinturas de los antiguos maestros: explicó que era como si los personajes hubieran salido de un muro de silencio y ahora estuvieran esperando la ocasión de que apareciera ante ellos alguna abertura para poder volver a desaparecer de nuevo en el silencio.

Las pinturas alegóricas y religiosas

La Galería Nacional de Londres tiene una serie de pinturas sienesas (c. 1490) que narran la historia de Griselda, una mujer cuyo marido, tras arrebatarle a sus hijos, la expulsó sin el más mínimo derecho a réplica y la condenó a vivir en silencio. Pasaron los años, y el esposo le ordenó que regresara para restituirla en su papel de esposa; y ella regresó, sin rechistar siquiera. Este ideal de femineidad silenciosa siempre estuvo omnipresente, y fueron muchos los que escribieron acerca de él, incluidos los poetas italianos Giovanni Boccaccio y Francesco Petrarca. Este ideal de mujer también aparece reflejado en «El cuento del erudito»,[3] de Geoffrey Chaucer, que data de finales del siglo XIV.

Max Picard escribió que, en las pinturas de Piero della Francesca, «sus seres humanos parecen deambular por el sueño de los dioses, antes incluso de que los dioses crearan al hombre».[4] La pintura de Piero della Francesca *La virgen con el niño, santos, ángeles y Federico da Montefeltro,* que se encuentra en la Pinacoteca de Brera, en Milán, irradia silencio. La innovación de Brera ha sido presentar la mayoría de las pinturas de la colección junto a una descripción realizada por artistas o escritores contemporáneos. La pintura de Piero della Francesca viene acompañada de los comentarios del escritor japonés Yoko Ogawa, que la define como un retrato del silencio. En esta pintura nadie se mira; los labios de todos los personajes parecen sellados, y el silencio se apodera del espacio. Cada personaje está inmerso en su propio mundo, y, según Ogawa, es como si estuviera escuchando algo que nosotros somos incapaces de oír.

El silencio es sin duda genuino en muchos cuadros de Piero della Francesca, pero no le sucede lo mismo a *La natividad,* que se encuentra expuesta en la Galería Nacional de Londres. En esta obra no solo hay dos ángeles tocando el laúd, sino otros ángeles que cantan y un burro que brama. Es cierto que posee una atmósfera onírica (¿será una obra inacabada?), pero, en lo que a mí respecta, no estamos ante un cuadro silencioso: hay demasiada música y demasiada actividad para eso.

En las pinturas de la anunciación, cuando el arcángel Gabriel aparece ante la Virgen María para decirle que tendrá un hijo que se llamará Jesús, María siempre aparece sola, casi siempre leyendo y en silencio (es decir, hasta que el arcángel Gabriel llega para hablar con ella). En muchas de estas pinturas, la paloma, o el Espíritu Santo, entra en el oído de la Virgen (¡quién sabe si emitiendo algún sonido!). Lo que sí sabemos es que ella comprendió lo que se le dijo, pero ¿oyó pronunciar esas palabras en voz alta... o las oyó en silencio?

Las pinturas de género

En perfecto contraste con las tranquilas y silenciosas pinturas de Johannes Vermeer, Pieter Bruegel el Viejo fue uno de los primeros pintores en pintar escenas que no eran de temática religiosa. Sus cuadros reflejan la vida cotidiana, y la vida cotidiana en sus tiempos era ruidosa (al menos la que representó Bruegel). La gente se reúne en pequeños grupos para dedicarse a sus actividades, y lo hace casi con independencia de los demás. Si los estudiamos bien, podremos hacernos una idea de cómo debía de ser la vida medieval. Bruegel el Campesino, como se lo conocía, muestra las tareas y los rituales de la vida cotidiana campestre (bailar, luchar, cocinar y cazar, así como diversas ceremonias y festividades). Si observamos las pinturas juzgándolas por el sonido, o por el silencio, sorprende constatar los diferentes niveles de ruido que se aprecian. La sociedad medieval pensaba que en el infierno había un ruido endemoniado, y eso está muy bien representado tanto por Bruegel como por El Bosco cuando retrataban el infierno poblado de unos ruidos espantosos: unos motores que explosionaban, unos pedos muy fuertes y asquerosos (amplificados por unas trompetas clavadas en los traseros) y los lamentos de los atormentados.[5] Por eso, incluso en los tiempos del Medioevo, el ruido, en contraste con el silencio, era considerado infernal.

Hace unos años conocí a Clare Hornsby, una historiadora de arte y poetisa, en una reunión que se celebró una tarde en

Shoreditch, al este de Londres. Hornsby me dijo que había escrito un libro sobre la Arcadia (que es el término poético usado para designar la naturaleza en su estado puro y armonioso) en el arte del siglo XVIII, desde la perspectiva del silencio y el sonido, y, haciendo gala de una gran generosidad, me envió su manuscrito, que todavía no había sido publicado y había escrito originariamente para la Real Academia de Música. La mayoría de los ejemplos que propone Hornsby son producto de la imaginería musical, y, sin embargo, algunos de estos cuadros tan pletóricos de música y danzas a mí me recuerdan a las pinturas silenciosas. En muchas de las obras de Jean-Antoine Watteau (*Lección de canto*, *Fiesta en un parque* y *La serenata*), los instrumentos se afinan, pero no se tocan. Hay un silencio que las preside: el silencio de la anticipación antes de que dé comienzo la pieza musical. En *Los placeres del baile*, los intérpretes representados en realidad parece que estén tocando sus instrumentos, algo inusual en las pinturas de Watteau. Sin embargo, los hermanos Goncourt, Edmond y Jules, que escribieron todos sus libros conjuntamente y no pasaron ni un solo día separados durante su vida adulta, observaron que los perros de este cuadro no ladran. ¿Se convierte así esta pintura en una obra silenciosa o es una obra no silenciosa? Yo creo que es una combinación de ambas cosas: los perros están en silencio; pero una fiesta campestre, con sus bailarines y sus músicos, se está celebrando en todo su esplendor.

La pintura de Charles-André van Loo *El Gran Turco dando un concierto para su amante* refleja una atmósfera alegre, casi como si se oyeran la música y los cánticos. Todos participan; no existe el silencio. En *El concierto*, una pintura atribuida a Vittore Belliniano, vemos cuatro personajes que parecen cantar siguiendo una partitura que sostiene la mujer del grupo. Los hombres que aparecen, posiblemente, representen las tres edades del hombre, tema que, entre otros, pintaron Giorgione y Tiziano. Ningún miembro del grupo está cantando; es muy probable que hayan terminado el concierto y estén en la pausa de ese silencio que a menudo resulta palpable al término de una pieza musical (esos instantes que suceden al término de una gran representación, antes de que den comienzo los aplausos). Por unos instantes, el silencio es casi audible. Pero, claro, el silencio nunca deja de implicar la existencia de su opuesto (hay que aceptar el entorno circundante de ruidos o palabras para discernir el silencio).

Los retratos

Nicholas Maes hizo una serie de seis pinturas llamadas *El ama de casa escuchando* en las que un personaje observa una escena prohibida que transcurre en una estancia situada en otra ala de la casa. El personaje, que en general es una criada, se lleva un dedo a los labios haciendo mutis. En estas pinturas se invita al espectador a unirse a la persona que espía, y con un efecto muy logrado; uno no puede librarse de verse atrapado en la conspiración. Al pedirnos que guardemos silencio, nos convertimos en cómplices.

Hay un autorretrato de Salvator Rosa en la Galería Nacional de Londres en el que el artista posa con un sombrero negro de ala ancha y sostiene un cartel en el que pone *Aut tace aut loquere meliora silentio* («Quédate en silencio, a menos que lo que tengas que decir sea mejor que el silencio mismo»). En este cuadro parece que Rosa se autoproclama la personificación misma del silencio. Y no era este un rasgo que dieran por obvio los que ya lo conocían, pero sí era una vertiente de su carácter que él deseaba dar a conocer a los demás. A pesar de que su nombre se asocia al bandidaje, Rosa también fue un intelectual y un poeta.

Bodegones, paisajes y muchas otras cosas más

El género de los bodegones, o naturalezas muertas (que en holandés es *stilleven*), apareció por vez primera en los Países Bajos a mediados del siglo XVI. Los interiores del artista neerlandés Johannes Vermeer condensan el silencio. El filósofo Emil Cioran lo llamó «el maestro de la intimidad y los silencios confidenciales».[6] El poeta francés Paul Claudel escribió que la pintura de Vermeer «rebosa del silencio del aquí y ahora»[7] y que muchas pinturas neerlandesas contienen este «espacio silencioso y activo» y son «fuentes de silencio». A pesar de que Vermeer es más conocido por sus interiores, su pintura paisajista *Vista del Delft* está dotada de una calma y un silencio muy especiales. Marcel Proust, un gran conocedor del silencio, escribió acerca de la muerte del novelista Bergotte y dijo que, tras haber ido a ver *Vista del Delft,* de Vermeer, en una exposición, se dio cuenta de la presencia de «un pequeño fragmento de muro amarillo» por primera vez. Tras ver el cuadro, Bergotte lamentó no haber escrito él mismo con un mayor alarde de colorido, y murió repitiendo las palabras «un trocito de muro amarillo, con el tejado inclinado, un trocito de muro amarillo».[8]

Uno de los cuadros que más me ha gustado contemplar y dibujar en la Galería Nacional ha sido *Taza de agua y rosa en un plato de plata*, de Francisco de Zurbarán. Este bodegón, de una falsa simplicidad y que tan solo cuenta con tres objetos (una taza de agua, una rosa y un plato de plata), revela una profundidad y una quietud impresionantes. Sentada frente al cuadro durante horas intentando dibujarlo, descubrí que era capaz de abstraerme del bullicio circundante y quedarme completamente absorta en la quietud de esa naturaleza muerta.

Las pinturas chinas pueden transportarte a ese mundo silencioso que ellas mismas retratan. Muchas de estas pinturas sitúan en la luna su punto focal (y el paisaje iluminado a la luz de la luna deviene un paraje silente). Las figuras que aparecen en estos paisajes son descritas, en palabras del escritor suizo Max Picard, como «unos personajes inmersos en una neblina iluminada por la luz de la luna que se posara sobre un mundo de silencio, entretejidos con hilos lunares sobre el silencio mismo».[9] Las personas y los objetos que aparecen en los cuadros parecen rezumar silencio: una hoja caída atrae el silencio en torno a ella, y la zona que la circunda parece callada y tranquila.

Las *vanitas* son bodegones en los que aparecen objetos simbólicos (como, por ejemplo, calaveras, frutas podridas, relojes de arena o velas apagadas) diseñados para recordarle al espectador la mortalidad, la brevedad, la fragilidad y la temporalidad de la vida. Este término proviene de los primeros versos del Eclesiastés: «Vanidad de vanidades –dice Quohélet–. ¡Vanidad de vanidades, todo es vanidad!» (1:2). Uno de los objetivos de las *vanitas* era impresionar y predicar mediante el silencio. Los cuadros, que en su mayoría datan de los siglos XVI y XVII, idealmente deberían contemplarse en silencio, porque nos invitan a ser testigos de la muerte. Asimismo, se le recuerda al observador la futilidad de los bienes y los placeres terrenales, representados estos por instrumentos musicales, vino y libros.

En el libro del historiador del arte Spike Bucklow *The Anatomy of Riches* («Anatomía de las riquezas»), se analiza la pintura titulada *El tesoro de los Paston* y se aventura que los bodegones llegaron a ser tan populares porque su intención fundamental no era la predicación; su dimensión espiritual era callada y modesta. Premian nuestra atención sin imponerse; celebran las riquezas de la vida sin dejar de ser conscientes de su transitoriedad. *El Tesoro de los Paston* es una pintura de grandes dimensiones fechada en el siglo XVII y considerada anónima que fue encargada por sir Robert Paston y está abarrotada de objetos y curiosidades procedentes de todo el mundo, que, obviamente, debieron de tener un significado muy especial para su dueño. Tanto Robert Paston como su padre, sir William, fueron grandes viajeros, y esta pintura, además de ejemplificar la mentalidad y el mundo de los Paston, también nos dice mucho acerca de la vida y de los intereses de la gente de la época.

Chardin fue uno de los primeros maestros que pintó bodegones durante el siglo XVIII. Pintaba muy despacio, y terminaba unos cuatro cuadros al año (llegó a pintar unos doscientos a lo largo de su vida): «¿Quién ha dicho que pintamos con colores? Usamos colores, pero pintamos con sentimientos».[10] Chardin recibió el sobrenombre del Gran Mago por parte del filósofo francés Denis Diderot, y fue el primer artista en presentar una naturaleza muerta a la Real Academia de Pintura y conseguir que la aceptaran. Muchas de sus pinturas llevaban como encabezamiento el título *La vida silenciosa*. En ellas reina la quietud, se aprecia una estructura muy medida y una abundante luz, características en marcado contraste con la obra de muchos contemporáneos suyos, como, por ejemplo, Francisco de Goya, Eugène Delacroix y François Boucher, cuyas pinturas rebosan de actividad y color. (De todos modos, Delacroix escribiría que «el silencio nunca deja de ser impresionante»[11]). Diderot aborrecía a Boucher y decía de él que era «el enemigo mortal del silencio».[12]

Así como sucede con las naturalezas muertas, la pintura paisajística, muy preponderante entre los siglos XVI y XVIII, nos invita a una contemplación silenciosa, y esta noción de silencio fue la que se siguió cultivando durante el siglo XIX. *El ángelus*, de Jean-François Millet, evoca una quietud y un silencio tangibles. Representa a dos campesinos que se detienen a rezar el ángelus tras oír repicar las campanas de la iglesia en el horizonte. En marcado contraste, no apreciamos un silencio amigable en la pintura de Edgar Degas *Los bebedores de absenta*, que también se encuentra en el Museo de Orsay y que representa a un hombre y a una mujer sentados en un café; ese silencio es un silencio desesperado. Sientes en carne propia la agonía de la mujer que aparece sentada.

Muchas de las pinturas del artista romántico alemán Caspar David Friedrich rezuman silencio y presencia, y eso es algo que consigue especialmente *El caminante sobre el mar de nubes*, una obra en la que vemos a un personaje de espaldas contemplando un paisaje de una inmensa vastedad. En el primer plano del cuadro *Paisaje de invierno*, también de Friedrich, vemos a un hombre que ha tirado sus muletas y está recostado en una roca situada frente a tres árboles (en uno de los cuales hay un crucifijo) que muy bien podrían ser una representación de la Trinidad. En el plano de fondo, una fantasmagórica catedral se alza imponente entre la niebla. Friedrich escribió en su diario de 1803 las siguientes palabras: «Cierra los ojos físicos para ver primero tu pintura con tus ojos espirituales. Y luego lleva a la luz lo que has visto en la oscuridad, para que impacte en los demás y resplandezca en el interior lo que procede del exterior».[13]

La pintura del simbolista suizo Arnold Böcklin, *La isla de los muertos*, muestra una isla rodeada de una amplia extensión de oscuras aguas. A través de ellas se desplaza hacia la orilla un pequeño bote de remos con una figura vestida de blanco que está de pie en la proa, junto a algo que probablemente sea un ataúd. La isleta está poblada de una densa arboleda de cipreses, detalle que parece indicar que podría tratarse de una isla cementerio. ¿Podría ser el barquero Caronte guiando a las almas al inframundo? A pesar de que Böcklin nunca reveló la localización de la obra que había pintado (y existen varias versiones de ella), quizá pudo haberse inspirado en el cementerio inglés que hay en Florencia y en el que enterró a su hija recién nacida. De entre los catorce hijos que tuvo el pintor, esta niña fue uno de los ocho fallecidos. Böcklin describió *La isla de los muertos* como «un cuadro onírico, que tiene que evocar una quietud tal que nos sobresaltemos solo de oír que están llamando a la puerta».[14] Es una pintura enigmática, pero provoca en nosotros una extraordinaria sensación de quietud y silencio. El cuadro ejerció una gran influencia e inspiró la creación de pinturas como *El verdadero cuadro de «La isla de los muertos» de Arnold Böcklin a la hora del ángelus*, de Salvador Dalí,[15] y de varias obras de Michael Sowa, H.R. Giger, James Gleeson y Fabrizio Clerici. El dramaturgo sueco August Strindberg también se refirió a esta pintura en su obra *La sonata de los espectros*. Asimismo, la obra apareció en varias series de televisión, como *Pequeñas mentirosas* y *Neo Yokio*; y en películas como *Yo anduve con un zombie* y *Los cuentos de Hoffmann*; en la novela de ciencia ficción *El mundo de cristal*, de Ballard, y en *Crónicas del señor de la guerra*, de Bernard Cornwell. Incluso hay algunas piezas musicales (de Sergei Rachmaninoff y de Max Reger) inspiradas por esta pintura. No deben de existir muchos otros cuadros que hayan inspirado una variedad tan amplia de formas artísticas, pero es cierto que hay algo tan potente en la naturaleza silenciosa del cuadro de Böcklin que logra transformar esta pintura en una obra muy atractiva e inspiradora.

Los libros de emblemas, que son unos libros que combinan ilustraciones alegóricas con moralejas o poemas, fueron muy populares en los siglos XVI y XVII. Eran unas series de tres conjuntos de elementos: una *pictura*, un mote o lema y un comentario, que explicaba la conexión entre los dos anteriores. Estos libros fueron producto de los bestiarios medievales, y en muchas de las ilustraciones aparece representada una persona (un querubín, o bien un monje) llevándose un dedo a los labios en señal de silencio. Le sigue a continuación un texto que explica ese silencio en particular. En *El libro de emblemas* de Andrea Alciati, que contiene doscientos doce poemas emblema en latín, podemos leer el emblema undécimo, que nos habla del silencio: «Cuando está en silencio, el loco no difiere lo más mínimo del sabio. La lengua y la voz son indicativas de su locura; dejemos que presione sus labios y que, con el dedo, nos señale sus silencios; dejemos que se convierta en un Harpócrates».[16] Harpócrates era el dios del silencio en la antigua Grecia.

Es curioso, pero siempre he pensado que *El grito*, de Edvard Munch, obra de la que existen muchas versiones, incluida la de la Galería Nacional de Oslo, es una pintura silenciosa. Es un grito de angustia, el grito de aquel que no es escuchado, o, como dijo el mismo Munch: «Un atardecer caminaba por un sendero que hay junto a la ciudad, con el fiordo bajo mis pies. Me sentía cansado y trastornado. Me detuve a contemplar el fiordo a lo lejos; el sol se estaba poniendo, y las nubes se tiñeron de un color rojo sangre. Sentí como si un grito traspasara la naturaleza; me pareció oírlo incluso. Pinté el cuadro, y pinté las nubes como si fueran sangre. El color había gritado. Ese cuadro es *El grito*».[17] Es como si a través de Munch estuviéramos experimentando el grito silencioso de la naturaleza cuando contaminamos sus mares y ríos y emponzoñamos su aire, dato más relevante hoy en día de lo que lo fue a finales del siglo XIX.

Una de las cuantiosas secuelas que se crearon de *El grito* es obra de Steven Moffat, quien realizó una serie de televisión para la BBC titulada *Doctor Who,* en la que los principales antihéroes se llaman El Silencio. El Silencio es una orden religiosa terrorífica, representada por unos humanoides que tienen unas características físicas muy parecidas a las de los extraterrestres, y un aspecto basado muy libremente en el cuadro de Munch *El grito*. Creado para convertirse en el monstruo más horrendo que jamás haya existido en *Doctor Who*, El Silencio solo se deja ver si lo miras directamente, y, al apartar la vista, se te olvida por completo. Sin embargo, la gente retiene la espantosa impresión de haber visto a estos monstruos, y eso sí que les resulta imposible de olvidar.

Los artistas no tienen necesidad de ser tan efectistas como lo fue Henri Matisse, que, en una ocasión, dijo: «Oye, ¿de verdad quieres pintar? ¡Pues ve a que te arranquen la lengua primero!».[18] Sin embargo, lo cierto es que la creatividad florece en el silencio. Hay muchos pintores que se dedican a «pintar el silencio». Tenemos a Millet, por ejemplo, con *El ángelus*; a Berthe Morisont, con *La cuna*;[19] a Pierre Bonnard, con *El hombre y la mujer*; y probablemente podríamos citar así casi todas las pinturas de Edward Hopper por la desolación extrema que muestran y la brecha que es capaz de crearse entre un hombre y una mujer. Las casas que pinta Hopper parecen estar imbuidas de silencio, y el cuadro de *La gasolinera*, perteneciente a la colección del Museo de Arte Moderno de Nueva York, en la que se ven tres surtidores de gasolina, rezuma silencio. En esta obra, a la luz del anochecer, una sola figura aparece junto a tres únicos surtidores de gasolina situados en una carretera desierta. La figura de la mujer que sale en *La cafetería autoservicio* refleja una absoluta desolación. Los silencios de Hopper no transmiten paz, sino más bien angustia. Los primeros artistas estadounidenses se dedicaron a pintar las tierras fronterizas, y por eso adoptaron un enfoque extrovertido, pero Hopper se dio cuenta de que, en el siglo XX, «esa vieja frontera se había desplazado al ámbito interior y había pasado a ubicarse en el yo. El hombre de acción había sido substituido por el observador solitario».[20] A mí me resulta casi imposible decir palabra cuando estoy frente a un cuadro de Hopper; me veo reducida al silencio, pero es un silencio repleto de angustia y desesperación. ¿De verdad la vida es tan lúgubre? La respuesta que darían las personas retratadas por Hopper seguramente sería afirmativa.

Muchos simbolistas franceses de finales del siglo XIX fueron místicos; se retractaron de la palabra y sucumbieron al silencio a través de la pintura, la poesía y el teatro.[21] En *El silencio*, una litografía del simbolista Henri Martin, vemos a una chica cuya larga melena le está cubriendo la boca, y es precisamente esa boca tapada lo que evoca el silencio. Con el pelo en la boca, la muchacha ya no es capaz de hablar.

El género del bodegón, con sus escenas domésticas y sus personajes realizando actividades silenciosas, como puedan ser las de leer y escribir, fue reemplazado en el siglo XIX por otras pinturas de cariz histórico, religioso y mitológico; sin embargo, resurgiría como género con pintores de la talla de Giorgio Morandi. No se oye ni un solo sonido en los cuadros de Morandi. El pintor retrataba unos objetos en apariencia simples, pero sus botellas, jarrones, cuencos y flores son de un significado y de una complejidad inmensamente profundos. A finales de la década de 1960 fui a vivir con una prima estadounidense a Nueva York. Mi prima tenía un bodegón de Morandi que le había regalado su padre (mi tío, Johnny Walker), que se hizo con la obra cuando le tocó en una rifa en Italia mientras estudiaba con Bernard Berenson en la Villa I Tatti. Walker proseguiría su andadura profesional hasta llegar a convertirse en el director de la Galería Nacional de Arte de Washington, D.C. Recuerdo haberlo visto colgado en la pared, pero al estar rodeado de una infinidad de pinturas interesantísimas, y de objetos y trastos varios, su silencio no me resultó perceptible. Más tarde aprendí a valorar a Morandi.

La perspectiva de los artistas

En 1908, Piet Mondrian, artista contemporáneo de los futuristas italianos, empezó a interesarse por la teosofía, un movimiento ocultista iniciado por Helena Blavatsky a finales del siglo XIX. Las raíces de la teosofía habría que buscarlas en el gnosticismo y el neoplatonismo, entre cuyas creencias centrales se advierte un énfasis en la experiencia mística, en la idea de que existe una realidad espiritual más profunda capaz de trascender la conciencia humana. En 1911, Mondrian se trasladó a París, donde vivió recluido en un pequeño estudio cerca de la estación de Montparnasse. A diferencia de otros cubistas, su arte tiene un componente espiritual, y en 1913 empezaría a fusionar sus pinturas con sus ideas teosóficas. En 1914, Mondrian escribió: «El arte es superior a la realidad y no tiene ninguna relación directa con ella».[22] En una ocasión, el pintor inglés Ben Nicholson fue a visitarlo, y las pausas y los silencios de la conversación que mantuvo con Mondrian le recordaron a «esas cuevas de ermitaños donde los leones iban a sacarse las espinas de las patas».[23]

El escultor y también pintor, poeta y artista abstracto francoalemán Jean Arp escribió que «el silencio no tardará en convertirse en leyenda. El hombre ha dado la espalda al silencio. Día tras día inventa máquinas e instrumentos que solo consiguen que el ruido vaya en aumento y distraiga a la humanidad de la esencia de la vida, la contemplación y la meditación».[24] A comienzos del siglo XX, Arp ya era consciente de que el mundo se estaba volviendo muy ruidoso, y se daba perfecta cuenta de que las máquinas eran un elemento de distracción que impedía que las personas disfrutaran del silencio.

Sin embargo, y por si empieza a parecer que la mayoría de los artistas iban en busca del silencio, debo decir que ese no fue el caso, evidentemente. De hecho, hubo varios movimientos que defendieron todo lo contrario. Los futuristas italianos, movimiento fundado en Milán en 1909 por el poeta italiano Filippo Tommaso Marinetti, aborrecían el silencio. Marinetti declaró: «No queremos formar parte de eso, del pasado [...] nosotros, los jóvenes y fuertes futuristas».[25] Amaban la velocidad, la tecnología, la juventud, la violencia, el ruido de los automóviles al acelerar y de los aeroplanos, y también la ciudad industrial. El futurista Luigi Russolo, autor del manifiesto *El arte de los ruidos*, que es una epístola dirigida a su amigo Francesco Balilla Pratella, era además pintor, compositor y fabricante de unos instrumentos musicales experimentales en los que utilizaba generadores de ruidos acústicos y unas esculturas de Giacomo Balla. Estos instrumentos glorificaban la modernidad y tenían el propósito de liberarlos del pasado.

En el movimiento que se conoce con el nombre de pintura monocromática proliferaron artistas de la talla de Kazimir Malevich, Alexander Rodchenko, Robert Rauschenberg, Robert Ryman y Ad Reinhardt, y su rasgo fundamental era que usaban un solo color para sus obras. El objetivo de estos artistas era distanciarse de la composición y de la temática habitual, y lo conseguían emparejando sus pinturas con un único color en lugar de hacerlo con objetos. Reinhardt, que era amigo de Thomas Merton, deseaba que el arte fuera más puro y vacuo. Esta pureza traía aparejada consigo el tema del silencio, y se hacía eco de la tradición mística del cristianismo.

«El silencio es tan preciso...»,[26] observó el pintor estadounidense Mark Rothko haciéndose eco de las palabras de Kierkegaard, y hay que decir que sus obras ciertamente sintonizan con la idea de un profundo silencio. El poder que tiene una pintura de Rothko es el de ser capaz de superar prácticamente todos los ruidos, aun cuando la galería en que se encuentre colgada esté llena de gente. Rothko quería resaltar la vacuidad espiritual del ser humano moderno, que él consideraba que se debía sobre todo a la ausencia de una mitología moderna. Le costaba mucho describir sus propias obras con palabras, aunque, ¿qué necesidad tenía? Sin embargo, Rothko sentía que sus cuadros tenían la capacidad de poder liberar una energía inconsciente. La francoamericana Dominique de Menil, filántropa y coleccionista de arte, le encargó junto con su esposo la construcción de la Capilla Rothko en Houston. El arquitecto italiano Renzo Piano fue quien diseñó el edificio de Houston, en Texas, que alberga la colección Menil. Piano describió esta construcción como un lugar sereno, tranquilo y discreto. Es un edificio pequeño y sin ventanas, de planta octogonal, que fue construido como espacio de meditación. A pesar de que en la actualidad es aconfesional, cuando Rothko estaba pintando sus cuadros en Nueva York pensaba que el edificio que los albergaría sería una capilla católicorromana, y por eso se inspiró en la iglesia bizantina de Santa María de la Asunción, que se encuentra en Torcello, en Venecia. Rothko tardó seis años en terminarlos; quería que la capilla fuera un lugar de peregrinaje, alejada de Nueva York y de su centro artístico. «Quizá solo sean el silencio y el amor los que son capaces de hacer justicia a una obra de arte magnífica», escribió De Menil.[27] Hay quien considera que las pinturas oscuras y los paneles de color puro son claustrofóbicos. Otros, en cambio, cuando los contemplan, sienten que están teniendo una experiencia espiritual; es cierto que estas obras te obligan a volver la mirada a tu interior, y a enfrentarte a tu propia existencia, y que eso puede resultar inquietante. La capilla se usa en la actualidad para organizar coloquios que propicien el mutuo entendimiento en temas relacionados con la justicia y la libertad.

Los cuadros abstractos del artista Sean Scully, irlandés de nacimiento, parecen saber captar la tranquilidad en medio de un mundo caótico. El poeta, historiador y crítico de arte Kelly Grovier describe sus obras como si fueran «unas cajas de resonancia para el alma» y «una música visual y muda». Scully denominó su serie de pinturas *Las dóricas* en honor al estilo poco ornamentado de la arquitectura griega. Le gustaba el poder y la simplicidad de la pintura dórica, tal como se evidencia en su «preferencia por un orden clásico con menos ornamentación, que puede compararse con las formas simplificadas de toda composición».[28] Estas pinturas abstractas, *Las dóricas*, con sus franjas en negro y gris, combinan la sobriedad con la brillantez y el movimiento y rinden homenaje a la influencia que tuvo Grecia en la civilización occidental.

Se han organizado diversas exposiciones dedicadas al silencio. El Museo Rath, de Ginebra, albergó una exposición desde junio de 2019 hasta octubre del mismo año titulada «Silencios» en la que se mostraba una gran variedad de obras de arte referidas al silencio y reveladoras de su naturaleza. La exposición empezaba con un vídeo sin sonido de la artista francesa Camille Llobet titulado *Voir ce qui est dit* («Ver lo que se dijo») en el que se recurría al lenguaje de los signos para interpretar el significado de los gestos de un director de orquesta. También había bodegones y una antología de arte religioso cristiano, que se había usado con propósitos meditativos para inspirar devoción y como un medio de acercarse más a Dios. Entre estas obras había unas pinturas que representaban al místico san Juan de la Cruz, a san Jerónimo, caracterizado como un eremita, y a san Ignacio dedicado a sus ejercicios espirituales. Asimismo, podían verse pinturas de otros artistas tan diversos como Wilhelm Hammershøi, Henri Martin, Giorgio Morandi y Felix Vallotton. Sus enfoques eran muy diversos, pero todas las obras versaban sobre el silencio.

El exarzobispo de Canterbury, Rowan Williams, escribió que la búsqueda de la verdad implica un cierto tipo de huida, una suerte de ascetismo, y que, por supuesto, no existe creación imaginaria alguna que no requiera del silencio.[29] El silencio puede desempeñar un papel importante en el proceso genuino de la creación. El periodista Andrew Marr coincide con Winston Churchill al decir que la pintura es una de las cosas más importantes que uno puede hacer en el más profundo silencio.[30] En ese silencio, uno puede perderse maravillosamente, y sumergirse en él, al ser un lugar en el que el tiempo se ha detenido. En mi caso, cuando yo pinto, me doy cuenta de que puedo dejarme absorber y atraer por el silencio del todo.

Otras artes

Las pinturas están muy lejos de ser las únicas artes visuales capaces de ser inspiradas por el silencio. En las exposiciones en que se ha tratado el tema del silencio se han incluido esculturas, vídeos e incluso actuaciones artísticas. En 2017, el artista catalán Jaume Plensa inauguró una exposición en Nueva York titulada «Silencio». Ocupaba dos salas en las que se exhibían varias cabezas esculpidas. La exposición se anunciaba como un altar de meditación de dos salas de longitud dedicado a uno de los lujos más escasos y valiosos que existen: el silencio. Plensa pedía con esa pieza que fuéramos más conscientes y proactivos en la creación de un silencio personal: «Nuestras palabras no son siempre el mejor recurso para expresar los sentimientos».[31] El artista nos insta a que pensemos más a fondo. Hay una escultura de Plensa titulada *Anna* en el monasterio de Montserrat que tuve la ocasión de poder ver cuando fui al retiro budista que organizaron allí. Como sucede en muchas otras esculturas de Plensa, Anna tiene los ojos cerrados, signo de un distanciamiento del mundo y de la silenciosa mirada interior.

En 2012 se inauguró otra exposición titulada «Silencio» en la capilla Rothko de Houston que, durante su itinerancia, recalaría en Berkeley en 2013. La exposición planteaba las siguientes preguntas: ¿Qué es el silencio? ¿Por qué aparece tan intrincado en la imaginación? ¿Por qué lo relacionamos con el misterio? En la muestra se planteaba la ausencia del sonido en el arte y la cinematografía contemporáneos, y se incluían varias obras de Marcel Duchamp, Nam June Paik, Theresa Hak Kyung Cha y Doris Salcedo. El silencio se encuentra presente en todo aquello que es importante en la vida, como el recuerdo, la contemplación y el duelo. Como dijo la escritora y filósofa Susan Sontag: «El arte de nuestros tiempos es ruidoso y hace un llamamiento al silencio».[32]

Una de las obras de Marina Abramovic, *La artista está presente*, representa a la artista sentada en silencio durante 736 horas mientras el público hace cola para sentarse frente a ella, también en silencio. La muestra se celebró en el MoMA de Nueva York, entre el 14 de marzo de 2010 y el 31 de mayo del mismo año. Abramovic quería hacer algo similar en la Real Academia de Londres, pero el proyecto tuvo que ser cancelado a causa de la COVID-19.

Los espacios vacíos de las esculturas evocan un silencio que nos anima a detenernos y a repensar los espacios. Por ejemplo, los huecos y los agujeros que aparecen en las grandes esculturas de piedra de Henry Moore son espacios de silencio.

Hay una escultura, *La forma única (Memorial),* de Barbara Hepworth, por la que suelo pasar cuando voy de camino al parque Battersea. La escultura, ancha, ovalada y abstracta, tiene un agujero circular en la parte superior (un supuesto espacio de silencio). Hepworth la esculpió después de que su buen amigo Dag Hammarskjöld, el secretario general de las Naciones Unidas, falleciera en un accidente de aviación en 1961. Hay una versión de mayor tamaño que se encuentra ubicada frente al edificio de las Naciones Unidas en Nueva York.

Hay películas que plantean la temática del silencio, y ese es el caso de una pieza de Joseph Beuys de 1973 titulada *El silencio*, que consiste en cinco bobinas originales de 35 mm de la película de Ingmar Bergman *El silencio*, de 1962, barnizadas, niqueladas en cobre y bañadas en zinc. Unos años antes, en 1964, Beuys había hecho una pieza en represalia frente a la actitud de Duchamp. La tituló *El silencio de Marcel Duchamp está sobrevalorado* (que implicaba que Duchamp no había tenido el coraje de dar respuesta a sus propios manifiestos). La artista conceptual Gillian Wearing ganó el Premio Turner en 1996 con el vídeo titulado *Sesenta minutos de silencio*, en el que aparece un grupo de personas vestidas con uniforme de policía y en la actitud más quieta y silenciosa posible durante una hora, que es el tiempo que dura la filmación (algo que resultaba bastante difícil, por cierto, tanto para el espectador como para los que posaron).

Ciudades y Memoria es un proyecto global de grabaciones de campo y obras de arte sonoro que nos presenta la realidad de un lugar en concreto, así como su contrapartida imaginada y alternativa. De hecho, remezcla el mundo del sonido. Los sonidos iniciales grabados vuelven a replantearse en la imaginación del artista, que usa esta pieza original como inspiración. La actividad humana está poniendo en peligro los sonidos de la naturaleza, y este proyecto pretende reflejar los sonidos (y los silencios) del entorno natural, así como el ruido urbano. En marzo de 2020, *Ciudades y Memoria* lanzó una campaña para montar un mapa de sonido global mediante una convocatoria abierta que mostrara el modo en que habían cambiado los sonidos del entorno durante la cuarentena. Uno de los proyectos se titula «Espacios Sagrados», y si cliqueas sobre un mapamundi, puedes escuchar los sonidos sagrados de ese lugar en particular. Podría tratarse de las campanas de una iglesia de la campiña inglesa, de los tambores que se oyen en una *puja* vespertina en Sri Lanka, o del resuello y las pisadas de alguien que está subiendo las escaleras de la catedral del Duomo en Milán (que es algo que yo hice no hace mucho y que nunca se me habría ocurrido grabar. En cualquier caso, creo recordar que tomé el ascensor...). Gran parte de estos sonidos son el preludio de un silencio.[33]

Hace unos años, el maestro ceramista inglés Edmund de Waal dio una charla en Kings Place, en Londres, sobre los pensamientos que le venían a la mente mientras creaba sus vasijas. De Waal piensa de forma activa en todas las maneras posibles de crear silencios (cuando está haciendo un cuenco, está «haciendo un silencio», y la blancura de la arcilla es un modo más de silenciar las cosas). Sus vasijas rememoran las estatuas de la antigua Grecia, que, vistas en retrospectiva, parecen receptáculos de un misterioso silencio, así como unos silenciosos faros de luz provenientes del pasado. La poesía penetra la cerámica silenciosa de De Waal: «Mi vida está llena de silencios», afirma el artista, y al hablar de los poetas y los pintores que lo han ayudado a alcanzar este silencio, incluye a Paul Celan (cuya poesía se centra en el silencio de la aniquilación); *The House Was Quiet and the World Was Calm* («La casa estaba queda y el mundo en calma»), de Wallace Stevens; «Cuando en las plazas y en solitario silencio, poco a poco perdemos toda noción», de Osip Mandelstam; Safo en «porque cuando te miro fugazmente, ni un solo sonido alcanzo a pronunciar», y a Proust.[34]

En su charla, De Waal le pide al público que contemple las pinturas de Chardin, Morandi, Cy Twombly, Sol LeWitt, Agnes Martin y Barnett Newman. Explica que Newman usaba el color para generar silencios (un silencio espacial) y que, contemplando en silencio un cuadro, uno es capaz de absorberlo. Una de las piezas de De Waal titulada *Los orígenes de la lectura silenciosa* consiste en dos armarios negros con unas jarras y unos cuencos de color blanco, en una clara referencia a los orígenes de la lectura silenciosa.

El silencio es importante en el arte del paisajismo japonés. El agua de los jardines es una fuerza purificadora destinada a limpiezas rituales y a enfatizar el silencio. La gravilla blanca representa el vacío o *ma* (la vacuidad), que también es representativo del silencio. Frente al hotel Connaught, en Mount Street, cerca de Berkeley Square, en Londres, hay una fuente llamada *Silencio* diseñada por el arquitecto y filósofo japonés Tadao Ando. La fuente es mayormente silenciosa; el agua va rebosando de un gran estanque redondeado, y cada quince minutos se oye un suave siseo y se desprende una nube de agua vaporizada.

Aunque hay quien dice que la falta de silencio en los edificios es un defecto arquitectónico, algunos arquitectos, sobre todo el estadounidense Louis Kahn, están en desacuerdo. Kahn dedicó toda su vida laboral a intentar satisfacer la necesidad que tiene la arquitectura de reflejar la vida; creía que los edificios pueden favorecer la empatía y que podrían albergar unos espacios de un silencio envolvente. Durante los últimos años de su trayectoria profesional, las palabras «silencio» y «luz» fueron las que Kahn eligió para reunir todas las ideas poéticas que resultan cruciales en el proceso de la creación arquitectónica; el silencio sería el deseo de expresión que está presente en el inconsciente colectivo.

10. La música

«Después del silencio, lo que más se aproxima a la expresión de lo inexpresable es la música»,[1] escribió Aldous Huxley. Y, en efecto, el silencio tiene la capacidad vital de dar forma a cualquier tipo de música. Los músicos siempre han valorado las virtudes del silencio, las pausas y los espacios en blanco. «El silencio es la base de la música. Lo encontramos antes, después, dentro, debajo y detrás del sonido»,[2] dijo el pianista austríaco Alfred Brendel. Otro pianista también austríaco, Artur Schnabel, es famoso por haber dicho: «Con las notas no lo hago mejor que cualquier otro pianista; pero con las pausas entre las notas... ¡ah! Ahí es donde reside el arte».[3] Y Schnabel estaba parafraseando las palabras de Claude Debussy en el momento en que este dijo que «la música es el espacio que hay entre las notas», expresión que adoptaría por su parte el pianista Clifford Curzon al decir que «todo el arte del intérprete podría detectarse en el "espacio que hay entre las notas"».[4]

El silencio es más audible cuando la última nota musical se ha desvanecido. Entonces puede aparecer una maravillosa pausa tras la actuación en vivo, antes de que el público empiece a aplaudir. El silencio tras la interpretación es un fenómeno muy poco frecuente, distinto del silencio forjado en el seno de la música misma, y del silencio de antes de un concierto, signo de expectación, de profunda anticipación. Y luego también existe el aplauso que se da con una sola mano, y que, por supuesto, es absolutamente silencioso y deriva de un *koan* budista llamado «el sonido de una mano».

Los neurocientíficos han observado que los intervalos silenciosos de la música son lo que más estimula la actividad cerebral positiva. Durante estos interludios silenciosos, cuando el cuerpo se encuentra en estado de relajación, la tensión arterial desciende y la frecuencia cardíaca se apacigua. El hecho de que este silencio se encuentre incluido en la pieza musical, en lugar de aparecer solo, es importante. Y es precisamente esta calidad del silencio en contraste con la música lo que resulta más beneficioso: el silencio tras el sonido; el yin y el yang. Se necesitan ambos.

Los compositores

La música silenciosa más famosa probablemente sea *4'33"*, de John Cage. Cuando el compositor explicó el significado de su pieza, dijo que los oyentes no la habían entendido:

> Lo que ellos creían que era silencio, porque no sabían escuchar, estaba repleto de sonidos fortuitos. Se oyó el viento revuelto del

> exterior durante el primer movimiento. Durante el segundo, unas gotas de lluvia empezaron a golpetear en el tejado; y durante el tercero, fue la gente quien hizo unos sonidos muy interesantes mientras iba abandonando la sala sin dejar de hablar.[5]

Los silencios de Cage guardan una cierta conexión con su creencia en el budismo Zen, y esta pieza trata, con gran eficacia, de la naturaleza del sonido. El pianista William Howard me dijo en una ocasión que asistir a una representación en vivo de la obra de Cage puede resultar incómodo, porque eso es lo que suele suceder con el silencio. Ahora bien, como Cage ya había dicho anteriormente, uno termina volviéndose muy consciente de los sonidos que lo rodean; de hecho, los sentidos se le agudizan.[6]

La obra de Cage *4'33"* se ha convertido en el punto de partida de otras muchas obras que están dotadas de una quietud y de una calidad contemplativa. Cage tuvo esta idea por primera vez tras visitar la cámara anecoica de la Universidad de Harvard en 1951, que es un espacio diseñado para absorber por completo el sonido y las ondas electromagnéticas: «Entrad en una cámara anecoica y, una vez allí, oíd vuestro sistema nervioso, oídlo funcionar, y oíd también la sangre mientras circula».[7] La cámara fue construida en sus inicios para llevar a cabo investigaciones secretas de carácter militar.

Muchos compositores han basado sus obras en el silencio y, a menudo, se han inspirado en autores del pasado. El compositor catalán Frederic Mompou se dedicó a escribir unas breves piezas musicales de carácter íntimo bajo la influencia de Erik

Satie y Gabriel Fauré. La obra de Mompou se caracterizaba por un sonido meditativo, y su obra maestra, fechada en 1967 y titulada *Música callada*, se basa en la poesía de san Juan de la Cruz. Además de escribir música sobre el silencio, y de incluir el silencio en ella, hay compositores que necesitan un sigilo absoluto para componer. Gustav Mahler, el compositor romántico de nacionalidad austrobohemia, necesitaba un silencio absoluto mientras componía e, incluso, pidió que amortiguaran los cencerros de las vacas que pastaban alrededor de su casa.

El futurista italiano Luigi Russolo creía que la Revolución Industrial había otorgado a las personas la capacidad de trascender la música melódica tradicional y de apreciar sonidos más complejos. En el manifiesto que escribió en 1913 y tituló *El arte de los ruidos*, afirma: «En un principio, el arte de la música buscaba la pureza, la pulcritud y la dulzura del sonido. Luego se fueron amalgamando distintas variedades de sonidos, aunque se procuraba acariciar el oído con suaves armonías. La música contemporánea, que se está complicando cada vez más, se esfuerza por amalgamar los sonidos más disonantes, extraños y penetrantes, y así es como nos vamos aproximando cada vez más a unos sonidos que son ruidos. En la actualidad triunfa el ruido y ejerce su supremacía absoluta sobre la sensibilidad de los hombres».[8] Según Russolo, la música ya no debería ser dulce o melódica, sino que, valorando unos sonidos más complejos, la música debería ser algo que en realidad refleje la disonancia de la época.

El compositor Walter Marchetti escribió *Canción para John Cage* en 1984. Es música electrónica, y consiste en ir silbando a un volumen ofensivamente alto mientras se suelta alguna que otra palabra cada determinados segundos. Marchetti también escribió todo un repertorio de obras que incorporaban el silencio, entre las cuales podemos citar *Composición para ocho orquestas*,[9] que incluye unas notas sostenidas de imposible ejecución y además dura varias horas. Sin embargo, esta pieza es irrisoria comparada con *Stochroma*, del compositor Clarence Barlow, escrita en código computacional y que requiere una pausa de... ¡109 000 millones de años![10]

Otro compositor contemporáneo, John Tavener, dijo que en su obra hay dos clases de silencio: uno literal (las pausas) y otro metafísico. Y lo vinculaba con la emoción que despiertan en nosotros esos iconos (el maestro formaba parte de la Iglesia ortodoxa rusa) en que los ángeles están embelesados en la contemplación de Dios con «un Eros paralizado o increado, porque aparece en forma de anhelo. Es el anhelo de Dios».[11] Tavener sentía que el silencio era crucial para su arte, y que cuando su obra estaba siendo interpretada, si uno la escuchaba correctamente, debería de captar su inherente silencio. Pensaba que, si el silencio no quedaba implícito, la música no estaba logrando lo que él quería. Consiguió su objetivo en una pieza de 1982 titulada *El cordero*. John Rutter comentó que Tavener tenía «el rarísimo don» de ser capaz de «conducir al público a un profundo silencio».[12] Tavener sentía el silencio en todas partes, porque Dios mismo estaba en todas partes. Descubrió una vertiente espiritual en la obra de Anton Webern, y podía sentir lo que había más allá de las notas: «Su silencio parece reconocer que existe otra dimensión distinta, capaz de dotar de una maravillosa transparencia a su música y eso, de alguna manera, permite que Dios entre en ella».[13]

El compositor George Benjamin fue alumno de Olivier Messiaen en París, y en esa ciudad solía oírlo hablar de las distintas clases de silencio musical que existen. En primer lugar, había el silencio simple, que él comparaba a la notación, y separaba las distintas partes como quien vuelve una página o toma aliento; los movimientos también solían enmarcarse en un silencio. Otra clase de silencio distinta era la de las notas musicales al desvanecerse. Sin embargo, el silencio más profundo era el que se reservaba para el final de la obra, un silencio al que Benjamin llamó «precioso». En 1990, el maestro compuso la pieza *En el silencio*, basada en el poema de William Butler Yeats *La mosca de patas largas*.[14] Hay una entrevista en la que uno de los músicos de la orquesta dice que era en los silencios de esta pieza donde el impacto de la música se dejaba sentir.

La expresión y la experimentación

En un programa de radio de la BBC que se emitió en conmemoración del Día de los Caídos del Holocausto, después de que Anne Sofie von Otter cantara una canción de cuna compuesta en el campo de concentración de Terezin, Petroc Trelawny, el presentador del programa, hizo una pausa para dedicarla a la contemplación, argumentando que el silencio es importante y que debe reservarse un tiempo para que la música cale profundamente.

Durante las décadas de 1960 y 1970, una comunidad internacional e interdisciplinaria de artistas, compositores, diseñadores, arquitectos, economistas, matemáticos y poetas llamada Fluxus se dedicó a escenificar representaciones de arte experimental. Sus miembros influyeron profundamente en la ampliación de la definición de lo que hoy consideramos arte. Fluxus, fundada mayormente por George Maciunas, artista de filiación lituanoamericana, era una comunidad cuya filosofía consistía en recalcar el proceso artístico por encima del resultado final. John Cage ejerció una enorme influencia en esta comunidad, entre cuyos artistas podemos citar a Joseph Beuys, John Cale, Yoko Ono y Nam June Paik. George Brecht fue un artista y compositor de Fluxus, y entre sus composiciones podemos citar *Música goteante 1962*, obra en la que se vierte agua muy despacio desde una regadera situada sobre una escalera de mano y que se recoge en un cubo que hay debajo. Brecht describió su arte como un medio de «asegurarnos de que los detalles de la vida cotidiana, esas constelaciones azarosas de objetos que nos rodean, dejen de pasarnos desapercibidos».[15] Esta postura es más minimalista que silenciosa, pero nos brinda una nueva oportunidad para elaborar nuestra propia interpretación silenciosa.

Yoko Ono y John Lennon incluyeron dos piezas silenciosas, *Baby's Heartbeat* y *Two Minutes of Silence*, en un álbum que hicieron en honor a su hijo, que todavía no había nacido.[16]

El compositor americano Tom Johnson dijo que el silencio a menudo es la única respuesta a la tristeza infinita; es un defensor ferviente del movimiento musical de la escasez minimalista/silenciosa. En 2000 usó el órgano de la Iglesia Americana de París, ciudad donde ahora reside, para componer una pieza titulada *Órgano y silencio*. Johnson afirma que el silencio resuena en los grandes espacios, y que la mitad, o las tres cuartas partes, de esta pieza musical son silenciosas. Cuanto más escasa es la música, más espacio se concede a los oyentes para interpretarla a su manera (y eso es algo que exige una gran labor mental).[17] El compositor de música experimental Michael Pisaro escribió que «la música traza la frontera que existe entre el sonido y el silencio».[18] Los límites se redefinen, y las obstrucciones se colocan para ser demolidas; medimos la distancia a partir de sus límites y, luego, la expandimos empujando esos límites al máximo.

El músico de jazz Miles Davis fue conocido con el sobrenombre del Príncipe del Silencio y era famoso por los dramáticos silencios que hacía en sus actuaciones, por los espacios que dejaba entre nota y nota. En 1969 grabó un álbum de estudio titulado *In a Silent Way* («En silencio»). Miles lo grabó en una única sesión, y, aunque el álbum fue acogido con cierta desconfianza tras su edición, posteriormente llegaría a convertirse en una de las obras más insignes e influyentes del autor.

El origen o la procedencia del silencio es importante. El silencio que se origina en paz es beneficioso, pero el que surge de la rabia puede resultar muy dañino.

El escritor y biólogo inglés Rupert Sheldrake enfatiza la importancia que tiene cantar y dice que él va a la iglesia casi todos los domingos a cantar himnos y salmos. Su esposa, Jill Purce, que enseña canto coral, destaca que solo somos capaces de cantar en el momento presente y que, escuchando el sonido que emitimos, creamos «un circuito de atención». Todas las tradiciones cuentan con sus propios sonidos sagrados que se repiten hasta conducirnos al silencio. «El regalo del sonido es el silencio»,[19] afirma Sheldrake. La prohibición del canto coral que impuso la pandemia del coronavirus tuvo unas consecuencias devastadoras para todos aquellos que cantaban con el fin de mejorar su salud mental. Cantar vía Zoom no era lo mismo.

Cuando el pianista William Howard da clases de piano, anima a sus estudiantes a escuchar el silencio que se percibe entre las notas (quizá no como en Siberia, donde la gente que escucha el piano tiende a hacerlo «en un silencio sospechoso»). Esta expresión está sacada de *Los últimos pianos de Siberia*, un libro fascinante escrito por Sophy Roberts en el que la autora narra cómo cruzó Siberia en busca de pianos perdidos y de la gente que los tocaba. Ahora bien, escuchar estos silencios es primordial para hacer una buena interpretación, y es vital que los intérpretes sean muy conscientes del silencio para saber transmitirlo al público. Howard les dice a sus alumnos que el silencio tiene tanta importancia como las notas, y la disciplina que eso requiere les parece asombrosa. Sin embargo, mientras la mano izquierda toca el silencio entre nota y nota, la derecha puede ejercer el control sobre este silencio. Los silencios minúsculos son claves para la articulación, que es el parámetro que determina cómo sonará una nota. La música es capaz de penetrar de una manera muy profunda en nuestro ser y puede abarcar más de lo que abarca el lenguaje, pero el volumen de la música también es relevante.[20] Como explicó en una ocasión Thomas Merton, «la música es agradable no solo por el sonido, sino también por el silencio que contiene: sin una alternancia de sonido y silencio, no habría ritmo».[21]

Una de mis obras favoritas de piano es la *Sonata para piano núm. 21* de Franz Schubert. Cuando la escucho, me tranquilizo, y, tocada de una manera tan poética como la toca Artur Schnabel, encuentro las pausas silenciosas de una desgarradora intensidad. La música, tocada así, me hace comprender el significado del silencio en la música.

El silencio sobrenatural

Si hay silencio en la música, ¿cómo sonaría el ultramundo, ese lugar al que vamos tras la muerte terrenal? Cuando lleguemos, si es que llegamos, a ese otro mundo, ¿cómo nos lo imaginamos?, ¿silencioso? El periodista, y también escritor, Paul Johnson aventuró que no había razón para creer que este lugar no fuera ruidoso, pero que si efectivamente creíamos que había sonido, era de esperar que fuera positivo. Una tradición que recoge el Talmud dice que, en el quinto cielo, los ángeles rezan de noche y de día guardan silencio para que las oraciones de Israel puedan ser escuchadas. Los ángeles de las esferas superiores llenan el octavo reino de los cielos con sus cánticos silenciosos (¿pero pueden ser los cánticos silenciosos?). Los ángeles superiores habitaron el octavo reino para ser la fuerza combativa que contrarrestara a los demonios.[22] Los Cánticos del Sacrificio Sabático, un grupo de trece cánticos litúrgicos que se hallaron fragmentados entre los rollos del mar Muerto y en los que todo indica que hablaban del silencio, se conocen bajo el nombre de Liturgia Angélica. En ellos, «el sonido del alegre regocijo enmudece».[23] Cuando una habitación se queda en silencio, a los veinte minutos de haber marcado la hora en punto la tradición dice que ha pasado un ángel. Con unos términos más científicos diríamos que ese lapso silencioso quizá estuviera programado en los seres humanos para darles tiempo a nuestros antepasados cazadores y recolectores de oír si se acercaba algún peligro. En la actualidad se considera más bien un producto del inconsciente colectivo de Carl Jung.

El filósofo griego Pitágoras consideró que, dado que los objetos en movimiento vibraban y producían sonido, los planetas, que son grandes cuerpos en movimiento, también debían de producir algún sonido, y por eso acuñó el término de «música de las esferas». En la actualidad sabemos que todo lo que hay en el espacio emite ondas sonoras, y que es posible oír algún que otro eco de los acontecimientos que tuvieron lugar casi en los mismísimos comienzos del universo. Un día quizá incluso seamos capaces de oír el *big bang*. ¿Sabían eso nuestros antepasados cuando se referían a la música de las esferas? Unos cien años aproximadamente después de Pitágoras, Platón sostuvo que, en lugar de permanecer en silencio, el universo entero estaba cohesionado mediante concordancias musicales.

En el libro 7 de *El paraíso perdido* de John Milton, cuando Rafael habla de la creación del mundo, se dice que el silencio y la paz profunda están conectados. Y el tema es recurrente: el silencio comporta paz.

> «¡Ondas tumultuosas, silencio! ¡Y tú, abismo, paz, cesad en vuestras discordias! –dijo entonces el Verbo Creador, potente». Y todo se calló.[24]

Cuando Dante describió el cielo, lo asoció a la música,[25] y muchos compositores así lo reconocieron también, como Franz Liszt en su *Sinfonía Dante*, una sinfonía coral basada en el viaje de Dante a través del infierno.

El mundo empieza con el silencio, pero cuando Milton se plantea describir el cielo, en una línea muy similar a Dante, lo asocia siempre a la música; incluso dice que los ángeles aprenden a cantar antes que a volar. La búsqueda de la música celestial, que se inició con Pitágoras, siguió su andadura hasta llegar al astrónomo, astrólogo y matemático alemán Johannes Kepler, que publicó su obra *Harmonices Mundi* en 1619, reflejo del esfuerzo que había dedicado a descubrir la música celestial. Kepler explicaba la armonía del mundo mediante las armonías del movimiento planetario y, en una escala más pequeña y manejable, explicó la armonía de la conexión que existe entre la matemática y la cuerda de un laúd.

En la autobiografía *A Silent Melody*, Shirley du Boulay cuenta que vio la serie televisiva de Jacob Bronowski que la BBC produjo en 1973, *The Ascent of Man* («El ascenso del hombre»). En esta miniserie se recreaba la música de las esferas al inicio del programa generando «un sonido curioso, susurrante, misterioso y complejo». Du Boulay pensó que así era como debía de sonar la música de las esferas si pudiéramos oírla y saber cómo suena: «Es el OM que el tiempo y la historia van emitiendo a lo largo del camino, el OM que pronuncia el espacio cuando penetra en el tiempo».[26]

En 1997, la Exploración Británica del Antártico le pidió al compositor Peter Maxwell Davies que se embarcara en un viaje a la Antártida, viaje que daría como fruto su octava sinfonía, la *Sinfonía Antártida*, estrenada en 2001. Durante su estancia en la Antártida, Davies iba anotando en un diario todo lo que oía: «Desconcertante, en el infinito silencio, es oír el hielo quebrarse y partirse ante la proa del buque, y luego el rugido, a lo largo de la quilla en dirección a popa, como un tumultuoso retumbo de bloques y esquirlas».[27]

La radio

En 1946, en *La filosofía perenne*, Aldous Huxley escribió que el siglo XX es la era del ruido: «El ruido físico, el ruido mental y el ruido del deseo... El más popular e influyente de entre los inventos más recientes, la radio, no es nada más que un conducto a través del cual una caja prefabricada de estridentes resonancias fluye hacia el interior de nuestros hogares».[28] Huxley elaboró la idea diciendo que estaba claro que la caja penetraba en nuestra mente llenándola de «una algarabía de distracciones». Tenía la sensación de que las palabras vanas se interponían en el camino de la filosofía perenne, esa percepción de que todas las religiones del mundo comparten una única verdad metafísica a partir de la cual se desarrolla el conocimiento espiritual, un conocimiento que puede nutrirse y conservarse gracias al silencio. El filósofo suizo Max Picard, fallecido en 1965, despreciaba la radio porque decía que era «una máquina de generación de ruidos verborreicos. El contenido ya no importa; generar ruido es la principal preocupación».[29] Picard sentía que el ruido persistía, aun cuando la radio ya estuviera apagada, y que «esos aparatos sin cable son como unas pistolas automáticas disparando sin tregua contra el silencio».[30] Creía que no existía nada que hubiera cambiado tanto la naturaleza de la humanidad como la pérdida del silencio, algo que siempre habíamos dado por supuesto y era tan connatural a nosotros como la respiración misma: «Encontraremos más ayuda y sanación en el silencio que en todas esas otras cosas que nos parecen tan útiles [...]. El silencio devuelve la completitud a las cosas».[31]

Sin embargo, la radio no tiene por qué ser «una caja prefabricada de resonancias»; siempre podemos apagarla, porque hay un botón para eso (aunque a la gente se le olvide). Hay programas que incluso defienden por activa el silencio. En 2017, para celebrar el septuagésimo aniversario de Radio 3, la BBC emitió un programa titulado *Sacred River* («Río sagrado»), que consistía en poner música todo el día evitando toda clase de interrupciones verbales e intercalando pausas entre las piezas. Ya sé que en esta era digital es posible acceder en línea y leer el título de la música que ponen, pero en realidad no sentías la necesidad de hacerlo. La música era en directo, y la decisión sobre la duración de las pausas era cosa del momento. Como escribió Kate Chisholm en *The Spectator*: «En esas pausas era donde aparecía la magia; el impacto de un silencio cuidadosamente seleccionado».[32] En otro apartado de estas series radiofónicas lentas de Radio 3, se emitió un programa dividido en cinco partes, titulado *Meditaciones desde un monasterio*, un salto muy imaginativo por parte de la radio, porque gran parte de los trece minutos que duraba el programa transcurrían en silencio. Los monasterios benedictinos de las abadías de Downside, Belmont y Pluscarden fueron los protagonistas del programa, y en ellos se oía poca cosa: los trinos de los pájaros, los cantos llanos y alguna que otra palabra pronunciada por los monjes de vez en cuando. Kate Chisholm escribió en *The Spectator* que este programa era «absolutamente purificador; una buena manera de desintoxicar el ambiente».[33] Chisholm sentía como si el tiempo transcurriera con más lentitud y el tiempo y el espacio se fueran extendiendo ante ella.

El silencio no planeado en la radio puede llegar a ser muy intenso. Tras la toma de la escuela de Beslan, en 2004,[34] el reportero John Humphrys entrevistó al que fuera entonces arzobispo de Canterbury, Rowan Williams, en Radio 4 de la BBC. Williams pidió que le concedieran unos momentos antes de empezar a hablar y guardó silencio durante unos diez segundos (que en la radio son una eternidad) solo para terminar percatándose de que no existía respuesta alguna que fuera capaz de justificar tanto horror. Su silencio fue la respuesta.[35] Este diálogo demuestra, a mi parecer, que el silencio es mucho más que la ausencia de algo y que puede ser positivo. No me sorprende que Humprhys entienda lo que es el silencio (detesta el ruido exterior y ni siquiera come en restaurantes si hay música de fondo). Rowan Williams dijo en una ocasión: «Creo que estos momentos de silencio son muy importantes no solo para la humanidad en general, sino también para la comunidad cristiana en particular».[36]

La percusionista de talla internacional Evelyn Glennie, que está completamente sorda, afirmó: «Es falso que el silencio exista». Glennie está tan en sintonía con las vibraciones de sus instrumentos que puede tocar perfectamente en una orquesta, y, para describir cómo se siente, dice que «nota que su cuerpo es como un oído enorme» que no deja de pulsar, respirar y resonar con los sonidos.[37] Todos podríamos aprender algo de Glennie. Si nos entrenáramos para ser capaces de oír mejor lo que nuestro cuerpo nos está diciendo, tendríamos la oportunidad de descubrir la conexión que mantenemos con algo que es mayor y más grande que nosotros mismos.

EL LADO OSCURO DEL SILENCIO

11. La guerra

El ruido fue una eterna constante durante la Primera Guerra Mundial, con esos disparos como sempiterno ruido de fondo. Refiriéndose a la batalla del Somme, el soldado raso Fred Ball comentó que el ruido era como «un muro de estrepitosos sonidos situado frente a nosotros»,[1] y el poeta Robert Graves dijo en una entrevista que el ruido no se detiene jamás. Y no deja de ser irónico, porque eso contrasta con la manera en que hoy en día experimentamos lo que sucedió durante la Primera Guerra Mundial (a través del cine mudo). Algunos cineastas añadieron música como ambientación, pero las películas más intensas siguen siendo las mudas.

El ruido de la batalla y el silencio fatídico

Los siguientes versos del poeta y soldado inglés Wildred Owen, «Himno a la juventud condenada», ponen su énfasis en el estruendo de la guerra:

¿Qué campanas doblarán para los que mueren como el ganado
muere?
Solo la monstruosa ira de las armas.
Solo la rápida recitación de los tartamudos fusiles
puede farfullar sus apresuradas oraciones.

No más chanzas para ellos, ni rezos, ni campanas;
ni una condolida voz, salvo los coros,
los estridentes y demenciados coros de los quejumbrosos
proyectiles;
y toques de corneta, a ellos dedicados desde tristes condados.[2]

Algunos versos de *In Parenthesis* («En paréntesis»), de David Jones, también son muy ilustrativos de este ruido persistente. Jones escribió: «En torbellino, estriando el aire, arribó: resplandeciente, herrado en latón, pandórico; con un griterío que todo lo llenaba, el interminable crescendo se quebró. El mundo universal, el aliento contenido, medio segundo, la apaleada quietud».[3] Incluso tras haber abandonado las trincheras, no había escapatoria posible del ruido. Siegfried Sassoon, poeta y soldado inglés, sabía que, una vez que uno había pisado las ruidosas trincheras, el ruido persistía, aun cuando estuvieras en un lugar supuestamente «silencioso y tranquilo». Expresó este ruido persistente o imaginario en su poema «Represión de la experiencia de guerra», escrito en 1917, mientras estaba ingresado en el Hospital de Craiglockhart, en Escocia, por heridas de proyectil. En ese hospital fue consciente de que nunca más volvería a ser capaz de sacarse el ruido de la artillería de la cabeza, y que ese ruido persistiría hasta hacerle perder la cordura.[4]

Las trincheras eran tan ruidosas que, cuando alguien intentaba hablar, no lograba hacerse oír. No podían oír las voces de ánimo de sus compañeros ni hablar entre ellos; se acallaron las voces, y algunos soldados se quedaron sordos por la ininterrumpida cortina de ruido. El ruido debió de ser especialmente negativo para los soldados heridos, porque Florence Nightingale nunca dejó de insistir en que los enfermos y los heridos necesitaban silencio para poder curarse.[5]

Sin embargo, los silencios en las trincheras también eran siniestros, y saber descodificar el ruido y el silencio fue una habilidad vital en tiempos de guerra. Es espantoso imaginar que sea preferible un ruido sostenido e implacable que el amenazante silencio que a veces lo sucedía, pero el caso es que «el silencio resultaba tenso, más terrible de lo que cupiera imaginar»,[6] escribió B. Neyland, que fue zapador en el Real Cuerpo de Ingenieros y sirvió en Francia, cerca de Arras, desde enero de 1917 hasta junio de ese mismo año antes de ser enviado a casa por invalidez. En otra ocasión escribió: «Son las diez y media de la noche. Un silencio fantasmal en el éter, traspasado tan solo por los chisporroteos atmosféricos de mis oídos. A medida que iba transcurriendo el tiempo, la extraña quietud se fue volviendo abominable».[7] Neyland sabía que estaba echado junto a un soldado muerto, y el recuerdo de haber estado tan cerca del cadáver de un militar galardonado con el

Tyneside Scottish fue el que permaneció más vivo en su memoria en contraste con «el milagroso amanecer del día siguiente».[8]

En *Enrique V*, de Shakespeare, el ruido de los dos ejércitos combatientes cae en un silencio tan profundo que los soldados creen oír unos susurros provenientes del campamento contrario. En ese silencio, cualquier cosa podría suceder.

> Imaginad ahora ese momento
> en que los murmullos avanzan
> y la oscuridad se expande
> por la gran nave del universo.[9]

El silencio de las trincheras era positivo y negativo, pero para muchos soldados representaba un gran alivio. En el poema «Ese centro de oro», Ivor Gurney estaba «agradecido por el silencio» tras el «ruido sordo, el manotazo, el eructo de la guerra» y los «martillazos y clamores infernales».[10] Había un silencio final pero también una seguridad, aparejados con la muerte, aunque, como Siegfried Sassoon escribió en «El lecho de muerte», el imparable ruido de la guerra continúa.[11] Incluso después del «silencio y la seguridad» de la muerte, el ruido de las armas puede reaparecer en cualquier momento.

Frank Gardner valoraba mucho el silencio después de que unos terroristas le dispararan seis veces en Arabia Saudí en 2004. Sus atacantes lo abandonaron dándolo por muerto, pero el corresponsal de la BBC, que logró salvarse, pudo describir cómo se había sentido: «Y yo, agujereado y sangrando en el suelo, de repente oí el sonido más dulce de este mundo: el ruido de mis atacantes al encender el motor y alejarse. Me habían dado por muerto. Se hizo un silencio total. Ni el alarido de las sirenas, ni los gritos de los niños, ni el repiqueteo de unos pasos al acercarse».[12]

En su poema «Congelación», escrito en septiembre de 1918, unas semanas antes de caer abatido, Wilfred Owen escribió acerca del helado invierno de 1916-1917. El frío del invierno hacía llorar a los hombres, algo que ni siquiera se les habría ocurrido bajo el fuego de los proyectiles. Una taza de té hirviendo, pasada de un extremo al otro de una trinchera de poco más de un kilómetro, llegaba, tras su corto viaje, con pedacitos de hielo en su interior.

> Duele el cerebro, en el despiadado y helado viento oriental
>   que nos acuchilla [...].
> Agotados, nos mantenemos despiertos porque la noche es
>   silenciosa [...].
> Las bengalas en caída rasante confunden nuestro recuerdo del
>   frente [...].
> Preocupados por el silencio, los centinelas susurran, curiosos,
>   nerviosos,
> pero nada sucede.[13]

Los soldados tienen que estar despiertos porque la noche es silenciosa y podría suceder lo imprevisible. El temor en esta espera silenciosa es palpable. Los soldados de las trincheras tenían la orden de no moverse hasta haber recibido instrucciones telefónicas; sin embargo, las líneas de comunicación solían ser saboteadas, y los hombres aguardaban en vano unas órdenes que quizá no llegarían jamás.

Hay un silencio implícito al final del poema «El extraño encuentro» de Wilfred Owen:

> Soy el enemigo que mataste, amigo. Te reconocí en esta
> oscuridad: así fruncías ayer el ceño
> mientras me pinchabas y matabas.
> Te esquivé, pero mis manos te rechazaron, frías.
> Y ahora, durmamos...[14]

La censura, que es otra clase de silencio distinta, suele prevalecer en tiempos de guerra. Durante la Primera Guerra Mundial, la negatividad fue acallada desde las tropas aliadas. Con el ánimo de no causar más preocupaciones de las debidas con las cartas que enviaban a casa, los soldados no contaban lo que en realidad estaba sucediendo. Sin embargo, como escribió Paul Fussell: «Si en alguna ocasión decían la verdad, sus comentarios eran eliminados por los oficiales del regimiento, que censuraban todo el correo que salía del campamento».[15] ¡Quién sabe cuánta literatura y poesía terminó sucumbiendo a manos de los censores!

Abandonadas las trincheras en el olvido, y ya en plena Segunda Guerra Mundial, en las salas del gabinete de guerra de

Whitehall colgaron unos letreros donde podía leerse: «Prohibido silbar». Winston Churchill luchaba como un fanático contra el ruido e hizo instalar en todos sus ministerios unas máquinas de escribir Remington, importadas de Estados Unidos, que habían sido adaptadas especialmente para que fueran silenciosas.

Las secuelas sigilosas

El final de la Primera Guerra Mundial, que fue el 11 de noviembre de 1918, es conocido con el nombre de El Gran Silencio. Seis meses después, Edward George Honey, un periodista australiano, escribió una carta al *London Evening News* en la que proponía que se hiciera un silencio respetuoso para conmemorar a los fallecidos. La propuesta llegó a oídos del Rey Jorge V, quien, el 7 de noviembre de 1919, dio a conocer su deseo de dedicar dos minutos de silencio a los caídos: «Debería detenerse cualquier medio de locomoción para que, en esa quietud perfecta, los pensamientos de todos se concentraran en el fervoroso recuerdo de los gloriosos caídos».

El día del armisticio, que en el Reino Unido se llama Domingo de Conmemoración a los Caídos (y se celebra el domingo más próximo al 11 de noviembre), los fallecidos en esa guerra, y en cualquier otra guerra posterior, son homenajeados dedicándoles dos minutos de silencio a las once de la mañana. En Estados Unidos se denomina Día de los Veteranos, y se celebra a las dos y once de la franja horaria de Nueva York. En Gran Bretaña, el Cenotafio de Londres centraliza todas las actividades. La familia real y los dirigentes políticos asisten a esta ceremonia, junto con los militares y los restantes cuerpos que sirven al país; y se depositan coronas y se celebran actos frente a los monumentos a los caídos por la paz en todo el Reino Unido. Este silencio demuestra, más que cualquier otra cosa, que existe un vínculo directo entre todos los caídos en tiempos de guerra, así como que este silencio es lo que genera este vínculo como ninguna otra cosa podría generar. La BBC, citando a Ralph Waldo Emerson, dijo que estos dos minutos de silencio «son el disolvente que destruye la personalidad y nos da licencia para ser grandes y universales».[16]

A pesar de que, desde tiempos inmemoriales, los seres humanos han recurrido al arte para representar la guerra, se temía que los horrores de las dos guerras mundiales terminaran silenciando buena parte de la creación. «No volverá a hacerse poesía después de Auschwitz»,[17] escribió Theodor Adorno. Y, refiriéndose a los horrores de la Primera Guerra Mundial, Franz Kafka escribió: «Ahora las sirenas poseen un arma más letal que su canto, y es su silencio. Y, aunque hay que admitir que nunca ha sucedido, sigue siendo concebible la posibilidad de que alguien haya podido escapar de su canto; pero de su silencio, de eso, jamás».[18] El mutismo se convirtió en un síntoma común a todos los que padecían neurosis de guerra, y fueron muchos soldados los que la padecieron. Isaac Rosenberg fue uno de los numerosos personajes que lucharon contra esta clase de silencio. En 1916, Rosenberg escribió al poeta inglés Laurence Binyon: «Estoy decidido a que esta guerra, con todo su poder de devastación, no se adueñe de mi poesía».[19] Pero sí influiría en muchos otros artistas. El poeta inglés Wilfred Owen a menudo recurría a las palabras «silenciado» o «enmudecido», y los poetas se preguntaban cuál sería la manera más adecuada de dar voz a «esos sin habla». ¿Cómo podrían honrar de la mejor manera con palabras la memoria de los compañeros caídos?

El crítico literario George Steiner, que era francoestadounidense, creyó que los inhumanos acontecimientos del siglo XX (los horrores de la Primera Guerra Mundial y del Holocausto nazi) excedían los límites del lenguaje. Afirmó que la falta de humanidad del siglo XX «le ha hecho mucho daño al lenguaje, y no hay nada que clame con mayor fuerza que un poema no escrito».[20] Citó un mensaje que recibió en una ocasión del gueto de Varsovia: «El mundo está en silencio, el mundo sabe (es inconcebible que no sepa) y, aun así, sigue en silencio. El vicario de Dios en el Vaticano sigue en silencio; hay silencio en Washington y en Londres: los judíos estadounidenses guardan silencio. El silencio es asombroso y terrorífico».[21] Steiner se preguntaba cómo era posible que unos alemanes cultivados que leían a Johann Wolfgang von Goethe y a Heinrich Heine pudieran usar ese mismo idioma para enviar a la gente a una muerte segura. ¿Qué le sucede a un idioma al que se le da tan mal uso? El miedo a que los espantosos sucesos de las guerras mundiales silenciaran la creación, o «hicieran daño al lenguaje», tal como Steiner predijo que pasaría, fue una idea que en realidad no cuajó. De hecho, las guerras mundiales generaron un gran volumen de obras literarias.[22]

Hay enclaves históricos de estas guerras que exigen silencio, lugares en los que hablar casi parece un insulto. Cuando Rowan Williams, en calidad de arzobispo de Canterbury, se reunió con el entonces Gran Rabino Jonathan Sacks en Auschwitz, ambos hablaron entre susurros haciendo gala de la modestia que exigía la ocasión. Williams dijo: «El sigilo pesa mucho en este lugar; [es un silencio] que se traga las palabras y las despoja de su significado».[23] Y, a continuación, Sacks dijo: «Caminando por ciertos lugares de Europa, oigo fantasmas... ¡toda una generación asesinada en un espacio tan breve de tiempo!».[24]

Los recuerdos de la guerra quedan vinculados a un lugar determinado y permanecen en él mucho después de que el suceso haya terminado. Lo que recuerdo más del Museo del Genocidio Tuol Sleng, que está en Phnom Penh, en Camboya (y es el enclave donde se hallaba el centro de interrogatorios, detenciones, torturas y exterminaciones de los Jemeres Rojos, donde se calcula que unas veinte mil personas fueron detenidas y solo sobrevivieron doce de ellas) son las fotografías que vi alineadas en las paredes de las distintas salas del museo. Y hablo de unas fotografías en blanco y negro del semblante de muchas de las víctimas que fueron encarceladas en este lugar. Sé que suena a cliché decir que uno siente clavadas esas miradas de resentimiento, pero eso es lo que sucede. Cuando vi esos millares de ojos clavados en mí, me quedé muda. En un viaje anterior, había ido a Hiroshima a ver el Museo Conmemorativo de la Paz. Entre el material expuesto, hay un reloj que se detuvo a la hora exacta en que lanzaron la bomba. Cincuenta años después de ese viaje, es ese reloj silenciado lo que recuerdo con mayor viveza.

Según el poeta Chris Agee, el espanto de la guerra, el Holocausto y la bomba constituyen «unas realidades literalmente impronunciables de la historia de este siglo XX».[25] Los horrores de la Primera Guerra Mundial, «un infierno de sonidos», cambiaron el sentido y el significado del silencio. Las batallas del Somme y de Passchendaele sin duda fueron mucho peores de lo que nadie acertara a describir, y también fueron la razón de que el entonces primer ministro David Lloyd dijera: «Esto es un espanto, y está más allá de la naturaleza humana el poder soportarlo, y yo ya no puedo más con este maldito asunto».[26]

Las guerras actuales, con sus silentes y solitarios francotiradores, a menudo entrañan más silencio y peligro que el ruido de las guerras anteriores. Pero las guerras modernas también pueden ser ruidosas, aunque lo son de una manera distinta. Suzanne Steele fue, desde 2008 hasta 2010, la artista oficial canadiense para la guerra asignada al primer batallón de la infantería ligera canadiense de la Princesa Patricia desplazado a Afganistán. La poesía y los blogs que Steele escribió desde ese país refieren una cacofonía constante, acompañada de un ruido sordo y unos retumbos implacables. Además, ahora se han inventado unas armas más estruendosas; el ejército israelí usa explosiones sónicas para «romper el apoyo que la población civil da a los grupos armados palestinos responsables de cometer atentados suicidas».[27] Los militares estadounidenses también están experimentando con unos artefactos que generan ruido; estas balas sónicas son unos estrechos haces de ruido que sobrepasan el umbral de dolor de los seres humanos y son capaces de llegar a incapacitarlos por completo.[28]

Janine di Giovanni ha dedicado muchos años de su vida al ejercicio del periodismo cubriendo distintas zonas de guerra y dejó escrito que, ahora que ya es mayor, la quietud y el silencio se han vuelto muy importantes para ella. Desde los veinte años, hasta bien alcanzada la cuarentena, Di Giovanni vivió rodeada de bombas, de explosiones y del griterío de la soldadesca, y todo eso le provocó la pérdida auditiva que es tan característica de los militares. Después de mudarse a Nueva York en 2017, en calidad de miembro del Consejo de Relaciones Exteriores, me escribió una carta en la que me contaba lo muy cambiadas que había notado las maneras de la población desde la última vez que estuvo viviendo en Estados Unidos. Un día le pidió a una mujer que hablaba a gritos por teléfono mientras viajaban en un tren con destino a Washington DC si no le importaría seguir su conversación fuera del vagón, y la mujer «se puso como una energúmena». «¿Tú estás loca, o qué? –le espetó–. ¿Qué mosca te ha picado?». Para contrarrestar esta clase de incidentes, y los ruidos de Nueva York, como los camiones de la basura faenando y las fiestas de los vecinos, Di Giovanni solía escaparse los fines de semana para encontrar refugio en la casa que su madre tenía en el campo, en Nueva Jersey: «Allí camino por la playa y me adentro en la espesura del bosque. Veo unos ciervos enormes, alarmados, y en mis paseos por la playa, espacios vacíos. Necesito todo esto para poder pensar. Sin estas cosas, me volvería loca. Eso, sí lo sé». Sin embargo, Di Giovanni también es consciente de lo terrorífico que puede llegar a ser el silencio, y siempre valora la idea de tener a alguien cerca: «El otro día subía por las escaleras del edificio de mi casa, que está en un cuarto piso, y desde el apartamento de mi vecino oí que sonaba *El violinista en el tejado*. A mi hijo y a mí nos encanta esta banda sonora, y me puse a cantar siguiendo la canción. A veces, el silencio puede resultar espantoso, por eso agradezco tanto el sonido de algo cálido, acogedor y vivo».[29]

12. La cárcel y el confinamiento en solitario

El silencio se ha usado a menudo como una forma de castigo. Confinar a las personas en solitario ha sido, y sigue siendo, una forma muy cruel de maltrato, aunque, en el siglo XVIII, el silencio y la soledad que soportaban los que estaban encarcelados se consideraran beneficiosos. En el siglo XVIII, fue John Howard (en cuyo nombre se inspiró la Liga Howard para la Reforma Penal) quien recomendó el silencio y la soledad por resultar beneficiosos para los prisioneros: «El silencio y la soledad propician la reflexión, y eso quizá podría llevarlos al arrepentimiento».[1] Howard viajó mucho y visitó centenares de cárceles para investigar el modo en que los demás países gestionaban la delincuencia. Le sorprendió mucho el Hospicio de San Miguel, un reformatorio para jóvenes situado en el barrio del Trastevere, en Roma, fundado por el papa Clemente XI en 1703. En medio de la casa había un cartel donde podía leerse la palabra «Silencio». Fue el silencio lo que más impresionó a John Howard; ese silencio se entremezclaba con las oraciones y la misa y les servía a los guardias para facilitarles la vigilancia. La ociosidad se consideraba directamente responsable de las fechorías que habían cometido los jóvenes. Al menos en ese lugar todos aprendían un oficio, como el de encuadernador, diseñador, herrero, carpintero, sastre, zapatero, hilador, tejedor o barbero. Pero, durante el día, los chicos estaban encadenados a sus mesas de trabajo, y, así como en uno de los extremos de la sala había un altar, en el otro, en un contraste inquietante, había un estrado para castigos donde dispensaban latigazos. Jonas Hanway, un reformador social evangelista, filántropo y contrario a la ingesta de infusiones de té, declaró que el plan que había concebido para las prisiones era el de procurar «soledad en el encarcelamiento». Creía que, al estar solo en una celda, el prisionero reflexionaría sobre su pasado y se vería obligado a iniciarse en la contemplación, y, como resultado, sería conducido a Dios. En 1842, cincuenta años después de su muerte, se inauguró Pentonville, en Londres, la cárcel modélica donde se aplicarían las ideas de Hanway. Los prisioneros vieron substituidos sus nombres por unos números de identificación y tenían que llevar unas máscaras en la capilla y en el aula que les impidieran conversar.

En el siglo XIX experimentaron bastante en las cárceles con el silencio. En 1882, en la Penitenciaría Estatal del Este, situada en Fairmount, en Filadelfia, se impuso el enfoque de uno de los padres fundadores, Benjamin Rush. La idea era que debía encarcelarse a los ladrones, los falsificadores, los bandidos y los asesinos en aislamiento y en silencio. Cada prisionero debía permanecer solo en su celda mientras durara su condena; y, a veces, el castigo incluso era peor, porque a uno podían encerrarlo en una celda oscura o en una mazmorra durante un tiempo. Esta situación comportaba un sufrimiento terrible y resultaba especialmente dura de soportar para esas personas que probablemente ya eran frágiles de por sí. Como afirmó el neurólogo Oliver Sacks: «El cerebro no solo necesita información perceptual, sino también un cambio perceptual».[2] Charles Dickens visitó la Penitenciaría del Estado del Este una vez que estaba de viaje por Estados Unidos y escribió lo siguiente acerca de ella: «El sistema aquí defiende un confinamiento rígido, estricto y desesperanzadoramente solitario. Creo que, en lo que comporta, es cruel y está mal».[3] Dickens observó que las caras de los convictos mostraban «una intensidad de sufrimiento tan terrible que nadie, salvo los que lo padecían, era capaz de imaginar; y ningún hombre tiene derecho a infligir este sufrimiento en el prójimo».[4] Dickens visitó asimismo muchas cárceles en el Reino Unido y escribió sobre ellas, tanto en ensayos como en novelas de ficción. En *David Copperfield*, una apenas disimulada cárcel de Pentonville es la prisión que visita el héroe de la novela;[5] y Amy Dorrit, de *La pequeña Dorrit*, nace y crece en la cárcel para deudores de Marshalsea, en la que el mismo padre de Dickens estuvo encarcelado.[6] En el siglo XIX, en la Cárcel Estatal de Auburn, ubicada en el estado de Nueva York, también hicieron experimentos con el silencio. Cuando los reclusos trabajaban, debían hacerlo en un silencio absoluto, comer en la sala comedor que era común a todos ellos, también en silencio, y, por la noche, ocupar unas celdas individuales en clara similitud al reformatorio de Roma que había visitado John Howard.

El confinamiento en solitario

Un silencio obligatorio de muy distinto cariz es el impuesto a los que viven confinados en solitario. Muchos prisioneros condenados a este régimen se vuelven locos; los que lo llevan mejor son los que tienen estudios superiores, que a menudo suelen ser presos políticos con un sentido de propósito. Lo que parece ser de una vital importancia para la gente que vive en esta situación es poder mantener una cierta capacidad de decisión, por muy pequeña que sea, sobre sus propias cosas. Podría ser, por ejemplo, tomar la decisión de ingerir su propia magra ración alimenticia en un momento concreto del día en lugar de hacerlo cuando reparten la comida, o bien decidir caminar un determinado número de pasos por la celda cada día.

Eugenia Ginzburg estuvo encarcelada en 1937 durante la Gran Purga de Stalin y pasó mucho tiempo recluida en solitario confinamiento. Durante la mayor parte de su presidio estuvo en Yaroslavl, al este de Moscú, un lugar en el que las noches le resultaban especialmente difíciles. Encontraba el silencio opresor, y, aunque logró restablecer el vínculo mente y cuerpo, lo hizo de una manera negativa: «El silencio se espesaba, hasta volverse tangible y asfixiante. La depresión se apoderó no solo de mi mente, sino también de todo mi cuerpo [...]. Habría dado lo que fuera por oír ni que fuera un solo sonido».[7]

Durante la Guerra Civil española, el periodista Arthur Koestler fue enviado a España como corresponsal de guerra por el *News Chronicle* y, en febrero de 1937, fue arrestado en Málaga por las tropas de Francisco Franco. Sus compañeros de profesión habían huido, pero él, por lealtad, valor, obsesión o ambición, decidió quedarse. Fue trasladado a Sevilla, donde estuvo confinado en solitario durante noventa y cuatro días. Tras su arresto, hubo un llamamiento internacional, además de diversas intervenciones por parte del Parlamento británico, la Liga de Naciones, la Cruz Roja y el Vaticano, y se logró concertar un intercambio de prisioneros. Koestler escribiría, en *Diálogo con la muerte: un testamento español*, que en la cárcel se había sentido libre y capaz de enfrentarse a la realidad última: «No le tuve miedo a la muerte, solo al acto de morir; y hubo momentos incluso en que llegué a superar este miedo. En estos momentos éramos libres; unos hombres sin sombras, desprovistos del rango de mortales. Fue la experiencia más completa de libertad que se le pueda conceder a un hombre».[8] Tres años después de este episodio, Koestler publicó *Darkness at Noon* («La oscuridad a mediodía»), una novela que trata de un hombre confinado, interrogado y ejecutado en una cárcel comunista.[9]

Cristopher Burney fue capturado durante la Segunda Guerra Mundial mientras trabajaba para el Servicio Aéreo Especial. Estuvo confinado en solitario durante quince meses en

Fresnes, en Francia, antes de ser trasladado al campo de concentración de Buchenwald. Por mucha hambre que sintiera, Burney se guardaba su ración de pan y se la comía a la hora que a él le convenía, en lugar de consumirla de inmediato, y eso le daba una cierta capacidad de control. En su libro, *Solitary Confinement*, confiesa que, cuando su vecino de celda intentó establecer contacto con él mediante unos golpecitos, se había habituado tanto al silencio y a sus propios pensamientos que rechazó su invitación porque el solo pensamiento de iniciar una conversación le resultaba farragoso. Se había dado cuenta de que esos meses de soledad habían sido para él un ejercicio de libertad: «Me sentí libre de despojarme de esas gafas que llevan los cortos de vista y escrutar el horizonte de la existencia [...] y creí vislumbrar algo en todo aquello. Pero solo fue un destello fugaz, una lejana y tenue comprensión de lo que yace tras la diversidad y la actividad de la vida».[10]

A pesar de que Burney se resistiera a establecer contacto dando golpecitos, muchos prisioneros rusos y soviéticos usaron esta técnica como una manera de comunicarse con sus vecinos. En las memorias *Rusia en las tinieblas: autobiografía de una nihilista*, Vera Figner, una activista política y revolucionaria rusa que pasó mucho tiempo recluida en solitario confinamiento, describió lo que era el «alfabeto de las prisioneras». Concebido como una cuadrícula con rayas horizontales, se usaba para pasar mensajes golpeteando en la pared para que el sonido se oyera en las celdas adyacentes. Había tanto golpeteo entre celda y celda que a los guardias les costaba lo suyo ahogar ese ruido constante.[11]

Cuando la húngara Edith Bone trabajaba de corresponsal autónoma en Budapest, en 1949, fue acusada de espiar para el Gobierno británico y detenida por la Autoridad para la Protección del Estado. La mantuvieron confinada en solitario durante siete años sin juicio previo, y sin siquiera darle un número de identificación como prisionera. Tras su liberación, Bone escribió *Seven Years Solitary* («Siete años incomunicada»): «Por suerte para mí, no soy muy sensible al ruido. Donde yo vivía, el metro pasaba atronando casi a cada minuto, y si hay alguien que pueda soportar eso, es porque es inmune al ruido».[12] Parece ser que, a Bone, el ruido excesivo, o la ausencia de toda clase de ruidos, no le importaba especialmente. Para gestionar su aislamiento, elucubró muchas estrategias que comprendían recrear mentalmente los argumentos de los libros que había leído, imaginar problemas de geometría, practicar los idiomas que sabía y componer poesías con unas letras que había modelado con un pan basto y negro que le daban para comer. De todo ello surgieron varios proyectos orientados a unos objetivos en concreto, y eso le dio el control que tanto necesitaba para sobrevivir.

En 1967, durante la Revolución Cultural, el periodista británico Anthony Grey llegó a Pekín como corresponsal de la agencia Reuters en una época en que había muchas manifestaciones antibritánicas. Al cabo de unos meses de su llegada, la Guardia Roja irrumpió en su casa y le leyó los cargos de los que se le acusaba. Le embadurnaron toda la casa con pintura negra, incluido su cepillo de dientes, y su querido gato fue asesinado. Lo sometieron a un arresto domiciliario, acusado del cargo de espionaje, e inicialmente lo confinaron a una pequeña habitación que había al fondo de la casa. Antes de ser encarcelado, le dieron permiso para que eligiera tres libros de su dormitorio y se los llevara a la habitación de confinamiento. Uno de los libros que eligió era de yoga, práctica que realizó de una manera compulsiva. Dado que el yoga involucra mente y cuerpo, Grey sintió que eso era lo que lo mantenía cuerdo. Creía que además su ángel de la guardia lo había guiado de camino a Pekín para que comprara ese libro en Hong Kong, y que también había sido su ángel de la guardia quien le había asegurado que el libro estuviera en su dormitorio en el momento en que fue arrestado. Grey solía deprimirse mucho, pero poco a poco fue adaptándose al horror. A pesar de sus pingües raciones alimenticias, la comida y la bebida fueron perdiendo importancia para él, aunque la primera vez que le dieron permiso para comer una manzana, se quedó en éxtasis. Es obvio que las prioridades cambian cuando llevas una existencia tan limitada. Grey pasaba mucho tiempo observando a las hormigas, ocupación que le permitía no tener que pensar demasiado en sí mismo. Un día mató a una y, lleno de remordimientos, pensó que este comportamiento sádico era comparable al de sus captores chinos. Transcurridos tres meses de arresto domiciliario, fue trasladado a una habitación un poco más grande de la misma casa, y, tras conseguir que le dieran un bolígrafo, empezó a escribir un diario, casi todo en taquigrafía. Estuvo bajo arresto domiciliario un total de 806 días. Durante ese tiempo le permitieron recibir alguna que otra visita, muy pocas, y solo tuvo dos visitas consulares de veinte minutos cada una. Tras su liberación, Grey dijo que no había sentido alegría ni entusiasmo, sino tan solo una gran sensación de alivio, pero que era consciente de que se había convertido en un obseso de sí mismo. Después de todo eso, cuando sus amigos le preguntaban cómo había podido soportar aquella situación, Grey decía que, cada cual, a su manera, es capaz de lograrlo. En su libro *Hostage in Peking* («Rehén en Pekín»), no se refiere demasiado al silencio que soportó, ni dice si lo valoró o lo aborreció. Sin embargo, sí dijo que, cuando lo liberaron, uno de sus mayores placeres fue el de ser capaz de hablar con toda libertad.[13] Durante su confinamiento, nunca fue acusado de ningún cargo; y una de las peores cosas debió de ser, como debe de sucederles a muchos de los cautivos, que, mientras estuvo bajo arresto domiciliario, nunca supo cuánto tiempo lo retendrían.

En 1968, en el culmen de la Revolución Cultural, Gladys Yang, una traductora británica de literatura china y la primera persona de Oxford en licenciarse en esta disciplina, desapareció en extrañas circunstancias con su esposo Yang Xianyi. La pareja fue liberada en 1972, después de que ella hubiera pasado cuatro años en solitario confinamiento. En la primera carta que Gladys escribió a su casa tras su liberación dijo que, hasta que uno no ha sido confinado, es imposible que sepa valorar debidamente este mundo.[14]

En 1985, el ejecutivo británico Roger Cooper fue encarcelado durante cinco años en la famosa Prisión Evin de Teherán tras ser sometido a una farsa de juicio. El libro que escribió cuando lo liberaron, *Death Plus Ten Years* («La muerte y diez años más»), habla de la sentencia por la que fue condenado. Mientras estuvo en la cárcel, inventó juegos de matemáticas, imaginó partidas de *bridge* y concibió anagramas. Dado que hablaba muy bien el persa, pudo relacionarse con sus guardias. En la cárcel, Cooper fue de los que preferían estar solos en lugar de alternar con los compañeros. Tras su liberación, y una vez pasada la euforia inicial, sufrió un síndrome postraumático y le costó mucho volver a interactuar con la gente.[15] Mientras estuvo en la cárcel, sus amigos, entre los que yo me cuento, formaron el colectivo de los Amigos de Roger Cooper, iniciativa de la que luego él comentaría que le había aportado un gran consuelo, aunque probablemente no contribuyera para nada a su liberación. En esa época, yo ya tenía la librería y recuerdo que escogí unos libros para enviárselos. Algunos le llegaron, pero la mayoría se quedó por el camino.

En 1987, Terry Waite estaba negociando la liberación de cuatro rehenes en Líbano cuando fue capturado. Estuvo prisionero hasta 1991 y, gran parte de ese tiempo, lo pasó confinado en aislamiento. Mientras estaba encarcelado, se dio cuenta de la importancia que tenía crearse una rutina, algo que le proporcionara una especie de control. Una vez liberado, empezó a sentirse cada vez más atraído por el silencio de los cuáqueros y a repelerle cada vez más la verbosidad de la mayoría de los oficios de la iglesia. En 2008 se unió a la Sociedad Religiosa de los Amigos.[16]

El «pantera negra» Albert Woodfox pasó cuarenta y cuatro años en una celda aislada de seis metros cuadrados en la célebre Penitenciaría Estatal de Luisiana, apodada Angola, por un crimen que no había cometido. Finalmente le conmutó la pena el Tribunal de Apelaciones de Estados Unidos, en 2014, y terminó siendo liberado en febrero de 2016. Es de destacar que cuando Woodfox se refería a su encarcelamiento decía que «en mente, corazón, alma y espíritu, yo siempre me he sentido libre». Su experiencia se encuentra relatada en el libro que escribió y que lleva por título *Celda de aislamiento: más de cuarenta años de resistencia en prisión; mi historia de transformación y esperanza*.[17] Posteriormente dijo que había «prosperado» y que «no cambiaría ni una sola coma de todo aquello», porque no sería el hombre en el que se había convertido si no hubiera sido por el tiempo que pasó en prisión.

Todos tuvimos que aprender, y de eso no hace tanto, lo que significa tener que vivir «en cuarentena». Hubo momentos en que este aislamiento obligatorio no me resultó nada fácil de soportar, pero sí descubrí que una buena manera de gestionarlo era tener una rutina. Huelga decir que la mayoría somos unos seres inmensamente privilegiados, porque tenemos acceso a internet y a todos los libros que queramos, y que eso apenas puede compararse a lo que representa estar confinado en aislamiento. De todos modos, también aparece algún que otro destello de reconocimiento.

El Gulag

No se permite que exista una oposición en los estados en los que gobierna un único partido, y los medios de comunicación, o cualquiera que ose estar en desacuerdo con las autoridades, se ven silenciados. Trasladada a gran escala, esta manera de silenciar a los demás puede conducir a un genocidio. En «Mystical Experience of Loss of Freedom» («Una experiencia mística sobre la pérdida de la libertad»), un artículo que fue publicado hace más de treinta años por *Network Newsletter* (la revista de la Red Científica y Médica), un prisionero político anónimo escribió que muchos de los encarcelados en la Unión Soviética dicen que el arresto, el encarcelamiento y los campos (sin duda, la pérdida de la libertad) llegaron a convertirse en la experiencia más intensa de sus vidas. A pesar del sufrimiento psíquico y físico de estas personas, muchas de ellas vivieron momentos muy felices y sintieron una conexión con el universo como jamás habían sentido.[18] Alexander Solzhenitsyn dijo en repetidas ocasiones que solo el espíritu puede salvarnos, y solo el espíritu es capaz de conservar el cuerpo.[19] En los campos de trabajo del Gulag, lo más importante era conservar el alma. Cuando se le daba prioridad al alma por encima de las necesidades físicas, el cuerpo físico sobrevivía; en cambio, ante la pérdida de lo espiritual, el cuerpo físico se desintegraba. El prisionero político anónimo que ya hemos mencionado anteriormente decía que los que dan prioridad a su yo físico pierden su fuerza interior y exterior. Pero si un individuo elige salvar su alma, la elección entre salvar cuerpo y alma estará de más, porque el cuerpo seguirá al alma, y tanto cuerpo como alma serán preservados. El cuerpo físico era capaz de sobrevivir escuchando la voz interior, el poder místico o Dios; y a cada individuo le competía acceder a esta fuerza, una fuerza que podría conducirlo a la libertad.[20] Y eso parece indicar que en el alma de cada individuo hay una fuerza psíquica inexplicable que es inseparable del mundo físico. Al ser mucho más fuerte que todo lo externo, esta fuerza tiene la capacidad de combatir cualquier forma de presión externa, y es capaz de procurarnos una sensación de libertad. Dado que no existe ninguna prueba objetiva, hemos de tener fe y pensar en ello como en una posibilidad.

En el Gulag, todos los sentimientos, negativos y positivos, se vivían con más intensidad, pero, a pesar de tanto sufrimiento, había muy pocos suicidios. Quizá eso pueda atribuirse a esa sensación positiva que tenían algunos prisioneros, la de sentirse libres y al unísono con el universo. «Hay una fuerza salvaje en el espíritu que, de repente, toma las riendas», afirmó Dimitri Panin, autor de *The Notebooks of Sologdin* («Los cuadernos de Sologdin»), que pasó trece años recluido entre rejas y en campos de trabajos forzados.[21] Panin llegó a decir que el universo entero está vinculado, de manera misteriosa, a la profundidad del alma. En unas circunstancias muy distintas, eran los mismos sentimientos que el contralmirante Richard E. Byrd experimentó en la Antártida. Cada persona tiene la libertad de decidir si va a seguir su propia voz interior, y, si la sigue, la terrible experiencia del sufrimiento y el aislamiento de la cárcel puede aportarle una gran sensación de libertad interior. Los pensamientos y la oración silenciosa pueden dar resultados tangibles. Solzhenitsyn afirma: «Solo tendrás poder sobre los demás siempre y cuando no se lo arrebates todo. Si se lo robas todo a un hombre, este dejará de estar en tu poder y volverá a ser libre».[22]

Panin escribió que el mundo es como un mantel blanco con manchas negras, en lugar de ser un mantel negro con manchas blancas. No existe ni un sistema totalitario que tenga la oportunidad de vencer ante esta fe y esta convicción internas. La Rusia soviética se dio cuenta de ello cuando vio que la religión, por muy perseguida y prohibida que fuera, seguía existiendo. Panin sigue elaborando el tema: «El que se libera de todas las trampas externas y decide que, a partir de entonces, obedecerá a su voz interior (que es el otro nombre que recibe la fe) y luego descubre con asombro que esta fuerza, aunque misteriosa, es real y está obrando no solo en su interior, sino también en el mundo externo, se da cuenta de que no es el amo de esta fuerza y no puede usarla como desearía. Al contrario, empieza a comprender que todo lo que tiene en la vida, la vida en sí misma, depende enteramente de este misterioso poder interior, que, en un lenguaje religioso, llamaríamos Dios».[23]

Solzhenitsyn se hizo eco de sus palabras cuando dijo: «Por encima de todo, no te aferres a la vida... No poseas nada, libérate de todo, incluso de las personas más cercanas a ti, porque ellas también son tus enemigos».[24] En *Archipiélago Gulag*,

Solzhenitsyn cuenta la historia de un astrofísico aislado en un confinamiento solitario cuyo método para gestionar su situación fue deliberar sobre unas leyes y unos problemas astrofísicos muy concretos. Sin embargo, llegó un momento en que ya no fue capaz de avanzar más en sus pesquisas, porque no contaba con la información necesaria para terminar de resolver aquel dilema que le estaba causando tantos quebraderos de cabeza. El científico se puso entonces a rezar y, por error, vio aterrizar en su celda un libro de astrofísica que le había traído el guardia. Este libro contenía todo el material que necesitaba, y el hombre consiguió aprenderse todos los datos antes de que se percataran del error y se lo sustrajeran.[25]

A pesar de que Solzhenitsyn y muchos otros prisioneros del Gulag entendieron que, alimentando el alma, el cuerpo sobreviviría, también es cierto que hubo momentos durísimos. Y, como es de suponer, no todos descubrieron la libertad en su aislamiento. Muchos sufrieron lo indecible a causa de este silencio tan opresivo.

Las personas que terminan siendo liberadas de un confinamiento tienen muchas dificultades para adaptarse tras su liberación. También es difícil saber cómo reaccionarán los que esperan que liberen al cautivo. Un día me encontraba yo en la librería, y hablo del año 1987, cuando una persona de aspecto familiar entró en mi tienda. Digo que me resultaba familiar, aunque en realidad llevaba varios meses sin verla. Se trataba de Charlie Glass, que había conseguido huir de su cautiverio en Beirut tras haber sido retenido en calidad de rehén durante sesenta y dos días. Recuerdo que me abalancé sobre él y le di el más caluroso de los abrazos. Sobraban las palabras. No es que conociera mucho a Charlie, y tampoco teníamos por costumbre abrazarnos, pero ese saludo silencioso fue de lo más apropiado.

Otros silencios punitivos

El encarcelamiento no es la única forma de imponer el silencio a la fuerza. A lo largo de la historia han existido varias formas de castigo creadas específicamente para silenciar a los delincuentes. Está claro que imponer el silencio es un castigo terrible que un individuo puede aplicar a otro a modo de escarmiento social, así como también pueden hacerlo los que ejercen la autoridad como forma de castigo.

Cuando era pequeña, en la década de 1950, todos daban por sentado que no debíamos interrumpir a los adultos mientras estos hablaban. Yo era una niña tímida, y además tampoco tenía demasiado que decir; por eso, para mí, guardar silencio me salía de una manera natural. De todos modos, sí recuerdo que me decían algo así como «los niños están bien, pero calladitos, mejor». Hay un antiguo proverbio inglés del siglo XV, que está dedicado en especial a las niñas y a las jóvenes, por el que se aconseja que las muchachas estén calladas. La primera constancia que se tiene de este proverbio se encuentra recogida en una selección de homilías escrita por el clérigo agustiniano John Mirk, titulada *Mirk's Festial* («Las celebraciones de Mirk»), *circa* 1450: «Hete aquí un viejo dicho inglés: la doncella, tan solo verla, que ni oírla falta».[26] Incluso la reina Isabel I, una mujer extremadamente culta y muy alejada del prototipo de mujer silenciosa, tuvo que litigar con la ignominia de tener que guardar silencio por el hecho de ser mujer. Thomas Wilson, diplomático y juez de profesión, fue su ministro de Asuntos Exteriores, y por eso resulta tan raro que la reina le permitiera escribir las siguientes palabras acerca de las mujeres en *The Arte of Rhetorique* («El arte de la retórica»): «¿Qué es lo que convierte a una mujer en la mejor de las mujeres? Lo primero, el silencio. ¿Lo segundo? El silencio. ¿Lo tercero? El silencio. ¿Lo cuarto? El silencio. Sí, a todo hombre que me pregunte, hasta el Día del Juicio Final, yo seguiré gritándole silencio y silencio».[27]

Una forma de maltrato especialmente atroz, reservada casi en exclusiva a las mujeres, era la mordaza de la chismosa, instrumento conocido también con el nombre de «mordaza de la bruja». El primer registro de su existencia aparece en Escocia, en 1567, y en él se dice que era un bozal o una jaula que se sujetaba en la cabeza. Era de hierro, tenía un candado detrás y un punzón prominente que quedaba metido dentro de la boca cuando se cerraba con llave. El marido podía exigirle a su esposa que se lo pusiera si esta le daba la lata o refunfuñaba. Para redondear la humillación, la infractora solía verse obligada a desfilar por toda la ciudad. La mujer que se lo ponía no podía hablar, porque cualquier movimiento que hiciera con la boca podía perforarle la lengua. Al margen de su efecto silenciador y aislante, otro de los efectos secundarios era que generaba una excesiva salivación.

Es probable que muchos de nosotros hayamos experimentado el ostracismo social, al menos hasta cierto punto, en nuestra infancia. En Inglaterra tenemos una frase para denominar este fenómeno. Decimos: «relegado a Coventry». Esta forma de ostracismo puede ser muy dolorosa; es como si ya no existieras, porque nadie te habla ni acusa tu presencia. La razón de que en esta frase se hable de Coventry no está muy clara, pero probablemente tenga algo que ver con la Guerra Civil, cuando Oliver Cromwell envió a Coventry unas tropas cautivas que se encontraron con el rechazo de plano de toda la población.

Hay padres que usan el silencio como un arma para castigar a sus hijos, y, mirado desde el punto de vista de los más pequeños, el dolor que se siente puede ser similar al de haberse cortado con un cuchillo. Los niños no suelen entender la razón que se oculta tras el silencio, y el hecho de que el silencio sea un arma de castigo ya implica de por sí que no van a recibir ninguna explicación. Cuando se usa el silencio como castigo, el córtex cingulado anterior, esa parte del cerebro que se encuentra próxima a la zona delantera, se activa de la misma manera que se activaría por un dolor físico, y eso significa que relegar a una persona al silencio puede ser considerado maltrato emocional.[28] Son pocos los que se dan cuenta de que esta zona del cerebro que se activa y es capaz de reconocer el dolor físico, como el de un brazo fracturado, es la misma parte que reacciona frente al dolor emocional. Por eso, cuando oyes que alguien siente ansiedad porque le han roto el corazón, el dolor de esa persona es tan real como cualquier otro dolor físico. Cuando se castiga a alguien con el silencio, en realidad se le está haciendo mucho daño. Del mismo modo, cuando las parejas se ignoran, las consecuencias pueden resultar extremadamente dañinas y dolorosas para la relación y pueden convertirse en un patrón muy peligroso que luego será muy difícil de romper.

La reciente falta de plataformas para personas con ideas que podrían considerarse perturbadoras (que es como los británicos denominamos esta forma de activismo que ha aparecido en los campus universitarios y que no permite a los que tienen ideas discordantes salir a escena) es una forma más de censura. La libertad significa tener la capacidad de oír ideas repugnantes y ser capaz de mostrarse en desacuerdo; el silencio, en este caso, es el enemigo que hay que combatir. Recuerdo que un día vi a Nick Griffin, del Partido Nacional Británico de extrema derecha (BNP), por televisión, en el programa de debates *Question Time*; el consenso general fue el de que perdió estrepitosamente. Dicen que, si se le da la palabra a esta gente, lo que estamos haciendo es legitimar su punto de vista, pero es que fue mucho mejor verlo exponerse de esta manera, permitir que quedara en ridículo delante de todos con sus opiniones ultraderechistas, que no haberle concedido una plataforma desde la que poder expresarse. En febrero de 2005,

Griffin fue invitado a dar una conferencia en la Universidad de San Andrés por el presidente de la agrupación de debates estudiantiles, que, con gran acierto, a mi entender, dijo: «Creemos firmemente que la única manera de llegar al fondo de lo que el BNP está diciendo, y de combatirlos, es hacerlo en público, mediante un debate». Sin embargo, el debate fue cancelado. Griffin también fue invitado al Foro de Cambridge, pero el evento se canceló igualmente. Chris Paley, el presidente del Foro de Cambridge, dijo que se habían marcado «un gol en portería propia» en lo que se refería al valor que tiene la libertad de expresión, aunque el político del Partido Liberal Demócrata, Lembit Öpik, dijo que él creía firmemente que en una democracia la gente tiene derecho a tomar sus propias decisiones. En octubre de 2017, David Thomas escribió una carta a *The Spectator* en la que decía que silenciar a los oradores en las universidades era «una señal espantosa de nuestro miedo a las ideas». Thomas asistió a la universidad, en la década de 1970, no solo para estudiar y tener más experiencia de la vida, sino también para conocer a personas con ideas diametralmente opuestas a las suyas y debatirlas: «Mi educación fue redonda [...]. Nunca sentí la necesidad de que me protegieran de las ideas y las palabras de los demás; el enemigo de la libertad no es el fascismo ni el comunismo; el enemigo es el silencio».[29] Los alumnos que en la actualidad están estudiando en la universidad y no son partidarios de la libertad de expresión quizá piensen que lo tienen todo bajo control, pero, cuando terminen sus estudios, y quizá descubran que son ellos los controlados, es posible que ya no estén a tiempo de quejarse: podrían verse silenciados por tener opinión propia.

En estos últimos tiempos se está imponiendo una tendencia entre la policía de prohibir las manifestaciones públicas como un medio de silenciar a los manifestantes; y las minorías son silenciadas en función de sus perfiles raciales. La perspectiva es preocupante.

En la actualidad, las cárceles tienden a ser muy ruidosas, pero hay algunos prisioneros que anhelan el silencio. En la Penitenciaría Massachusetts, en Shirley (que es una prisión estatal de mediana seguridad ubicada en Shirley, en Massachusetts), uno de los prisioneros descubrió *Nuevas semillas de contemplación*,[30] de Thomas Merton, bajo un colchón. Lo encontró tan útil que contribuyó a formar la cuadragésimo primera sucursal de la Sociedad Internacional Thomas Merton,[31] en Shirley, y además consiguió que les fuera donada una gran biblioteca de libros de Merton, gracias a todo lo cual los prisioneros podían reunirse periódicamente para hablar de los libros de este autor.

No cabe duda de que descubrir por sorpresa el libro adecuado en el momento adecuado es fascinante: Anthony Grey consiguió en Pekín hacerse con su libro de yoga; un prisionero de Shirley, en Massachusetts, descubrió *Nuevas semillas de contemplación* de Thomas Merton bajo un colchón, y el astrofísico que estuvo preso en Siberia, cómo llegaba a sus manos un libro de astrofísica en el momento en que más lo necesitaba.

Muchos prisioneros, incluidos Arthur Koestler y Anthony Grey, que ya citamos anteriormente, en un momento dado tienen la sensación de que existe una especie de orden superior de la realidad con el que pueden conectar a través de la soledad y el silencio: una sensación de «libertad interior», y la capacidad de enfrentarse a las realidades últimas de la vida.[32] Hay quien prefiere estar solo en lugar de tener que compartir celda. Se ha dicho que el confinamiento en solitario es como una flor de loto que brotara del fango, y que la nueva conciencia que se adquiere puede hacernos disfrutar más intensamente de la existencia. Sin embargo, tras haber vivido un tiempo en aislamiento y haber recuperado una existencia normal y corriente, la autenticidad de esta experiencia empieza a palidecer con gran rapidez.

DE AQUÍ EN ADELANTE

13. La escucha consciente

En este libro hemos ido examinando el silencio a través de las experiencias personales de algunos personajes (entre los que yo me incluyo) y de la relación que guardan con los entornos naturales, las estructuras existentes y las tradiciones espirituales y religiosas. Su fascinación intemporal queda muy bien representada en la literatura, las artes visuales y la música (¡por muy irónico que parezca!). Y también hemos explorado las vertientes sombrías del silencio (en tiempos de guerra y como forma de castigo). Tras este minucioso recorrido que hemos emprendido juntos, ¿cómo enfocarías el silencio en el futuro? Lo principal es ser consciente de la presencia del ruido y del silencio, además de seguir aprendiendo y creciendo desde la curiosidad y no desde el miedo.

Aprender desde la cultura

«Las charlas son charlas; el silencio es sabiduría», reza un dicho de los algonquines. Podemos aprender mucho de otras culturas sobre los beneficios del silencio, y es obvio que existe un elemento cultural en la decisión de hablar o de no hablar. Hay indígenas, y gente de otras culturas, que entienden el silencio mejor que la mayoría. Según Washakie, un jefe de los shoshones del siglo XIX: «El indio encuentra las palabras difíciles de pronunciar, porque tiene lleno el corazón. El hombre blanco habla con la lengua, pero el indio lo hace con el corazón, y el corazón no tiene lengua».[1]

Los británicos tienden a intentar llenar los silencios incómodos, a menudo con charlas incoherentes, como si les costara quedarse en silencio. En *Guía del autoestopista galáctico*,[2] Ford Prefect no logra entender por qué los humanos tienen que suplir los silencios con necedades del estilo «¡Qué día tan bonito!». Karen Armstrong, una escritora especializada en religión comparada, fue consciente de este fenómeno mientras realizaba una serie de televisión de seis episodios sobre san Pablo.[3] El primer día de rodaje en Jerusalén, mientras ella intentaba evitar uno de estos silencios incómodos, Joel, el director, le espetó con voz gruñona: «¡Si tienes algo que decir, dilo! Si no, ¡*sheket*!».[4] Y después de eso, solía decirle: «Oye... ¡a ver si te enteras de que no estás en Inglaterra!». En ese mismo viaje, unos días después, la llevaron a Jericó a contemplar la salida del sol en el desierto. En la radio sonaba el concierto para violín de Mendelssohn, por lo que no era que reinara el silencio precisamente, pero Armstrong se dio perfecta cuenta de que, por suerte, ningún comentario amable iba a interrumpir la emoción del momento.

No es fácil romper con las normas de la cultura en la que uno ha nacido. Lo que en una sociedad se considera de buena educación, en otra puede ser una grosería; y el silencio es un buen ejemplo de ello. Por ejemplo, en Finlandia parece que enfocan el silencio de una manera distinta a otros lugares. Horatio Clare viajó al Ártico en un buque rompehielos finlandés y, hablando con la tripulación, aprendió a deconstruir «los distintos grados» del silencio finlandés hasta llegar a la conclusión de que las reservas de silencio finlandesas «sobrepasan incluso a las de la versión británica [...]. Hay silencios relajados, amigables, sorprendidos, satisfechos, infelices, cargados y pensativos; incluso hay silencios poéticos». Un día Clare se unió a un miembro de la tripulación para compartir con él un silencio pensativo, pero se dio cuenta de que no lo estaba haciendo bien. «Estoy devorando su silencio; y lo notamos los dos. No, peor aún, estoy escuchando su silencio. ¡Eso es! ¿Cómo puedes esperar compartir el silencio con alguien cuando uno de los dos está espiando al otro? ¡Rápido, debo ponerme a escuchar mi propio silencio!».[5] La reflexión es interesante, y supongo que podría explicar la razón de que ciertos silencios resulten incómodos; espiar el silencio del otro se considera una invasión de la privacidad ajena. El libro de Horatio Clare, *Icebreaker: A Voyage Far North* («El rompehielos: una travesía hacia los confines del norte»), contiene descripciones muy bellas: «En el brillo de las negras aguas, el hielo flota cual esquirlas fragmentadas. El único movimiento exterior es el de tres cornejas grises que, en retaguardia, se dirigen a una isla surcando una inmensa quietud. Aquí, el silencio se ve».[6] Me han salido al paso muy pocas descripciones de este silencio visual, pero todo esto me recuerda la experiencia que viví mientras flotaba entre icebergs en la Antártida.

Para experimentar con el silencio, e intentar comprenderlo, el explorador noruego Erling Kagge quiso pasar cincuenta días en la Antártida en la más completa soledad. En su reciente libro *Silence: In the Age of Noise* («Silencio: en la era del ruido»), en el que se incluye el viaje que hizo en solitario a la Antártida, Kagge admitió que, durante su travesía, le quitó las baterías al teléfono que la compañía de aviación insistió en que llevara consigo. Kagge cree que la mente debe ser entrenada para oír el silencio y que debería estar al alcance de todos poder descubrir el silencio en nuestro interior. Kagge plantea tres preguntas: ¿Qué es el silencio? ¿Dónde está? ¿Por qué ahora es más importante que nunca? Para proteger nuestra salud mental, creo que deberíamos empezar a pensar seriamente en lo que podemos perder ignorando que el silencio es necesario. Mirando al pasado, podemos decir que el silencio siempre ha sido importante, pero nunca tanto como ahora, que vivimos en un mundo gobernado con creciente frenesí por los ruidos. En la actualidad vivimos permanentemente conectados a los demás a través de las redes sociales; y eso jamás había ocurrido antes. Por supuesto que uno es libre de apagar sus dispositivos, y esa es una elección que está al alcance de todos. Pero cuesta. Es difícil darle valor al silencio porque, como todos sabemos, el silencio es gratuito; y tendemos a pensar en el valor de las cosas en términos monetarios. No es preciso ir a ningún lugar especial para encontrar silencio; incluso puedes estar en silencio en un entorno ruidoso. Pero una vez que has logrado descubrir tu silencio interior, permanecerá allí para siempre, por muy difícil que te resulte acordarte de él en medio del alboroto. Kagge nos recuerda que «tengamos presente que el silencio que experimentamos es distinto del que viven los demás. Cada cual tiene el suyo propio».[7]

Las personas tienen distintas maneras de llegar a este lugar de silencio. El psicoterapeuta Nicholas Pearson se dio cuenta de que, para conseguir alcanzar un lugar donde hubiera paz, tenía que iniciar una búsqueda en la que no buscara nada: «La búsqueda del silencio sin duda es el tema más fascinante que existe, y, a mi entender, en esta era tan sobresaturada, decididamente materialista y unilateral, esta búsqueda es una de las más importantes».[8] Pearson dice que tardó mucho en entender el auténtico valor del silencio, a pesar de los largos años que había dedicado a su búsqueda. Lo intentó con la meditación, pero descubrió que todas las formas de meditar se enzarzaban en la búsqueda de algo en concreto. Sin embargo, Pearson terminaría por cambiar su búsqueda: «Al principio empecé a ver que aquello que yo buscaba en realidad no era nada; y digo nada, literalmente». La mayoría tendemos a buscar lo que creemos que necesitamos, cuando, en realidad, lo que buscamos suele hallarse frente a nosotros. Pearson descubrió que ese «no buscar nada» desde fuentes tan diversas como puedan ser el maestro Eckhart, el taoísmo y el sufismo lo llevó a cambiar de perspectiva y a penetrar en el silencio de «la simple conciencia» propia. A través de la obra *Vivir sin cabeza: una experiencia zen*, de Douglas Harding,[9] Pearson descubrió un lugar ubicado detrás de su cabeza que no era ni un lugar ni era nada; y ahí fue donde halló el silencio y la paz. Y cita a Carl Jung cuando este dijo que «los trucos que usamos durante la primera parte de nuestra vida no parecen funcionarnos tan bien en la segunda». A medida que maduramos, cada vez va siendo más importante para nosotros encontrar un lugar seguro donde poder estar. Y, tras haberlo encontrado, sabemos que siempre estará allí, aunque a veces nos cueste recordarlo, y también sabemos que este lugar (que para Pearson se localizaba detrás de su cabeza) es un lugar de «un profundo silencio creativo». La quietud sobreviene cuando no estamos buscando NADA: «Es como si el mundo creado a partir de nuestra experiencia diaria surgiera de este lugar de la Nada... que Dios, o la Conciencia, o la Conciencia Pura que buscamos, no fuera en su sentido más profundo, y para nuestras limitadas facultades humanas, NADA EN CONCRETO». Fuera de este lugar, la plenitud absoluta de la creación puede darse en todas sus manifestaciones... «y, sin embargo, lo más real de todo... es sencillamente lo que no es NADA EN CONCRETO».[10] Es simple, sí, pero no es fácil.

Muchas culturas recurren a las drogas como un acicate para lograr un despertar espiritual, y es bien sabido que muchos occidentales han experimentado con la ingesta de peyote y de ayahuasca, entre otras substancias. En 1953, Aldoux Huxley tomó mescalina, un alcaloide psicodélico que proviene del cáctus peyote, por primera vez en su vida y, posteriormente, escribiría sus experiencias en *Las puertas de la percepción*.[11] Cuando Stephen Batchelor ingirió esta misma substancia, escribió que lo único que en esos momentos importaba era la «indisoluble intensidad del momento, la aguda lucidez de los sentidos, el silencio extático».[12] Batchelor se quedó tan ensimismado en su propio silencio que, cuando lo apremiaron para que se mostrara más participativo, se negó. Y esa actitud fue lo que animaría a uno de los participantes de esa experiencia a escribirle un tiempo después para decirle que no se había dado cuenta de «lo hermoso que es el silencio».[13]

El código de silencio del sur de Italia, la *omertà*, es el que usan la Mafia y otras organizaciones criminales para asegurarse de que sus militantes guarden silencio mientras son interrogados por autoridades y extraños. La *omertà* también se asegura de que, si alguien ha sido testigo de un crimen (o víctima de un crimen), no pueda informar a las autoridades competentes. Este silencio impuesto se considera una forma extrema de lealtad por la que nadie traicionaría ni siquiera a su mayor enemigo mortal. Romper la *omertà* suele estar penado con la muerte. En 1963, el mafioso italoamericano Joe Valachi fue el primero en romper este código de silencio cuando, desde la cárcel, prestó testimonio ante un comité del Senado de Estados Unidos para hablar de la existencia de la Mafia, de su estructura, sus operaciones, sus rituales y su filiación.

Los problemas de audición

Debemos recordar siempre que tanto el silencio como el sonido se viven de distinta manera en función del individuo. La escritora Bella Bathurst empezó a perder audición a los veintiocho años. Fue un proceso gradual contra el que se resistía sin querer admitir ante sus amigos lo que le estaba sucediendo. En su libro *Sound* describe este proceso y nos desvela una ocasión especialmente tensa en la que estaba trabajando con la tripulación de un velero y era incapaz de oír bien las órdenes que le daban; se había mostrado reacia a contarlo, a pesar de que sabía que podía poner en peligro a todos los que viajaban en esa nave. Terminó por volverse sorda, porque perdió un 80% de audición. Al cabo de doce años, un día oyó hablar de un cirujano francés que le pareció que podría hacerle recuperar el oído practicándole una delicada operación en el oído interno. Bathurst se operó, recuperó prácticamente toda su capacidad auditiva y volvió a descubrir las maravillas del sonido. Escribió que era capaz de estar más atenta; y se dio cuenta de que, así como la vista te da el mundo, el oído te da específicamente acceso a los demás. Durante la presentación de *Sound,* en la Fundación Wellcome, celebrada en 2017, le pregunté si el silencio tenía una cualidad distinta para los que están sordos. Y me contestó que sí, que así era; y que el silencio, para ella, como persona sorda, se había convertido en algo asfixiante, en un doble acristalamiento o un muro sólido que estuviera interponiéndose entre ella y el mundo. Cuando ya estaba casi recuperada de la intervención, fue a un concierto de la Orquesta Filarmónica de Berlín dirigida por sir Simon Rattle y se quedó tan sobrecogida por la belleza de la música (creo que era de Beethoven) que terminó el libro diciendo: «Creo que casi mereció la pena pasar por todo aquello por el hecho de poder vivir esa experiencia única. Casi».[14]

La incidencia de las depresiones es cuatro veces mayor entre los que padecen una pérdida auditiva que entre la población en general. De todos modos, se puede establecer una distinción entre todos los que nacen sordos. (Unas sesenta mil personas en el Reino Unido, y unos dos o tres bebés de cada mil en Estados Unidos, nacen con una pérdida auditiva). Los que nacen sordos tienen su propia comunidad y su propia cultura y, a menudo, usan la lengua de signos; y también lo hacen los que se vuelven sordos en etapas posteriores de su vida y no comparten esta cultura heredada desde el nacimiento. Había muchos sordos en la presentación del libro de Bathurst en 2017, y eso resultaba obvio visto el modo en que se hablaban por signos varias personas situadas en polos opuestos del auditorio. Hay algunas escuelas que enseñan la lengua de signos a sus alumnos. En la escuela de primaria de mi sobrina nieta, en Manchester, toda la clase está aprendiendo a utilizar la lengua de signos porque uno de los niños es sordo.

Las lenguas de signos no son universales, y tampoco son inteligibles entre sí, aunque todas guarden unas similitudes asombrosas. Los sordos han estado usando lenguas de signos a lo largo de toda la historia. En el *Crátilo*, de Platón, Sócrates dice: «Si no tuviéramos ni voz ni lengua y quisiéramos comunicarnos con los demás, ¿no intentaríamos hacer signos con las manos, la cabeza y el resto del cuerpo, tal como vemos que hacen los tontos?».[15]

Hay una teoría que dice que las personas con síndrome de cautiverio, un trastorno neurológico muy poco frecuente por el que se paralizan por completo todos los músculos, salvo los que controlan el movimiento de los ojos, y en el que la función cognitiva en general no se ve afectada, son felices; cuanto más tiempo están «en cautiverio», más felices se sienten. Parece ser que el cerebro, a modo de protesta, no procesa las emociones negativas. Me gustaría creerlo, francamente, pero ¡me cuesta tanto...! El periodista francés Jean-Dominique Bauby tuvo una apoplejía masiva y padeció el síndrome de cautiverio. Su libro, *La escafandra y la mariposa: un sobrecogedor testimonio sobre los límites de la naturaleza humana*, escrito minuciosamente guiñando el ojo izquierdo, recrea su vida en el hospital: «Alejado de todo estruendo, cuando el bendito silencio retorna, puedo escuchar las mariposas que revolotean en mi cabeza. Para oírlas, hay que estar tranquilo y prestar mucha atención, porque el batir de sus alas apenas es audible».[16] El libro se publicó y tuvo una muy buena acogida, pero Bauby falleció dos días después de que saliera al mercado. Este obligado silencio debió de ser sumamente molesto para el periodista, pero las personas de su entorno sabían que conservaba las facultades de hablar y escribir. Resulta muchísimo peor para quienes parece que no tienen la capacidad de poder comunicarse con palabras. Eso fue lo que le sucedió a Jonathan Bryan, un niño que nació con parálisis cerebral, entre otras diversas enfermedades que ponían en riesgo su vida. Desde su más tierna edad, su madre le leía muchos cuentos; y a pesar de que el niño era incapaz de comunicarse verbalmente, ella tenía la sensación de que lo entendía todo. Sus capacidades ocultas fueron reconocidas gracias a la dedicación y a la fuerza de espíritu de sus padres, sus cuidadores y una profesora llamada Sarah. Inventaron un método que le permitió al chico deletrear las palabras con los ojos. El resultado final fue un libro asombroso llamado *Eyes Can Write* («Escribir con los ojos»), en el que la madre de Jonathan, Chantal, escribe la vida de su hijo desde su perspectiva propia (aunque el grueso del libro esté escrito por Jonathan y trate de sus sentimientos, de su creencia en Dios y del supuesto jardín al que acude durante las numerosas estancias que pasa en el hospital debido a sus múltiples enfermedades). Jonathan considera una tortura tener que regresar de ese jardín en el que se siente libre y puede mover todos sus miembros a voluntad para tener que volver a vivir dentro de un cuerpo sumamente discapacitado. Sin embargo, una de las razones por las que se retracta de eso es por el fervor que siente ante la idea de que otras personas en su situación puedan tener la oportunidad que tuvo él de aprender a leer y escribir.[17] Con esta idea en mente, Jonathan fundó una asociación de beneficencia llamada Teach Us Too, que promueve un sistema educativo por el que todos los niños puedan ser alfabetizados independientemente de cómo se los defina (www.teachustoo.org.uk). La etiqueta adjudicada a Jonathan fue la de PMLD (una discapacidad grave y múltiple del aprendizaje). Con esta etiqueta colgada, las clases que recibía en una escuela de educación especial eran siempre las mismas, año tras año, y nunca pasaban de enseñarle lo más básico. Cuando Jonathan cumplió siete años, lo iban a buscar a su escuela de educación especial cada día para que aprendiera durante una hora con su madre y sus cuidadores. También empezó a asistir a la escuela de primaria de su barrio, donde cumplió todas las expectativas y consiguió, además, que sus compañeros de clase lo ayudaran a utilizar el dispositivo que usaba para escribir. Estoy segura de que la experiencia resultó tan beneficiosa para ellos como para Jonathan. Imaginemos cuántas personas, entre adultos y niños, no habrán tenido que llevar colgada la etiqueta de un PMLD y se habrán visto obligadas a vivir una vida condenada al silencio. Y aquí no hablamos de ese silencio que cualquiera agradecería. Por supuesto, uno de los principales problemas que impiden que se preste la ayuda necesaria en estos casos es la financiación, pero también es importante que seamos conscientes de que las etiquetas que se les cuelgan a estas personas a menudo confunden y deberían estar bajo sospecha.

La misofonía es una enfermedad por la que algunos sonidos pueden resultar profundamente perturbadores para quien los padece. Los que la sufren experimentan varios cambios en su actividad cerebral solo por el hecho de oír un determinado sonido, como el crujido de un papel al arrugarse o el de las palomitas que come la gente en el cine. La hipersensibilidad al ruido puede hacer de la vida moderna algo casi insoportable. Los restaurantes ruidosos, por ejemplo, pueden conseguir que se le salten las lágrimas a quien padece misofonía; y no solo por el volumen, sino porque determinados sonidos o frecuencias pueden desencadenar una reacción adversa que es capaz incluso de provocar dolores físicos y dolores de cabeza. Una amiga mía describió este trastorno que sufría en carne propia: «Parece ser que, de pequeña, me ponía a gritar cuando alguien arrugaba papel de estraza; pero ahora, lo que más me afecta es cuando abren una bolsa de patatas fritas (que están hechas de una lámina de plástico metalizado), o cuando desenvuelven un caramelo con toda la parsimonia del mundo: ese sonido tan áspero se me mete en la cabeza y me provoca una dentera...».

El Sindicato de Músicos dice que los daños auditivos son un problema enorme para los músicos de orquesta y que los intérpretes tienen muchos problemas de audición. Chris Goldscheider, que es violista, demandó al Teatro Real de la Ópera por haberle destrozado el oído. En 2012, durante los ensayos de *La valquiria*, de Wagner, tenía los instrumentos de metal y viento colocados justo detrás de él, en el foso de la orquesta, y el sonido alcanzaba los 137 decibelios, la misma potencia que tendría un motor a reacción. Goldscheider padeció un choque acústico, que causa que el cerebro amplifique muchísimo más los sonidos habituales en la vida cotidiana, situación que puede convertir el día a día en algo terrible. El Teatro Real de la Ópera denegó cualquier responsabilidad en este caso y, además, también se negó a reconocer que el choque acústico fuera un trastorno. Sin embargo, Goldscheider ganó el caso en 2018 (circunstancia que tiene graves implicaciones para la industria musical).

Escuchar la música muy alta sin duda alguna es perjudicial para el oído. A más decibelios de sonido, a mayor presión estaremos sometidos. Si consideramos que 0 decibelios es lo inaudible, y 180 decibelios es el sonido que provoca el lanzamiento de un cohete, pensemos que los daños pueden ser permanentes si uno se expone de manera prolongada a cualquier sonido que pase de 85 decibelios, o tras haber estado expuesto durante diez minutos a 110 decibelios. Podemos tener dolor de oído si nos hemos visto expuestos a una música muy alta, o a otra clase de sonidos muy intensos; por eso, el sistema auditivo se protege a sí mismo ensordeciéndose durante unos breves momentos. La potencia del sonido en un concierto de rock es de 150 decibelios.[18] Resulta sumamente molesto ir oyendo la música que sale de los cascos de la persona que va sentada junto a ti en el metro, y a pesar de que a ti te irrite temporalmente, a la persona que la escucha puede llegar a causarle un deterioro auditivo; verse expuesto a grandes volúmenes de sonido provoca daños auditivos y causa daños irreparables en los nervios y en el órgano sensorial del oído interno. Las personas que van a conciertos de rock sufren una pérdida de oído temporal; y si van muy a menudo, esos daños serán permanentes. Debido a la gran tendencia que observamos hoy en día de escuchar música con los cascos puestos y a todo volumen, podemos decir que estamos viviendo una epidemia de pérdidas de audición, pero, curiosamente (y teniendo en cuenta el aislamiento social que genera la sordera), sorprende que haya una gran cantidad de personas que quiere someterse a un tratamiento auditivo cuando en realidad solo está fingiendo su sordera. La Organización Mundial de la Salud (OMS) estima que, antes de 2050, una de cada cuatro personas sufrirá alguna clase de pérdida auditiva.[19] La página web de la OMS también estipuló en marzo de 2022 que «millones de adolescentes y de jóvenes corren el riesgo de sufrir una pérdida auditiva debido al uso malsano que hacen de sus dispositivos, y también por exponerse a unos niveles de sonido dañinos como los que se emiten en los clubes nocturnos, los bares, los conciertos y los eventos deportivos».[20]

Manowar, una banda estadounidense de heavy metal de Auburn, en Nueva York, es conocida por el sonido atronador y retumbante de su música. Según el *Libro Guinness de los récords*, es la banda que toca más alto del mundo. ¡Pues qué bien! ¡Menuda reivindicación! ¿Qué efecto no les habrá provocado a los oídos la música que tocan? Gallows, una banda de punk británico, se autoproclama el grupo que toca más alto. Por lo que parece, en Guinness dejaron de conceder este premio tan particular porque vieron que había demasiada gente interesada en competir para ganar el título... y quedarse sorda por el camino.

Un artículo que apareció en 2019 en *The Guardian* narra el misterioso zumbido que oyeron millones de personas pertenecientes a varias zonas urbanas diseminadas por todo el planeta. Conocido con el sobrenombre de «el Zumbido», muchos lo describieron como un ruido constante de baja tonalidad, como un sonsonete constante y pulsátil, algo parecido a las bajas frecuencias que emite un camión pesado con el motor al ralentí. Fue detectado por primera vez en el Reino Unido durante la década de 1970, y sigue siendo este país el que lleva denunciados un mayor número de casos. El Zumbido no fue detectado en Estados Unidos hasta la década de 1990, pero ahora ya afecta a personas de todo el mundo, y se estima que lo oye un 4% de la población.[21] David Deming, un geólogo de la Universidad de Oklahoma que es capaz de oír el Zumbido, no lo describió como un acúfeno, sino como algo que se siente por todo el cuerpo y te provoca unos síntomas que van desde el insomnio hasta el mareo. La única manera de aliviarlo parece ser que es solapándolo con otro ruido que lo enmascare, como el que genera un ventilador eléctrico normal y corriente.

Es posible que los que oyen este sonido en realidad lo que estén captando sea una cierta longitud de onda que procede de las transmisiones de radio. Algunos han llegado a estar al borde del suicidio. En 1992, uno de los que padecía sus consecuencias escribió lo siguiente: «El año pasado casi me suicido por culpa de [el Zumbido]. Te chupa toda la energía, te deja estresado y te quita el sueño. Llevo tiempo tomando somníferos y ya he perdido la cuenta de la cantidad de noches que me he pasado llevándome las manos a la cabeza y llorando sin parar».[22] Los habitantes de la pequeña ciudad costera de Largs, en Escocia, que tiene una población de doce mil almas, llevan oyendo el Zumbido desde la década de 1980, mientras que en Glasgow (que está a poco más de 30 km) apenas nadie se queja. Como la mayoría no lo oye, el Zumbido no ha adquirido el rango de sonido acústico. Sin embargo, y aunque sus orígenes siguen siendo un misterio, no se considera que sea un fenómeno psicosomático.

Las medidas públicas

«De todos los fenómenos modernos, el más monstruoso y terrible, el más claramente enfermizo, el que más tristemente profetiza la destrucción, el más clara e inequívocamente inspirado por los demonios, el más instantánea y espantosamente inspirado por la ira divina, el caos moral más aberrante, lo más vivamente teñido de maldad y desesperación es la costumbre de tener que soportar la música alta cuando estás comiendo en un restaurante».[23] Estas palabras fueron escritas por el novelista inglés, y también filósofo, G.K. Chesterton, mucho antes de que inventaran poner esta música tan alta que ahora oímos en la mayoría de restaurantes. Los restaurantes parecen ser unos imanes que atraen el ruido a unos locales en los que todo resuena. Muchas veces he pedido si podían bajar la música en los restaurantes, y el personal normalmente ha reaccionado muy bien, pero en las tiendas poca cosa se puede hacer. Hay restaurantes que buscan intencionadamente el ruido poniendo suelos de madera, lo que provoca que todo reverbere contra el duro techo. Parece que el volumen de las ventas aumenta, y también el consumo de alcohol, cuando las conversaciones quedan ahogadas por una música excesivamente alta. En muchos bares y restaurantes, la música va subiendo de tono a medida que avanza la noche para que la gente pida más bebidas y ellos obtengan mayores beneficios. Es cierto que, si los restaurantes son muy silenciosos, y las mesas están demasiado juntas, poca intimidad vamos a tener. Pero la intimidad no sirve de mucho si, con tanto ruido, no puedes oír hablar a tu compañero de mesa. El pobre personal termina muy alterado al tener que estar oyendo siempre la misma música en bucle; y eso fue precisamente lo que dijo un día una encargada de Starbucks: «Como tenga que escuchar a Hamilton una sola vez más... ¡es que cojo la escalera y arranco todos los altavoces del techo!».[24]

Pipedown («Cierra el pico»), una campaña organizada para librarnos de la música ambiental en tiendas y restaurantes, tiene un lema: «Podrás cerrar los ojos, pero no los oídos».[25] Entre sus ilustres mecenas están el pianista Alfred Brendel, el escritor Philip Pullman, el actor y novelista Tom Conti, el director de orquesta Simon Rattle y el actor y comunicador Stephen Fry. La periodista Rachel Johnson me contó que va a dejar un legado sustancioso a Pipedown. A esta asociación le preocupa que, desde el siglo pasado, y durante todo este siglo, ha ido aumentando considerablemente la música de fondo, pero también le preocupa el ruido de las sirenas, del tráfico y de los aviones. Pipedown afirma que el 50% de la gente que entra en las tiendas donde hay música ambiental se marcha, o, directamente, ya no entra. Y a mí me resulta chocante esta estadística, porque estoy segura de que las tiendas que tienen música ambiental la han instalado con objetivos comerciales, para animar a la gente a comprar. ¿Estarían dispuestas a dejar marchar a un 50% de la clientela? El hecho de que tantas personas vayan con los cascos puestos implica que los avisos de los trenes y los autobuses tienen que ser más altos de lo necesario para que puedan oírse a través de los dispositivos auditivos.

Sin embargo, y como sucede con todo, también existe la otra cara del asunto. El escritor Marlon James dijo en el programa de radio *Desert Island Discs* que la falta de sonido le incomodaba mucho.[26] Lavinia Byrne, que es una exmonja amiga mía, me dijo un día en que me vio pidiendo silencio: «Mira, yo soy una extrovertida furibunda y odio el silencio con toda mi alma. Me paso el día escuchando Radio 4 y, de vez en cuando, me paso a Radio 3. Además, no paro de hablar con Maud y Ottoline, mis perros...». Lavinia cree que probablemente debió de agotar su dosis necesaria de silencio cuando, de joven, se hizo monja; quizá por eso ahora le guste tanto el sonido. «Siempre me ha encantado la música, para mí es un gran consuelo, aunque también me apena que la melodía que oyen mis perros más a menudo sea la de la novela radiofónica *The Archers*».[27] Hay personas que rehúyen el silencio pensando que ya lo catarán cuando estén muertas. Pero ¿quién sabe si eso será así?

Una consecuencia inevitable del desarrollo económico es que conlleva un mayor número de carreteras y aeropuertos, unas ciudades más grandes, unos edificios más altos y un aumento de la contaminación acústica. En la ciudad de Nueva York, los funcionarios reciben a diario más de mil quejas formales relacionadas con el ruido.[28] En esta sociedad de veinticuatro horas en que la mayoría vivimos, nunca hay ni un solo momento de silencio. En 2006, el ayuntamiento de la ciudad de Shanghái dio su autorización para poder edificar y realizar obras durante las veinticuatro horas del día y, como resultado, tuvieron veinticuatro horas de contaminación acústica.[29] Los edificios altos chirrían y emiten silbidos; concretamente, el CitySpire de Nueva York llevaba de origen unas contraventanas de lamas que provocaban tanto alboroto que tuvieron que quitarlas.[30]

En 1950, los usuarios de los trenes de cercanías de la Gran Estación Central exigieron silencio a Muzak, que es una marca estadounidense de música ambiental, en defensa de «su derecho a no tener que escuchar».[31] Si no quieres ver algo momentáneamente, siempre puedes cerrar los ojos, pero eso no se aplica por igual al ruido. El sonido, por consiguiente, puede ser una imposición. Odiseo ordenó a sus marineros que se taparan los oídos con cera de abejas mientras su barco se iba aproximando a las sirenas, puesto que el objetivo de estas criaturas era atraer a los navegantes con su música y sus canciones para condenarlos al silencio eterno.[32] Un lugar que creo que saldría más beneficiado con el silencio es la Capilla Sixtina, en Roma; es difícil apreciar la obra de Miguel Ángel junto a esas hordas de gente que no paran de hablar, a pesar de las constantes peticiones de silencio que van surgiendo de un altavoz, que, a mi entender, distrae mucho más que el rumor de las conversaciones.

Las consecuencias de acostumbrarse al ruido

Un estudio danés publicado en el *British Medical Journal* concluyó que los hogares que se ven expuestos a largo plazo al ruido del tráfico sufren un efecto perjudicial en la salud: el ruido del transporte viario se ha vinculado con un aumento de los casos de demencia.[33] El umbral de las molestias graves que es capaz de causar el ruido ambiental está situado en los 55 decibelios, y un estudio de la Organización Mundial de la Salud reveló que 210 millones de europeos viven expuestos periódicamente a 55 decibelios o más a causa del ruido de las carreteras y del ferrocarril.[34] En Estados Unidos, el Instituto Nacional de Seguridad y Salud en el Trabajo (OSHA, según las siglas en inglés) declara que más de 30 millones de estadounidenses viven expuestos anualmente a un nivel de ruidos que entraña peligrosidad.[35] Lo más alarmante de todo es que esta clase de ruidos es el principal problema que afecta a la salud laboral de Estados Unidos. Los helicópteros son muy ruidosos, y los vehículos aéreos no tripulados que nos sobrevuelan (VANT), y que irán en aumento, entrañan un nuevo peligro.[36] La tecnología, sin duda, inventará algún método para que estos objetos sean más silenciosos, y, de hecho, ya hemos encontrado una manera de bloquear o redirigir las ondas sonoras. Existe un dispositivo llamado Silenceair[37] que elimina las ondas sonoras. Es un mecanismo que podría instalarse en las unidades exteriores de aire acondicionado, con lo que se reduciría el ruido hasta un máximo de 34 decibelios.

En el mundo moderno está aumentando el número de gente que padece acúfenos, que es percibir sonidos, o pitidos, en los oídos sin la presencia de ningún sonido externo. Las causas pueden ser debidas a la edad, al estrés y a la exposición a sonidos muy altos durante largos períodos de tiempo. No hay cura para los acúfenos, pero las personas que los padecen pueden recurrir a diversas estrategias para gestionarlos, como la de habituarse a ignorarlos, usar máquinas de ruido blanco y practicar actividades que desestresen, como la meditación y la relajación. Es preciso que sientas que eres tú quien controla, y no al revés. Los acúfenos son una dolencia terrible (que yo sufro en parte), porque implica la ausencia total de silencio. Quizá uno no piensa demasiado en el silencio personal hasta que comprende que lo ha perdido. Una amiga mía que oye acúfenos tiene la sensación de haber perdido el silencio para siempre, y de eso se dio cuenta un día que estaba en Gales «echada sobre la templada hierba mordisqueada por las ovejas, con los ojos cerrados. De repente me di cuenta de que ya nunca más podría volver a estar segura de oír el silencio. Por mi cabeza discurre un flujo imparable de sonidos impetuosos, sibilantes, pulsátiles». Mi amiga consigue crearse un silencio decidiendo si quiere escuchar los sonidos que le pasan por la cabeza: «Quédate quieta y busca el silencio... Quédate quieta y permite que el silencio te encuentre...».[38]

El historiador de arte David Fraser Jenkins describió lo que representaba para él trabajar en una zona muy ruidosa de Londres, y la cantidad de capas de silencio que enmascara el ruido. Tenía el despacho en una planta superior, bajo el tejado de la Tate Britain, y un gran ventilador eléctrico colocado debajo de su ventana ya zumbaba a toda máquina cuando llegaba por la mañana. El ruido solo desaparecía cuando lo apagaban, hacia las seis de la tarde. Jenkins escribió: «Entonces era cuando podía oír llegar el irresistible y excepcional silencio del mundo auditivo donde vivía. Ese silencio era un silencio positivo, como si se hubiera liberado toda presión». Pero luego, los ruidos londinenses habituales, que habían estado ahí todo el tiempo, se apoderaban de él: «Y el silencio resultó no ser en absoluto silencioso, aunque sí lo era comparado con el barullo del ventilador. El silencio siempre debe estar presente y tan solo ser opacado por el ruido, como el fondo pintado de colores de un cuadro que puede advertise detrás de los personajes. Oigo el tictac de mi reloj, pero no puedo concentrarme bien para oír los espacios intermedios».[39]

Nada nuevo bajo el sol. Las personas llevamos viendo los peligros que entraña el ruido desde hace muchos años. En una carta dirigida a *The Times* en 1959, John Connell, un funcionario, escribió que tendemos a olvidar que el ruido es un contaminante de gran importancia. Y, a partir de ahí, fundó la Sociedad para la Atenuación del Ruido, una organización que fue una de las pioneras en proponer la fabricación de unas tapas de goma para los contenedores de basura y unas cajas de plástico donde almacenar las botellas de leche.

No solo son los seres humanos lo que acusan tan negativamente el ruido. La periodista y editora Mary Wakefield escribió en *The Spectator* que los pájaros británicos están empezando a trinar muy entrada ya la noche, porque, durante el día, el tráfico ahoga su canto, y ellos sienten la apremiante necesidad de que los oigan.[40]

El coro matutino que puede oírse cerca de los aeropuertos empieza más temprano, antes de que los vuelos despeguen, y las ballenas han elevado la potencia de su canto cuando recorren sus vías marítimas. Durante la cuarentena de la COVID-19 hubo mucha gente que creyó que los pájaros cantaban más alto de lo habitual, cuando, de hecho, sucedía todo lo contrario. Los pájaros no tenían que competir tanto con los ruidos emitidos por los seres humanos y, en realidad, cantaban más bajito de lo normal.

Encontrar un espacio silencioso

El reverendísimo Dr. Michael Marshall dio un sermón en la Iglesia de la Santa Trinidad, situada en la calle Sloane, en Londres, durante la Cuaresma de marzo de 2019 en el que recomendó que intentáramos reservarnos un tiempo para buscar un espacio en el que estar en silencio y soledad. No es necesario ir a un eremitorio, o a un retiro de meditación, hacer un voto de silencio o construirse una habitación a prueba de sonidos para encontrar un lugar silencioso. En la actualidad tendemos a cuidar del cuerpo físico yendo al gimnasio, corriendo o haciendo ejercicio, pero Marshall quiso enfatizar que nuestra vida interior, y nuestro bienestar espiritual también, necesita práctica. Dijo que las iglesias deberían estar «abiertas, vacías y silenciosas, en aras de ofrecer un espacio sagrado», y que deberían estar a disposición de los que quisieran apartarse un rato para recuperar ese silencio interior «a través del cual Dios nos habla al oído y penetra en nuestros corazones». Propuso la adopción de la fórmula cuádruple de Thomas Merton: «El silencio es la escucha atenta de la verdad de las cosas. Si no escuchamos, no alcanzamos la verdad. Si no oramos, ni siquiera logramos escuchar. Las cuatro cosas van juntas: silencio, escucha, oración y verdad»; la verdad sobre nosotros mismos, sobre los demás y Dios.[41]

La psicoanalista junguiana Anne Baring describió lo que le inspiraba el silencio y el modo en que este se había vuelto consustancial a su vida. Se pregunta cuántos serán los que, en este mundo tan frenético en el que vivimos, se reservan a conciencia un tiempo para el silencio creándose un santuario, tanto en su casa como en el corazón. Según Baring, creando un espacio para que «la mente agitada» repose es posible encontrar un lugar en el que olvidarnos de las preocupaciones diarias y en el que «el alma pueda entrar por la puerta que has abierto y darse a conocer». Toda clase de pensamientos, sentimientos e ideas creativas pueden surgir, y, como ya sabemos por la cuarentena del coronavirus, es mucho más probable que oigamos los sonidos de la naturaleza. Baring sigue diciendo: «Incluso puedes recordar quién eres en tu esencia anímica, y por qué has decidido vivir en este planeta. Quizá descubras en el silencio que has dejado que exista que el mundo visible se ha reconectado con el invisible. Nada de todo esto puede suceder en ausencia del silencio».[42]

La periodista Rachel Johnson anhela el silencio y, a menudo, se retira a su casa de Exmoor, una zona pantanosa y bastante rústica situada al oeste de Inglaterra. «Me encanta el silencio; lo anhelo; y por eso resido en un denso valle recorrido por un río que hay en Exmoor, donde lo único que oigo es un pájaro carpintero, una abeja dándose contra el cristal de la habitación de al lado y el alto y claro trino de unas aves cuyo nombre ignoro, cánticos que parecen conversaciones de un planeta mucho más dulce y puro que el nuestro. ¡Por no hablar del golpeteo de mis dedos contra el teclado de mi MacBook mientras escribo estas palabras para vosotros!».[43]

Hay personas a las que les resulta más fácil estar en silencio haciendo cosas y creando. Una amiga mía que es artista, Liz Claridge, ama y necesita el silencio y se deleita con esos días silenciosos en los que no tiene que atender ningún otro asunto: «Siento como si me faltara el oxígeno si no puedo contar con el silencio. Dado que vivo y trabajo sola, no me cuesta encontrar silencio». De todos modos, le resulta más fácil mantenerse activa mientras guarda silencio, tanto si se trata de cuidar de su jardín, como de dedicarse a su arte o lavar los platos. «El silencio me permite hacer las cosas a conciencia, concentrándome en la tarea». Pero esta manera tan feliz que tiene de hacer las cosas puede verse alterada por pensamientos autodestructivos, que son esos que se caracterizan por empezar por la palabra «yo». «Sin ese "tú" cerca de mí que apoye mi lado más bondadoso, o que al menos me distraiga, me encuentro a su merced». Para su tranquilidad mental, a Liz le gustaría eliminar la palabra «yo» de su vocabulario mental.[44]

Por mucho que integremos el silencio en nuestra vida hogareña, la mayoría tenemos que salir para ir a trabajar (aunque las cosas han cambiado bastante después de la pandemia). Y no solo nuestro lugar de trabajo puede ser muy ruidoso, sino que también puede serlo el trayecto que hacemos hasta llegar allí. La *Bhagavad Gita* nos anima a trabajar en silencio y dice que, si alguien es capaz de hallar el silencio en su trabajo, y además descubre que el silencio es el trabajo, esa persona hallará la paz trabajando.[45] Estos versos promueven el trabajo silencioso, pero también afirman que el silencio puede hallarse en el trabajo mismo. ¿En qué clase de trabajo podemos encontrar silencio? Sospecho que en cualquiera que te absorba de verdad, porque estamos hablando de un silencio en el que no hay que pensar, sino que se da como por arte de magia. Si tu trabajo es el de un artista o escritor, puedes elegir trabajar en silencio, pero la mayoría de los trabajos implica que uno tiene que oír una cierta cantidad de sonidos, lo que, de por sí, no es algo preocupante. El objetivo no es crear un mundo en el que rija un silencio absoluto, sino ser más conscientes del sonido y de la ausencia de sonidos.

Después de que Karen Armstrong dejara el convento, se marchara de Oxford y renunciara al empleo que tenía en la enseñanza para embarcarse en la escritura de su libro *Una historia de Dios: 4000 años de búsqueda en el judaísmo, el cristianismo y el islam*,[46] se encontró sola, metida entre sus libros y sumergida en un mundo silencioso. Podían pasar días sin que hablara con nadie. Al principio, este silencio le pareció una deprivación, porque llevaba muchos años resistiéndose a la soledad, pero poco a poco empezó a ver el silencio como algo positivo, algo «que parecía emitir como un zumbido, suave pero melodioso, y orquestar las ideas con las que yo lidiaba, hasta que ellas también empezaban a cantar, a vibrar y a revelar una resonancia inesperada».[47] Armstrong notaba que casi era capaz de escuchar el silencio y que eso la hacía sentirse en casa, viva; el silencio se había convertido en su maestro. Aunque en el convento pasaba gran parte de su tiempo en silencio, tenía que admitir que ese silencio era un silencio atareado y atento, que le provocaba ansiedad, rabia e irritación; mientras que su solitario silencio tenía la calidad que tiene «un suave y mullido chal». Armstrong sentía que ese silencio solitario la embargaba y le permitía abrirse mentalmente y llegó a convencerse de que esta era la única manera de poder estudiar religión. Aprendió teología de manera autodidacta y descubrió que «cada hora que pasaba en silencio me servía para quedarme todavía más prendada del tema». Descubrió asimismo que el silencio en el que vivía le abría los ojos y los oídos al sufrimiento del mundo, sentía que era capaz de oír el dolor que se oculta tras la rabia y la arrogancia de la vida social y política: «El silencio y la soledad te arrancan una capa de piel; te rompen esa armadura protectora de la falta de compasión que nos construimos para impedir quedarnos sobrecogidos ante el sufrimiento del mundo que presiona desde todos lados».[48]

El silencio y la soledad también pueden hallarse fuera, en los lugares abiertos. Si te abandonas a la naturaleza y eres capaz de sumergirte en el silencio de los bosques, las colinas, el mar o el desierto, dice Thomas Merton: «Quédate sentado y quieto mientras el sol sale por estas tierras y llena sus silencios de luz». Al cabo de un día de actividad, «sentarte de nuevo quieto, en meditación, al atardecer, cuando cae la noche sobre estas tierras y cuando el silencio se llena de oscuridad y de estrellas»,[49] puede resultar muy beneficioso. Merton dice que solo unos cuantos pueden sentirse realmente acogidos por este silencio (quizá porque la mayoría no le dedicamos el tiempo suficiente) y son capaces de permitir «que el silencio les permee hasta los huesos, de no respirar nada que no sea el silencio, de alimentarse de él y convertir la esencia misma de su vida en un silencio vivo y atento».[50]

Sin embargo, antes de ponernos a buscar un lugar que esté completamente en silencio (¿acaso existe eso?), valdría la pena reflexionar sobre el adagio de Blaise Pascal, que dice:

«Todos los problemas de la humanidad surgen de la incapacidad del hombre de permanecer sentado y en silencio en una habitación».[51] Quizá Pascal se sintiera feliz sentado en su habitación, en un espacio confinado y en soledad, pero también hemos visto que encontraba aterrador «el eterno silencio de los espacios infinitos».[52] En *Una habitación propia*, Virginia Woolf elogia la importancia que tiene que las mujeres dispongan de una habitación donde puedan encerrarse con llave para poder escribir.[53] Creo que es importante intentar encontrar un espacio silencioso para uno mismo, tanto si es un espacio cerrado como si es al aire libre; es obvio que en una ciudad cuesta más, pero no es tarea imposible. Puede resultar muy decepcionante ir a un lugar buscando específicamente el silencio y descubrir que ese silencio que esperábamos encontrar no existe. Cuando la periodista Rachel Johnson se retira a su casita de Exmoor, suele oír a los perros de una casa cercana ladrar con denuedo «a causa de las descargas que reverberan por todo el valle».[54]

En *Las ciencias y las prácticas espirituales*, Rupert Sheldrake escribió que, dado que el mundo moderno está plagado de ruidos y distracciones, la meditación es una manera de estar en silencio, pero también existen otras. «Encontrar momentos y lugares para estar en silencio es una de las maneras más sencillas de expandir nuestra conciencia sensorial y espiritual».[55] Cuando Sheldrake camina solo y en silencio, se vuelve mucho más observador y se fija en los pájaros y en las flores con más detalle. En las galerías de arte le sucede lo mismo; si charla con alguien frente a un cuadro, se encuentra limitado por las palabras. Cuando el sonido te atrapa, puede resultar sobrecogedor, y entonces uno no es tan sensible a lo visual. El silencio estimula el pensamiento interno, además del resto de los sentidos. Sheldrake escribió que «el silencio nos ayuda a mostrarnos más abiertos ante lo que vemos, oímos y olemos, así como ante el mundo que nos circunda»,[56] y declaró que siempre ha habido lugares silvestres y silenciosos en las ciudades (la gracia actualmente está en saberlos encontrar). Hay muchos lugares de adoración que abren durante el día y, cuando no se celebra ningún oficio, pueden proporcionarnos un oasis de silencio y quietud en medio de una ciudad atestada.

El poeta y jardinero Sean Swallow me escribió para contarme lo que el silencio significaba para él, pero también para decirme que es algo que había ido cobrando mucha importancia en su vida. Así como necesitamos recurrir a las palabras para explicar lo que es el silencio, Swallow considera que es esta paradoja lo que lo deja atónito. Si una página en blanco es el equivalente del silencio, «escribir sobre el silencio llena el vacío. Y, de alguna manera, puede que sea una interrupción, o una disrupción, escribir sobre él». Swallow se considera una persona de naturaleza ruidosa que tuvo una infancia de lo más ruidosa e inquieta; y dice que los poemas que suele escribir son ruidosos y constan de varias voces que entran en conflicto. Se cuestiona, Swallow, acerca de cuál debe de ser la razón por la que la gente elige el silencio, para luego detallar que él lo descubrió por pura desesperación y que le resultó muy reparador tras haber sufrido una crisis nerviosa: «Yo era adicto a muchas cosas, y el ruido formaba parte de todo aquello que sofocaba el caos; y de lo que anestesiaba la negatividad de ese caos. Una adicción activa es ruidosa. Yo era incapaz de sentirme en paz conmigo mismo y, mucho menos, de quedarme quieto y en silencio». A Swallow le aterrorizaba el silencio: «La televisión, la radio, mi boca... ¡siempre se oía algún ruido de fondo, y con el volumen puesto a tope!». Pero las adicciones pueden tratarse, y por eso cabe la esperanza: «El lado más oculto y profundamente enriquecedor de mi recuperación ha sido el amor que se me ha despertado por el silencio». Swallow recomienda que intentemos buscar el silencio que rodea los pensamientos y que nos hagamos amigos de nosotros mismos para así poder encontrar una cierta paz espiritual. Encontrar el silencio y la paz mental en un jardín sin duda es más fácil que en una pista de aterrizaje donde se oyen motores a reacción (aunque quizá los más avanzados espiritualmente no tengan este problema); el silencio puede ser un estado mental o del ser y, siempre, está a nuestro alcance. Swallow concluye diciendo que, para que las palabras que nos hablan del silencio ejerzan su propia influencia, como sucede en los poemas de R.S. Thomas y de W.S. Graham, «debe existir alguna práctica devota previa a la palabra escrita». Estas palabras «son efectivas porque surgen del interior mismo del silencio y no se quedan ahí fuera haciendo comentarios sobre él». Nuestros cerebros dedican una gran cantidad de energía a «los pensamientos foráneos, revueltos [...]. Por eso mismo, y en un sentido distinto, el silencio es la actitud de querer renunciar a la ansiedad mental». Darnos cuenta de que la vida es dolorosa, que uno no la controla y que todos moriremos nos lleva inevitablemente a una cacofonía de pensamientos ruidosos, pero, si puedes aprender a asimilar estos pensamientos, en silencio, una profunda noción del ser puede resurgir de todo esto: «"Quédate quieto y reconoce que soy Dios". La quietud... es la hermana del silencio».[57]

Ahora bien, el silencio debe elegirse, sin que haya sido impuesto por el aislamiento social, porque eso sí podría convertirlo en algo muy lúgubre y confuso. El silencio obligado que vivió mucha gente a causa de la pandemia de 2020 causó unos efectos devastadores en la salud mental de muchas personas. El silencio, aunque sea elegido, tiene un cariz muy riguroso. Su aceptación formaría parte de nuestro viaje espiritual, pero eso implica también que inevitablemente sentiríamos una pérdida de conexión con los demás, porque, como dijo Liz Claridge, ahora estás solo contigo mismo, sin la presencia de ese otro que pueda reforzar tu noción del yo. Para el seguidor de una religión teísta, Dios es capaz de ocupar el espacio del tú, y para los budistas, el objetivo es conseguir el estado de bendición que ya ha logrado liberarse del ego. Sin embargo, muchas personas no tienen nada con que rellenar este hueco. Como dice Andrew Harvey: «Las cosas que nos ignoran son las que al final nos salvan. Su presencia despierta el silencio en nosotros; renuevan nuestro valor con la pureza de su desapego».[58]

Sanar juntos

Las tragedias a menudo sirven de acicate para que se convoquen vigilias o actos silenciosos. Participar en un silencio grupal es un ejercicio muy potente, y es este poder colectivo lo que convierte una reunión silenciosa en algo muy especial.

La película de Wim Wenders *El papa Francisco: un hombre de palabra*, realizada en 2015, muestra al papa Francisco durante un viaje que hizo a Filipinas tras haber sido asolada por un tifón. Dirigiéndose al gentío, entre el cual había muchos que habían perdido a algún miembro de su familia, además de sus casas, dijo: «No sé qué deciros; lo único que puedo hacer es quedarme en silencio. Os acompaño en silencio con todo mi corazón».[59] Este silencio es más poderoso que cualquier palabra.

Los dos minutos de silencio en conmemoración del Día del Armisticio se han convertido en toda una tradición. En 2017, un año después de la catástrofe del devastador incendio de la Torre Grenfell, ubicada en el oeste de Londres y por la que murieron setenta y dos personas, los supervivientes se reunieron para realizar una caminata silenciosa que uno de los participantes describiría posteriormente como un acontecimiento que, por su fuerza, compasión y energía, nunca jamás había llegado a experimentar. Como era de esperar, se empezó comunicando un breve mensaje para dar comienzo luego a la marcha... en silencio. Uno de los participantes escribiría en la página web de los cuáqueros: «He aprendido mucho sobre el poder colectivo del silencio desde que empecé a trabajar para los cuáqueros. Y el silencio que se hizo por Grenfell lo llevó a cabo una comunidad increíble brindándose apoyo en su duelo sin olvidar las tres palabras de las que se hacían eco los carteles que portaban sus participantes: amor, verdad, justicia».[60] Tal como dijo uno de los miembros de la comunidad que había organizado esta caminata silenciosa: «Dejemos que oigan nuestro silencio. Dejemos que sepan que queremos justicia. Dejemos que sepan que no pararemos de luchar. Dejemos que lo sepan».[61]

En noviembre de 2010 asistí a un evento anual denominado Solo por Este Día,[62] que se celebra en la iglesia de Saint-Martin-in-the-fields de la plaza Trafalgar, en Londres, y se caracteriza por dedicar un único día a la quietud y al silencio. Era una combinación de debates, charlas y música en los que se intercalaban diversos momentos de silencio. Dado que esta iglesia se encuentra ubicada en una de las áreas de Londres más ajetreadas y ruidosas, el acto proporcionaba un agradable contraste con la algarabía exterior.

En un contexto distinto, el poder del silencio también se hizo palpable en las Naciones Unidas. En octubre de 2015, Benjamin Netanyahu hizo una pausa de cuarenta y cinco segundos durante el discurso que dirigió a la Asamblea General de las Naciones Unidas para recalcar lo que él creía que era «el silencio ensordecedor» con que el mundo se estaba pronunciando acerca del acuerdo nuclear con Irán. Sin entrar a considerar la política que defiende este dirigente, hay que reconocer que lo que hizo fue impresionante, poderoso, y consiguió que el público, incómodo, se quedara pensativo.[63]

Es inevitable que los refugiados a menudo se sientan solos y aislados. En 2016, Amnistía Internacional lanzó un corto titulado *Look Beyond Borders*[64] («Mirando más allá de las fronteras») para intentar romper las barreras que existen entre los refugiados recién llegados y los europeos. En teoría, sentando a un refugiado frente a un residente local que fuera compasivo se generaría una profunda conexión entre ambos tras mirarse directamente a los ojos durante cuatro minutos sin interrupción, que transcurrían en silencio. El experimento, filmado en Alemania, se basaba en una teoría que en 1997 había desarrollado el psicólogo estadounidense Arthur Aron. El vídeo se viralizó en Europa y en otras partes del mundo, con unos resultados tan positivos que uno quedaba sobrecogido, pero, por muy extraño que parezca, solo estuvo en circulación durante unos meses.

Conclusión

El silencio puede conectarnos y vincularnos con el pasado. Cuantas más cosas leo sobre el silencio (su historia, sus ventajas y, también, sus vertientes negativas), más consciente soy de lo poderoso que es el vínculo del silencio. Las pinturas y la literatura son el vínculo silencioso que nos acerca a las mentes creativas; y la naturaleza es algo que podemos disfrutar en silencio si nos sumergimos en ella.

Además de ser este vínculo positivo que nos une a otros tiempos, el silencio es lo que más nos convendría a todos en este mundo en que vivimos y en el que el ruido va en aumento. Está claro que el silencio no se ha perdido en realidad, en el sentido de que no vayamos a encontrarlo nunca más, sino que ha desaparecido de la vida de mucha gente y corre el peligro de irse diluyendo si este mundo de veinticuatro horas en el que vivimos va ganando velocidad. Espero haber demostrado que, a través de la búsqueda del silencio en la historia, el arte, la literatura, la naturaleza y la música, las personas abiertas de mente y curiosas serán capaces de disfrutar del vínculo positivo y ventajoso que nos une al pasado y que es capaz de aportar grandes beneficios a nuestra vida actual. Es inevitable que el silencio tenga un lado oscuro, pero yo animo a la gente a que no se aparte de él. Es más, quiero decirle a esta misma gente que hay que abrazarlo y sacarle provecho, porque puede aportarnos paz, una mayor creatividad y una muy buena conexión con los demás.

Ahora que se insiste tanto en que estemos conectados continuamente, porque sin esa conexión nos sentimos abandonados, ya no sentimos la necesidad de estar solos. Siempre tendremos a mano algún dispositivo para comunicarnos con los demás; pero también hay muchas iniciativas que sirven para alejar a la gente de todas estas cosas. En agosto de 2018, el aeropuerto de la Ciudad de Londres ofreció a los pasajeros unos «teléfonos tontos» que solo servían para hacer y recibir llamadas. Fue un gesto que se hizo con la esperanza de que los pasajeros accedieran a amnistiar sus «teléfonos inteligentes» al menos durante cuarenta y ocho horas. La mayoría de británicos en edad adulta tiene un teléfono inteligente, y su usuario medio lo consulta cada doce minutos. La iniciativa del aeropuerto perseguía el objetivo de «ayudar a los viajeros a lidiar con las distracciones digitales para rescatar esos momentos de calidad que pueden vivir con la familia y los amigos durante las vacaciones».[65] No me quedó muy claro si la iniciativa funcionó bien, pero sin duda fue un intento muy creativo de silenciar nuestros cerebros.

Con tantas y tan diversas maneras de incorporar el silencio a nuestras vidas, debería ser posible que todo el que quisiera vivir los poderes sanadores del silencio pudiera conseguirlo. Es cierto que tenemos los retiros de silencio y de meditación, pero también es posible incorporar el silencio en la vida cotidiana, tanto si es buscando un lugar en nuestra propia casa o en el jardín que podamos asociar al silencio, como si es descubriendo un rincón tranquilo en un parque público, un cementerio o una iglesia. Y una vez situados en este lugar silencioso, quedarnos sentados o leer un poema puede servirnos para alcanzar este lugar de silencio interior.

He aprendido y reflexionado mucho sobre el silencio mientras escribía este libro, aunque no sé si por eso no me habré convertido en una persona más reservada. Objetivamente, me he vuelto más consciente de los beneficios y la importancia que tiene el silencio, aunque tampoco es que mi vida haya cambiado de manera significativa... Sí he tenido, debo decir, alguna que otra experiencia de lo más intensa. Quizá sean los vínculos con los artistas, los músicos y los meditadores de generaciones previas a mí lo que me ha resultado más excitante, porque son unas conexiones que datan de varios siglos atrás y ponen de relieve la humanidad que todos compartimos. La mayor parte de este libro fue escrita durante la cuarentena provocada por la pandemia, y por eso el mundo en el que vivía era mucho más silencioso de lo habitual, pero creo que, de lo que sí me di cuenta, sobre todo, es de que el auténtico silencio, en mi caso, depende mucho del estado de ánimo que tenga en un momento dado. Por muy silencioso que sea un lugar, si hay algo que me está dando vueltas por la cabeza sé que me va a privar del silencio y, entonces, es cuando me pongo a rememorar esos momentos fabulosos que pasé en la Antártida. Ese ha sido el listón con el que medir todos mis silencios posteriores, y no hay nada que se le haya podido igualar. Ni los retiros de silencio ni la meditación ni las reuniones cuáqueras... Nada puede equipararse a ese momento mágico que viví en la Antártida. Y creo que fue tan intenso porque no lo buscaba; sencillamente estaba abierta a nuevas experiencias, y la recompensa fue muy especial. Tampoco quiero decir con ello que haya que ir a la Antártida en busca de silencio. De hecho, el desafío consiste en mostrarte abierta y curiosa por si ves que surge en lugares y en situaciones inusuales que te resulten mucho más cercanas, pero, en mi caso en concreto, eso fue lo que marcó el comienzo de una búsqueda. Ahora, después de esa experiencia, sé qué podría volver a vivir algo parecido. Y que, por mucho que tarde, valdrá la pena la espera.

Notas

Introducción

1. Lao-Tse. *Tao te King*. Alianza Editorial, Grupo Anaya, Madrid, 2021.
2. *Ancrene Riwle*, citado en E.D. Blodgett y H.G. Coward, editores: *Silence, the Word and the Sacred*, Wilfred Laurier University Press, p. 17, Ontario, 1989.
3. Real Academia Española. *Diccionario de la lengua española*. Edición del tricentenario, actualización de 2023, Madrid.
4. Robert Macfarlane. *Bajotierra: un viaje por las profundidades del tiempo*. Random House, Barcelona, 2020.
5. Søren Kierkegaard, citado en la versión en inglés de Max Picard, *The World of Silence*, Harvill Press, p. 231, Londres, 1952.
6. Mahatma Gandhi. *Young India: 1927-1928* (diario, India, 1927), S. Ganesan, Madrás, India, 1935.
7. Wittgenstein, Ludwig. *Tractatus lógico-philosophicus*. Alianza Editorial, Madrid, 2010.
8. Ram Dass viene citado en el libro de Anne D. LeClaire: *Listening Below the Noise: The Transformative Power of Silence*, Harper Perennial, p. 44, Nueva York, 2009.
9. Sócrates, citado en el libro de Maggie Ross: *Silence: A User's Guide*, p. 128, Darton, Longman & Todd, Londres, 2014.

1. Mi silencio

1. Trevelyan, G.M. *Walking*, citado en el libro de Vincent, David: *A History of Solitude*, Polity, p. 50, Cambridge, 2020.
2. Chatwin, Bruce. *Los trazos de la canción*. Ediciones Península, Grup 62, Barcelona, 2015.
3. Deakin, Roger. *Diarios del agua*. Impedimenta, Madrid, 2019.

4. Walton, Izaak. *El perfecto pescador de caña*. Editorial Maxtor, Valladolid, 2011.
5. Hart, Aidan. Carta a la autora de este libro, noviembre de 2017.
6. Moitessier, Bernard. *El largo viaje*. Editorial Juventud, S.A., Barcelona, 1987.
7. Rolheiser, Ronald. «The Language of Silence», *Catholic Herald*, 2 de febrero de 2007.
8. Eliot, T.S. *Cuatro cuartetos*. Alianza Editorial, Madrid, 2021.
9. Philp, Richard: carta escrita a la autora y fechada en junio de 2018.
10. Boxhall, Mike. *Mike's Work*, «Stillness», entrada del 21 de enero de 2023, www.stillness.co.uk/mikes-work.
11. Hare, Augustus. *Days Near Rome*, Porter & Coates, p. 235, Filadelfia, 1875.

2. A la búsqueda del esquivo silencio

1. Schopenhauer, Arthur. «Sobre el ruido y los sonidos», incluido en *Parerga y paralipómena*, RBA Coleccionables, Grupo RBA, Barcelona, 2003.
2. Lusseyran, Jacques. *Y la luz se hizo*. Rudolf Steiner S.L., Madrid, 2000.
3. Carr, Garrett. «The Silence and the Scream», BBC Radio 4, 23 de julio de 2018.
4. Dickens, Charles, es citado en la obra de Babbage, *A Chapter on Street Nuisances*, extraída de *Passages in the Life of a Philosopher*, John Murray, Londres, 1864.
5. Leech, John, citado en Foy, George Michelsen. *Zero Decibels: The Quest for Absolute Silence*, p. 40, Scribners, Nueva York, 2010.
6. De Thomas Carlyle a Geraldine Dewsbury, 15 de junio de 1840. Las cartas de Carlyle en línea se encuentran en https://carlyletters.dukepress.edu/search-results/Silence%20silence
7. De Thomas Carlyle a Margaret A. Carlyle, 11 de julio de 1853. Las cartas de Carlyle en línea se encuentran en https://carlyleletters.dukeupress.edu/search-results/dandy%20carriages
8. De Thomas Carlyle a Jean Carlyle Aitken, 11 de agosto de 1853. Las cartas de Carlyle en línea se encuentran en https://carlyleletters.dukepress.edu/search-results/artfully%20ventilated
9. De Thomas Carlyle a James [*sic*] Carlyle, 11 de mayo de 1854. Las cartas de Carlyle en línea pueden consultarse en https://carlyletters.dukeupress.edu/volume/29/lt-18540511-TC-JC-01

10. Figes, Orlando. *Los europeos: tres vidas y el nacimiento de la cultura europea*. Penguin Random House Grupo Mondadori, Barcelona, 2020.
11. Prochnik, George. *In pursuit of Silence: Listening for Meaning in a World of Noise*. Random House, p. 206, Nueva York, 2010.
12. Hu, Winnie. «New York Becomes the City That Nevers Shuts Up», *New York Times*, 19 de julio de 2017.
13. Whyte, William. «Octavia Hill: Her Life and Legacy», Fideicomiso Nacional, entrada del 30 de septiembre de 2022, www.nationaltrust.org.uk/features/octavia-hill-her-life-and-legacy
14. Batchelor, Stephen. *Elogio de la soledad: una conmovedora reflexión sobre la vida en soledad en un mundo hiperconectado*. Ediciones Urano, Madrid, 2021.
15. Diarmaid MacCulloch. *Historia de la cristiandad: los primeros tres mil años*. Club Círculo de Lectores, Barcelona, 2011.
16. Maitland, Sara. «Far from the Madding Crowd», *Guardian Review*, 11 de enero de 2014.
17. Colegate, Isabel. *A Pelican in the Wilderness*, p. 28, HarperCollins, Londres, 2002.
18. Thoreau, Henry David. *Some Scraps from an Essay on «Sound and Silence»*, incluido en *The Writings December 1838*, Houghton Miflin & Co, Nueva York, 1906, y citado en Corbin, Alain. *Historia del silencio*. Acantilado, Barcelona, 2020.
19. Thoreau citado en el libro de Corbin, Alain: *Historia del silencio*, Acantilado, Barcelona, 2020.
20. Kerouac, Jack. *Los vagabundos del Dharma*. Editorial Anagrama, Barcelona, 2017.
21. LeClaire, Anne D. *Listening to Below the Noise: The Transformative Power of Silence*, p. 47, Harper Perennial, Nueva York, 2009.
22. Chancellor, Alexander. «Long Life», *The Spectator*, 8 de diciembre de 2012.
23. Chancellor, Alexander. «Long Life», *The Spectator*, 8 de diciembre de 2012.
24. Paish, Karin, citada en el libro de Maitland, Sara: *Viaje al silencio*, Alba Editorial, Barcelona, 2010.
25. «Not Speaking for a Week Changed My Life», BBC, 8 de enero de 2018, www.bbc.co.uk/bbcthree/article/ebd877ea-6cbo-4d8a-826f-9467fad98d38

3. La naturaleza

1. Sardello, Robert. *Silence. The Mystery of Wholeness*, p. 1, North Atlantic Books, Berkeley, California, 2008.
2. Russolo, Luigi. *El arte de los ruidos*. Radio Fontana Mix, Cuenca, 1998.
3. Pascal, Blaise. *Pensamientos*. Alianza Editorial, Madrid, 2019.
4. Gray, John. *El silencio de los animales: sobre el progreso y otros mitos modernos*. Editorial Sexto Piso, Madrid, 2018.
5. Dillard, Annie. *Enseñarle a hablar a una piedra*. Errata Naturae Editores, S.L., Madrid, 2019.
6. Una milla cuadrada: un santuario para el silencio en el Parque Nacional Olímpico, entrada del 30 de septiembre de 2022, https://onesquareinch.org
7. Clare, Horatio. *Icebreaker: A Voyage Far North*. Chatto & Windus, Londres, 2017.
8. Kull, Robert, aparece citado en el libro de Batchelor, Stephen: *Elogio de la soledad: una conmovedora reflexión sobre la vida en soledad en un mundo hiperconectado*, Urano, Madrid, 2021.
9. Ansell, Neil. *The Last Wilderness: A Love Letter to Scotland*. Tinder Press, Londres, 2018.
10. Finkel, Michael. *El extraño del bosque: la extraordinaria historia del último ermitaño*. Lince, Barcelona, 2017.
11. Finkel, Michael. *El extraño del bosque: la extraordinaria historia del último ermitaño*. Lince, Barcelona, 2017.
12. Kirste, Imke; Nicola, Zeina; Kronenberg, Golo; Walker, Tara L.; C. Liu, Robert y Kempermann, Gerd. «Is Silence Golden? Effects of Auditory Stimuli and Their Absence on Adult hipocampal Neurogenesis», *Brain Structure & Function* 220, núm. 2, pp. 1221-28, 1 de diciembre de 2013.
13. Byrd, Richard E. *Solo*. Volcano Libros, Las Rozas, Madrid, 2017.
14. Byrd, Richard E. *Solo*. Volcano Libros, Las Rozas, Madrid, 2017.
15. Byrd, Richard E. *Solo*. Volcano Libros, Las Rozas, Madrid, 2017.
16. Byrd, Richard E. *Solo*. Volcano Libros, Las Rozas, Madrid, 2017.
17. Drury, Sarah. «The Grandson of Scott's Deputy Makes Music in Antarctic», *The Spectator*, 28 de septiembre de 2013.
18. El proyecto BÚHO es una investigación académica surgida en colaboración con una iniciativa literaria de los merecedores de una beca académica de bachillerato del Instituto de Oxford y del Instituto de Wimbledon. Sus trabajos se publican en la revista trimestral OWLS. La primera edición se inspiró en las aves reales de presa, edición 1, febrero de 2018, https://oxfordhigh.gdst.net/sixth-form/the-360-programme/horizons/owls/

19. Powys, Llewelyn. *Earth Memories*. John Lane, Londres, 1934; citado en Gray, John: *El silencio de los animales: sobre el progreso y otros mitos modernos*, Editorial Sexto Piso, Madrid, 2018.
20. Potter, Beatrix. *El cuento de la ardilla Nogalina*. Debate, Penguin Random House Grupo Editorial, Barcelona, 1999.
21. «A Wise Old Owl» se publicó inicialmente en abril de 1875 en *Punch Magazine*.
22. Muir, John, citado en Corbin, Alain: *Historia del silencio*, Acantilado, Barcelona, 2020.
23. Shepherd, Nan. *La montaña viva*. Errata Naturae Editores, S.L., Madrid, 2019.
24. Shepherd, Nan. *La montaña viva*. Errata Naturae Editores, S.L., Madrid, 2019.
25. Crowden, James. *The Frozen River: Seeking Silence in the Himalaya*, p. 2, William Collins, Londres, 2020.
26. Picard, Max. *The World of Silence*, p. 116, Henry Regnery, Chicago, 1952.
27. Zola, Émile. *Una página de amor* [obra completa]. Editors S.A., Llinars del Vallès, 1985.
28. Lowell, James Russell. «The First Snowfall», incluido en *The Complete Poetical Works of James Russell Lowell*, p. 292, Houghton, Mifflin, Boston, 1896.
29. Perkins, Robert, en la correspondencia que mantuvo personalmente con el novelista, diciembre de 2017.
30. De Poncins, Gontran. *Kabloona*. Reynal, Nueva York, 1941.
31. De Poncins. *Kabloona*, citado en Picard, Max: *The World of Silence*, pp. 143-44, Harvill Press, Londres, 1952.
32. Thoreau, Henry David. *Los bosques de Maine*. Baile del Sol, S.L.R, Tegueste (Tenerife), 2007.
33. Mallarmé, Stéphane. «Azur», citado en Corbin, Alain: *Historia del silencio*, Acantilado, Barcelona, 2020.
34. Cousteau, Jacques. *The Silent World*. Ballantine Books, p. 217, Nueva York, 1977.
35. Nicolson, Adam. *Sea Room: An Island Life*. HarperCollins, p. 174, Londres, 2001.
36. Auden, W.H. «Look, Stranger», citado en Nicolson, Adam: *Sea Room: An Island Life*, HarperCollins, p. 373, Londres, 2001.

4. La llamada del desierto

1. Leopold, Aldo. *Una ética de la tierra*. Asociación Los libros de la Catarata, Madrid, 2019.
2. Shelley, Percy B. «Ozymandias», traducción de Fernando G. Toledo, *Revista Aullido*, entrada del 25 de enero de 2016, https://aullidolit.com
3. Byron, Robert. *Viaje a Oxiana*. Ediciones Península, Grup 62, Barcelona, 2000.
4. Van Dyke, John Charles. *The Desert*, p. 19, Charles Scribner, Nueva York, 1911.
5. Huxley. *La filosofía perenne*. Editora y Distribuidora Hispano Americana, S.A. (EDHASA), Barcelona, 2010.
6. Dunaway, David King. *Aldous Huxley Recollected: An Oral History. e-book*, AltaMira Press, Walnut Creek, California, 1998.
7. Huxley. *La filosofía perenne*. Editora y Distribuidora Hispano Americana, S.A. (EDHASA), Barcelona, 2010.
8. Huxley, Aldous. «The Desert Boundlessness and Emptiness», Arquitectos Unidos (Ensayos), entrada del 30 de septiembre de 2022, https://danassays.wordpress.com/collected-essays-by-aldous-huxley/aldous-huxley-essays-the-desert-boundlessness-and-emptiness/
9. Lawrence, T.E. *Los siete pilares de la sabiduría: un triunfo*. Círculo Latino, San Andrés de la Barca, Barcelona, 2005.
10. De Saint-Exupéry, Antoine. *Viento, arena y estrellas*. El Legado Andalusí, Fundación Pública Andaluza, Granada, 2008.
11. Bowles, Paul. «Bautismo de soledad», incluido en *Desafío a la identidad: viajes 1950-1993*, Galaxia Gutenberg, S.L., Barcelona, 2014.
12. Bowles, Paul. «Bautismo de soledad», incluido en *Desafío a la identidad: viajes 1950-1993*, Galaxia Gutenberg, S.L., Barcelona, 2014.
13. Bowles, Paul. «Bautismo de soledad», incluido en *Desafío a la identidad: viajes 1950-1993*, Galaxia Gutenberg, S.L., Barcelona, 2014.
14. Lindqvist, Sven. *Desert Divers*, p. 4, Granta, Londres, 2000.
15. Fromentin, Eugène. «Entre el mar y el Sáhara», citado en Corbin, Alain: *Historia del silencio*, Acantilado, Barcelona, 2020.
16. Corbin, Alain. *Historia del silencio*. Acantilado, Barcelona, 2020.
17. Eberhardt, Isabelle. *Diarios de una nómada apasionada*. La Línea del Horizonte Ediciones, Madrid, 2018.
18. Buckley, Martin. *Grains of Sand*, p. 50, Hutchinson, Londres, 2000.
19. Buckley, Martin. *Grains of Sand*, p. 49, Hutchinson, Londres, 2000.
20. Buckley, Martin. *Grains of Sand*, p. 50, Hutchinson, Londres, 2000.

21. Buckley, Martin. *Grains of Sand*, p. 192, Hutchinson, Londres, 2000.
22. Atkins, William. *The Immesurable World: Journeys in Desert Places*, p. 49, Faber & Faber, Londres, 2018.
23. Crowden, James. *The Frozen River*, p. 23, William Collins, Londres, 2020.
24. George, Uwe. *In the Deserts of This Earth*, p. 5, Hamish Hamiltoin, Londres, 1978.
25. Turner Hospital, Janette. *Oyster*, p. 135, Virago, Londres, 1996.
26. Turner Hospital, Janette. *Oyster*, p. 145, Virago, Londres, 1996.
27. Davidson, Robyn. *Las huellas del desierto: una mujer sola en el desierto australiano*. Random House, Penguin Random House Grupo Editorial, Barcelona, 2000.
28. John Cassian, citado en *The Desert Fathers*, trad. De Helen Waddell, p. 236, Henry Holt and Company, Nueva York, 1936.
29. Prochnick, George. *In Pursuit of Silence*, p. 30-31. Doubleday, Nueva York, 2010.
30. France, Peter. *Hermits: The Insights of Solitude*, p. 1, Chatto & Windus, 1996, Londres, 1996.
31. Moorhouse, Geoffrey. *Sun Dancing*, p. 144, Weidenfeld & Nicolson, Londres, 1997.
32. Corbin, Alain. *Historia del silencio*. Acantilado, Barcelona, 2020.

5. En busca de edificios silenciosos

1. Lord Byron, de *The Siege of Corinth: Poetical Works*. Londres, Oxford University Press, 1928, 308. [Traducido por Ricardo Canales, Biblioteca Jané, Barcelona].
2. Coles, Richard. «Winter Walks» BBC 4, 27 de diciembre de 2022.
3. Tas, David. «The Walnut Tree», mayo de 2015.
4. Picard, Max. *The World of Silence*, pp. 168-69, Harvill Press, Londres, 1952.
5. Huysmans, J.K. *The Cathedral*, p. 46, Dedalus, Londres, 2011.
6. Huysmans, J.K. *A contrapelo*. Ediciones Cátedra, Grupo Anaya, Madrid, 2012.
7. Corbin, Alain. *Historia del silencio*. Acantilado, Barcelona, 2020.
8. Conversaciones con el artista visual, octubre de 2017.
9. Lowry, Malcolm, citado en Sim, Stuart: *Manifesto for Silence*, p. 22, Edinburgh University Press, Edimburgo, 2007.
10. Foy, George Michelsen. «I've Been to the Quietest Place on Earth», *The Guardian Weekend*, 19 de mayo de 2012.

11. Foy, George Michelsen. *Zero Decibels: The Quest for Absolute Silence*, p. 76, Scribner, Nueva York, 2010.

6. Los enfoques religiosos

1. Ovidio Nasón, Publio. *Metamorfosis*. Biblioteca Gredos, RBA Coleccionables, Grupo RBA, Barcelona, 2008.
2. Homero. *Ilíada*. Biblioteca Gredos, RBA Coleccionables, Grupo RBA, Barcelona, 2006.
3. Homero. *Odisea*. Planeta DeAgostini, S.A., Barcelona, 2002.
4. Barker, Pat. *El silencio de las mujeres*. Siruela, Madrid, 2019.
5. Tácita Muta fue una náyade a quien Júpiter castigó arrancándole la lengua por haber hablado demasiado.
6. Citas de Plutarco, BrainyQuote.com, entrada del 8 de septiembre de 2022, www.brainyquote.com/quotes/plutarch-117780
7. Hatch, Amber. *El arte del silencio: una guía de inspiración muy amena y práctica*. Maeva Ediciones, Madrid, 2009.
8. Baring, Anne, carta a la autora de este libro fechada en septiembre de 2017.
9. Heródoto. *Historia* [obra completa]. Gredos, Grupo RBA, Madrid, 2000.
10. Huxley, Aldous. *Huxley: Obras completas*. Editorial Planeta, S.A., Barcelona.
11. Esta cita y las citas posteriores pertenecientes a la Biblia se han extraído de la Sagrada Biblia, versión oficial de la Conferencia Episcopal Española.
12. «Something Strange Is Happening» viene citado en la revista mensual *Catholic Herald* del 3 de abril de 2021.
13. Colegate, Isabel. *A Pelican in the Wilderness: Hermits and Solitaries*, p. 126, HarperCollins, Londres, 2002.
14. Hermano Alberico, citado en Prochnik, George: *In pursuit of Silence: Listening for Meaning in a World of Noise*, Random House, p. 206, Nueva York, 2010.
15. Un cartujo. *The Call of Silent Love*. Longman & Todd, pp. 96-97, Darton, Longman & Todd, Londres, 1995.
16. Un cartujo. *The Call of Silent Love*. Longman & Todd, p. 97, Darton, Longman & Todd, Londres, 1995.
17. *El gran silencio*, película dirigida por Philip Gröning, 2005.
18. Radcliffe, Timothy. *¿Por qué hay que ir a la iglesia?: el drama de la eucaristía*. Editorial Española Desclée de Brouwer, S.A., Bilbao, 2013.

19. Maestro Eckhart, citado en Du Boulay, Shirley*: A Silent Melody: An Experience of Contemporary Spiritual Life*, p. 223, Darton Longman & Todd, Londres, 2014.
20. Langland, William. *Pedro el labriego*. Gredos, Grupo RBA, Madrid, 1997.
21. Ross, Maggie. *Silence: A User's Guide*, p. 46 aprox., Darton, Longman & Todd, Londres, 2014.
22. Alighieri, Dante. *La divina comedia*. Ed. Sol 90 S.L., Barcelona, 2000.
23. Marek, George R. *The Bed and the Throne: The Life of Isabella d'Este*, p. 12 aprox., Harper and Row, Nueva York, 1976.
24. Wikipedia, véase «Isabel de Este» en es.wikipedia.org/wiki/Isabel_de_Este. Última modificación del 1 de marzo de 2024 a las 15:23.
25. San Ignacio de Loyola, citado en Corbin, Alain: *Historia del silencio*, Acantilado, Barcelona, 2020.
26. Diarmaid MacCulloch. *Historia de la cristiandad: los primeros tres mil años*. Club Círculo de Lectores, Barcelona, 2011.
27. France, Peter. *Hermits: The Insights of Solitude*, p. 30, Chatto & Windus, Londres, 1996.
28. Sarah, Robert (cardenal). *La fuerza del silencio: frente a la dictadura del ruido*. Ediciones Palabra, S.A., Madrid, 2017.
29. Manguel, Alberto. *Una historia de la lectura*. Club Círculo de Lectores, Barcelona, 2001.
30. Clímaco, san Juan, citado en *Meditatio Newsletter 40*, núm. 4, «A Letter from Laurence Freeman», OSB, p. 4, diciembre de 2016.
31. Santa Teresa de Ávila, citada en MacCulloch, Diarmaid: *Historia de la cristiandad*, Editorial Debate, Penguin Random House Grupo Editorial, Barcelona, 2011.
32. Kelly, Stuart, reseña de la obra de Mac Culloch, Diarmaid: *Historia de la cristiandad* (Editorial Debate, Penguin Random House Grupo Editorial, Barcelona, 2011), recogida en el periódico *The Guardian* del 30 de marzo de 2013.
33. Speake, Graham. *Mount Athos: Renewal in Paradise*, p. 196, Yale University Press, New Haven, 2002.
34. Hart, Aidan, carta a la autora fechada en noviembre de 2017.
35. San Isaac de Siria, citado en la carta que Aidan Hart envió a la autora en noviembre de 2017.
36. Hermana Teresa de Keswick, en una carta escrita a la autora y fechada en noviembre de 2017.

37. Moises, abad, citado en Prochnik, George: *In pursuit of Silence*, p. 31, Doubleday, Nueva York, 2010.
38. MacCulloch, Diarmaid. *Historia de la cristiandad.* Editorial Debate, Penguin Random House Grupo Editorial, Barcelona, 2011.
39. Barkham, Patrick. *Islander: A Journey around Our Archipelago* p. 259, Granta, Londres, 2017.
40. Barkham, Patrick. «Bardsley, My Pleasure Island», en *The Oldie Magazine*, julio de 2020.
41. MacCulloch, Diarmaid. *Historia de la cristiandad.* Editorial Debate, Penguin Random House Grupo Editorial, Barcelona, 2011.
42. MacCulloch, Diarmaid. *Historia de la cristiandad*, Editorial Debate, Penguin Random House Grupo Editorial, Barcelona, 2011.
43. De Molinos, Miguel. *Guía espiritual.* Linkgua Ediciones, Barcelona, 2008.
44. Francisco de Sales, santo, citado en el libro de MacCulloch, Diarmaid: *Historia de la cristiandad*, Editorial Debate, Penguin Random House Grupo Editorial, Barcelona, 2011.
45. Law, William, citado en Sim, Stuart: *Manifesto for Silence: Confronting the Politics of Culture and Noise*, p. 41, Edinburgh University Press, Edimburgo, 2007.
46. Penn, William, citado en el libro de Sim, Stuart: *Manifesto for Silence: Confronting the Politics of Culture and Noise*, p. 66, Edinburgh University Press, Edimburgo, 2007.
47. Gorman, George H. es citado en el libro de Sim, Stuart: *Manifesto for Silence: Confronting the Politics of Culture and Noise*, p. 8, Edinburgh University Press, Edimburgo, 2007.
48. Stephen, Caroline, citada en el libro de Brox, Jane: *Silence: A Social History: One of the Least Understood Elements of Our Lives*, p. 20, Houghton Mifflin Harcourt, Nueva York, 2019.
49. Grace, Eden. «The Friend», incluido en *The Quaker Magazine*, p. 11, 16 de noviembre de 2018.
50. Séneca. *Cartas de un estoico.* Club Círculo de Lectores, Barcelona, 2008.
51. Plutarco. «Sobre la fortuna y virtud de Alejandro» en *Obras morales y de costumbres (moralia)*, Gredos, Grupo RBA, Madrid.
52. San Agustín. *Confesiones.* Editorial Planeta, S.A., Barcelona, 1993.
53. Manguel, Alberto. *Una historia de la lectura.* Club Círculo de Lectores, Barcelona, 2001.

54. Isidoro de Sevilla aparece citado en el libro de Manguel, Alberto: *Una historia de la lectura*, Club Círculo de Lectores, Barcelona, 2001.
55. Forster, E.M. *Pasaje a la India*. Mediasat Group, S.A., Madrid, 2002.
56. Vanstone, W.H., citado en el libro de MacCulloch, Diarmaid: *Historia de la cristiandad*, Editorial Debate, Penguin Random House Grupo Editorial, Barcelona, 2011.
57. Borges, Jorge Luis. *Aleph*. Club Círculo de Lectores, Barcelona, 2014.
58. Wiesel, Elie, responde a las preguntas de Ronald Eyre en el programa de la BBC *The Long Search*, 1977.
59. Ramana Maharshi, Sri. *Sé lo que eres: las enseñanzas de Sri Ramana Maharshi*. José J. Olañeta Editor, Palma de Mallorca, 2005.
60. Du Boulay, Shirley. *The Cave of the Heart*, p. 150, Orbis, Maryknoll, Nueva York, 2005.
61. Somerset Maugham, W. *Últimos puntos de vista*. Editorial Pomaire, Barcelona, 1966.
62. Somerset Maugham, W. *El filo de la navaja*, Editorial Debate, Barcelona, 2000.
63. Porete, Marguerite. *El espejo de las almas simples*. Siruela, Madrid, 2015.

7. La meditación

1. Graham, Aelred. «On Meditation», en *Studies in Comparative Religion 1*, núm. 1, 10 de noviembre de 1965, www.studiesincomparativereligion.com/public/articles/On_Meditation-by_Dom_Aelred_Graham.aspx
2. Picard, Max. *The World of Silence*, p. 12, Harvill Press, Londres, 1952.
3. Graham, Aelred. *Contemplative Christianity*, p. 55, Catholic Book Club, Londres, 1975.
4. MacCulloch, Diarmaid. *Historia de la cristiandad*. Editorial Debate, Penguin Random House Grupo Editorial, Barcelona, 2011.
5. Freeman, Laurence. *Finding Oneself 1*. Serie de charlas sobre meditación, Medio Media, Singapur, 2017.
6. Main, John (O.S.B.). *El camino de la meditación: momento de Cristo*. PPC Editorial, Boadilla del Monte, Madrid, 2017.
7. Merton, Thomas, y su libro *Mystics and Zen Masters*, vienen citados en la obra de Woodcock, George: *Thomas Merton: Monk and Poet*, p. 155, Canongate, Edimburgo, 1978.

8. Johnston, William. *Mística para una nueva era: de la teoría dogmática a la conversión del corazón*. Editorial Española Desclée de Brouwer, S.A., Bilbao, 2016.
9. Nhat Hanh, Thich. *For a Culture to Be Possible: Buddhist Ethics for Everyday Life*, p. 105, Parallax Press, Berkeley, California, 2007.
10. Johnston, William. *Christian Zen*, p. 44, Harper & Row, Nueva York, 1971.
11. Johnston, William. *La música callada*. Editorial San Pablo, Madrid, 1987.
12. Mackenzie, Vicki. *Cave in the Snow: A Western Woman's Quest for Enlightenment*. 1998, Bloomsbury, Londres.
13. Merton, Thomas. *Diario de Asia*. Editorial Trotta, S.A., Madrid, 2000.
14. Cashen, Richard Anthony. *Solitude in the Thought of Thomas Merton*, p. 102, Cistercian Publications, Collegeville, Minnesota, 1981.
15. Gioia, Ted. *Healing Songs*, p. 100, Duke University Press, Durham, Carolina del Norte, 2006.
16. Merton, Thomas. *Pensamientos en soledad*. Editorial Sal Terrae, Bilbao, 2023.
17. Johnston, William. *Mística para una nueva era: de la teoría dogmática a la conversión del corazón*. Editorial Española Desclée de Brouwer, S.A., Bilbao, 2016.
18. Baba, Meher, es citado en el libro de Du Boulay, Shirley: *A Silent Melody*, p. 43, Darton, Longman & Todd, Londres, 2014.
19. Monje hindú, citado en el libro de LeClaire, Anne D.: *Listening to Below the Noise: The Transformative Power of Silence*, p. 215, Harper Perennial, Nueva York, 2009.
20. Panikkar, Raimon, viene citado en el libro de Du Boulay, Shirley: *A Silent Melody*, p. 154, Darton, Longman & Todd, Londres, 2014.
21. El Opus Dei es una controvertida organización católica que se fundó en 1928.
22. Panikkar, Raimon. *The Silence of God*, vol. VI, Orbis, Maryknoll, Nueva York, 1989.
23. Main, John. *El camino de la meditación: momento de Cristo*. PPC Editorial, Boadilla del Monte, Madrid, 2017.
24. Main, John. *El camino de la meditación: momento de Cristo*. PPC Editorial, Boadilla del Monte, Madrid, 2017.
25. Merton, Thomas. *Contemplando el paraíso: las fotografías de Thomas Merton*. Mensajero, S.A., Bilbao, 2021.

26. Johnston, William. *La música callada*. Editorial San Pablo, Madrid, 1987.
27. Johnston, William. *La música callada*. Editorial San Pablo, Madrid, 1987.
28. Johnston, William. *Christian Zen*, p. 21, Harper & Row, Nueva York, 1971.
29. Griffiths, Bede. *Matrimonio entre Oriente y Occidente*. Editorial San Pablo, Madrid, 1985.
30. Johnston, William. *Mística para una nueva era: de la teoría dogmática a la conversión del corazón*. Editorial Española Desclée de Brouwer, S.A., Bilbao, 2016.
31. Harris, Sam. *Despertar: un guía para una espiritualidad sin religión*. Editorial Kairós, 2015.
32. La aplicación de Waking Up es www.wakingup.com.
33. Wells, Rebeca Erwin; Yeh, Gloria Y.; Kerr, Catherine E.; Wolkin, Jennifer; Davis, Roger B.; Tan Ying; Spaeth, Rosa; Wall, Robert B.; Walsh, Jacquelyn; Kaptchuk, Ted J.; Press, Daniel; Phillips, Russell S.; Kong, Jian. «Meditation's Impact on Default Mode Network and Hippocampus in Mild Cognitive Impairment: A Pilot Study», *Neuroscience Letters 556*, del 27 de noviembre de 2013, DOI: 10.1016/j.neulet.2013.10.001.
34. Roose-Evans, James. *Passages of the Soul: Ritual Today*, p. 108, Elemento, Reino Unido, 1994.
35. Keen, Sam. *To a Dancing God*, p. 43, Harper & Row, Londres, 1990.
36. Gilson, Étienne. *El espíritu de la filosofía medieval*. Ediciones Rialp, S.A., Madrid, 2009.
37. Huxley, Aldous. *El fin y los medios: sobre los ideales y los métodos empleados para su realización*. Página Indómita, Barcelona, 2017.
38. Cashen. *Solitude in the Thought of Thomas Merton*, p. 149, Cistercian Publications, Collegeville, Minnesota, 1981.
39. Merton, Thomas. *Diarios (1939-1960). La vida íntima de un gran maestro espiritual*, Ediciones Oniro, S.A., Barcelona, 2001.
40. Merton, Thomas, citado en Cashen, Richard Anthony: *Solitude in the Thought of Thomas Merton*, p. 168, Cistercian Publications, Collegeville, Minnesota, 1981.
41. Merton, Thomas, citado en Cashen, Richard Anthony: *Solitude in the Thought of Thomas Merton*, p. 8, Cistercian Publications, Collegeville, Minnesota, 1981.
42. Cashen. *Solitude in the Thought of Thomas Merton*, p. 50, Cistercian Publications, Collegeville, Minnesota, 1981.

43. Cashen. *Solitude in the Thought of Thomas Merton*, p. 86, Cistercian Publications, Collegeville, Minnesota, 1981.
44. Merton, Thomas. *La montaña de los siete círculos*. Mensajero, S.A., Bilbao, 2023.
45. Rolheiser, Ronald. «The Last Word: The Language of Silence», *Catholic Herald*, 2 de febrero de 2007.
46. Merton, Thomas. *Acción y contemplación*. Editorial Kairós, Barcelona, 1982.
47. Merton, Thomas. *La montaña de los siete círculos*. Mensajero, S.A., Bilbao, 2023.
48. Keating, Thomas, aparece citado en Roberts, James: «Be Still and Know», *Tablet Magazine*, 28 de noviembre de 2009.
49. Keating, Thomas, aparece citado en Roberts, James: «Be Still and Know», *Tablet Magazine*, 28 de noviembre de 2009.
50. Leigh Fermor, Patrick. *Un tiempo para callar*. Editorial Elba, S.L., Barcelona, 2012.
51. Leigh Fermor, Patrick. *Un tiempo para callar*. Editorial Elba, S.L., Barcelona, 2012.
52. Leigh Fermor, Patrick. *Un tiempo para callar*. Editorial Elba, S.L., Barcelona, 2012.
53. Leigh Fermor, Patrick. *Un tiempo para callar*. Editorial Elba, S.L., Barcelona, 2012.
54. Leigh Fermor, Patrick. *Un tiempo para callar*. Editorial Elba, S.L., Barcelona, 2012.
55. Leigh Fermor, Patrick. *Un tiempo para callar*. Editorial Elba, S.L., Barcelona, 2012.
56. Iyer, Pico, «Out of the Cell», 25 de septiembre de 2017, http://granta.com/out-of-the-cell
57. Parks, Tim. «Try Something Quietly Profound», *The Guardian*, 12 de noviembre de 2010.
58. Lane, Belden. *The Solace of Fierce Landscapes: Exploring Mountain and Desert Spirituality*, p. 244, Oxford University Press, Nueva York, 2007.
59. Norris, Kathleen. *Amazing Grace: A Vocabulary of Faith*, p. 17, Riverhead Books, Nueva York, 1998.
60. «Pupils Banned from Talking while Walking Between Lessons Under Headteacher's Silence Policy», *The Telegraph*, 19 de julio de 2018.
61. Sapera, Kate, en una carta a la autora de este libro fechada en septiembre de 2019.

8. La literatura

1. Steiner, George. *Lenguaje y silencio. Ensayos sobre la literatura, el lenguaje y lo inhumano*. Gedisa, Barcelona, 2020.
2. Carruth, Hayden. «Fallacies of Silence», *Hudson Review* 26, núm. 3, p. 464, 1973.
3. Wikipedia. «Beowulf», editado por última vez el 19 de marzo de 2024, https://es.wikipedia.org/wiki/Beowulf
4. Wikipedia. *Edda poética*, editado por última vez el 7 de enero de 2024, https://es.wikipedia.org/wiki/Edda_poética
5. Wordsworth, William. «Escrito en el puente de Westminster», traducción que aparece en el blog *Mi siglo*, de José Julio Perlado, https://misiglo.es/2012/03/05/el-puente-de-westminster/
6. Keats, John. «Oda a una urna griega», traducción de Martín Triana, *Letralia, Tierra de Letras*, Alianza Editorial, entrada del 2 de agosto de 2019, https://letralia.com/articulos-y-reportajes/2019/08/02/oda-a-una-urna-griega-john-keats/
7. Hugh Clough, Arthur. «Review of Mr. Newman's "The Soul"», fragmento traducido por Sílvia Alemany, *Poems and Prose Remains, Vol. 1*, editado por última vez el 30 de septiembre de 2022, www.telelib.com/authours/C/CloughArthurHugh/prose/poemsproseremainsv1/newmansoul.html
8. Hugh Clough, Arthur. «Uranus», fragmento traducido por Sílvia Alemany, *Poems and Prose Remains, Vol. 1*, editado por última vez el 30 de septiembre de 2022, www.telelib.com/authours/C/CloughArthurHugh/verse/poemsproseremains/uranus.html
9. Lord Tennyson, Alfred, viene citado por Carretero Gatell, Oscar*: Traducción poética y comentada de "In Memoriam", de Alfred Tennyson,* Depósito digital de documentos de la UAB, Universidad Autónoma de Barcelona, https://ddd.uab.cat/record/213036
10. Lawrence, D.H. *Poemas escogidos*. Visor Libros, S.L., Madrid, 2011.
11. Lawrence, D.H. *Poemas escogidos*. Visor Libros, S.L., Madrid, 2011.
12. Lawrence, D.H. *Poemas escogidos*. Visor Libros, S.L., Madrid, 2011.
13. Eliot, T.S. *Poesías reunidas, 1909-1962*. Alianza Editorial, Grupo Anaya, Madrid, 2018.
14. Rilke, Rainer Maria. *El libro de horas*. Hiperión, Madrid, 2005.
15. Kelly, Stuart. Reseña del libro de MacCulloch, Diarmaid: *Historia de la cristiandad*, Editorial Debate, Penguin Random House Grupo Editorial, Barcelona, 2011, publicada en *The Guardian*, 30 de marzo de 2013.

16. Wittgenstein, Ludwig, citado en Kagge, Erlin: *Silence: In the Age of Noise*, p. 92, Viking, Londres, 2017.
17. Gross, Philip. *A Bright Acoustic*. Bloodaxe Books, Londres, 2017.
18. Gross, Philip. «Mind the Gap», en *The Author*, p. 11, primavera de 2018.
19. Gross, Philip. «Mind the Gap», en *The Author*, p. 11, primavera de 2018.
20. Swallow, Sean, en una carta dirigida al poeta y fechada en enero de 2018.
21. Thomas, R.S. *Antología poética*. Ediciones Trea, S.L., Gijón, 2008.
22. Picard, Max. *The World of Silence*, p. 145, Harvill Press, Londres, 1952.
23. Andersen, H.C. *Cuentos célebres, n.° 8*. Ediciones Distribuciones Fraile, S.A., Madrid, 1981.
24. Emerson, Ralph Waldo. *Ensayos*. Cátedra, Madrid, edición digital 2014.
25. Emerson, Ralph Waldo. *Ensayos*. Ediciones Cátedra, Madrid, 2015.
26. Eliot, George. *Adam Bede*. Cátedra, Grupo Anaya, Madrid, 2020.
27. Sim, Stuart. *Manifesto for Silence*. Edinburgh University Press, p. 11, Edimburgo, 2007.
28. Corbin, Alain. *Historia del silencio*. Acantilado, Barcelona, 2020.
29. Davis, Lydia. «The International Man Booker Winner on the Pleasurable Challenge of Translating Proust», *The Guardian*, 11 de noviembre de 2017.
30. Proust, Marcel. *En busca del tiempo perdido: por la parte de Swan*. Editorial Lumen, Barcelona, 2000.
31. Corbin, Alain. *Historia del silencio*. Acantilado, Barcelona, 2020.
32. Conrad, Joseph. «Una avanzada del progreso», en *Cuentos de inquietud*, Valdemar, Valdemoro, Madrid, 2002.
33. Conrad, Joseph. *La línea de sombra*. Alianza Editorial, Madrid, 2011.
34. Woolf, Virginia. *Fin de viaje*. Plutón Ediciones, O Porriño, Pontevedra, 2024.
35. Woolf, Virginia. *Al faro*. Editorial Alma, Barcelona, 2022.
36. Walser, Jacob. *Jakob von Gunten*. Siruela, Madrid, 2003.
37. Krishnamurti, Jiddu, en su Conferencia Pública núm. 7 dada en Saanen, Suiza, el 22 de julio de 1979.
38. Brockes, Emma, entrevista a Tóibín, Colm, «There's a Certain Amount of Glee at the Sheer Foolishness of Brexit», en *The Guardian*, 30 de marzo de 2018.
39. Chevalier, Tracy. «The Rest is Noise», *The Guardian*, 16 de marzo de 2013.

40. Chevalier, Tracy. *El último refugio*. Editorial Lumen, Barcelona, 2013.
41. Chevalier, Tracy. «The Rest is Noise». *The Guardian*, 16 de marzo de 2013.
42. Chevalier, Tracy. *El último refugio*. Editorial Lumen, Barcelona, 2013.
43. Chevalier, Tracy. *El último refugio*. Editorial Lumen, Barcelona, 2013.
44. Laxness, Halldór. *Under the Glacier*, pp. 60-61, Vintage, Nueva York, 2005.
45. Pascal, Blaise, aparece citado en el libro de Corbin, Alain: *Historia del silencio*, Acantilado, Barcelona, 2020.
46. Sparks, Nicholas. *El cuaderno de Noah*. Editorial Salamandra, Barcelona, 2011.
47. Wikipedia. «Index Librorum Prohibitorum», modificado por última vez el 7 de enero de 2024 a las 23:54h, es.wikipedia.org/wiki/Index_librorum_prohibitorum
48. Milman, Oliver. «"Rapid Acceleration" in US School Book Censorship Leads to 2.500 Bans in a year», *The Guardian*, 19 de septiembre de 2022, www.theguardian.com/education/2022/sep/19/us-school-book-censorship-bans-pen-america
49. Friedman, Jonathan y Johnson, Nadine Farid. «Banned in the US: The Growing Movement to Censor Books in Schools», organización PEN America, 19 de septiembre de 2022, https://pen.org/report/banned-usa-growing-movement-to-censor-books-in-schools/
50. Olsen, Tillie. *Silencios*. Editorial Las Afueras, El Prat de Llobregat, Barcelona, 2024.
51. Hopkins, Gerard Manley. «El hábito de la perfección», traducción de Sílvia Alemany, 2024.
52. Hopkins, Gerard Manley. «The Wreck of the Deutschland», en Gardner, W.H. *Gerard Manley Hopkins: A Selection of His Poems and Prose*, p. 12, Penguin, Londres, 1963.
53. Hopkins, Gerard Manley. «Nondum», traducción de Luis Espinal, Dialnet, https://dialnet.unirioja.es
54. Golon, Sergeanne. *Angélica*. Club Círculo de Lectores, Barcelona, 1966.
55. «Nielsen BookData Report Cites a Decline in Audiobook Sales in the UK», Frontlist, 23 de noviembre de 2022, www.frontlist.in/nielsen-bookdata-report-cites-a-decline-in-audiobook-sales-in-the-uk
56. Wood, Zoe. «Indie Bookshop Numbers Hit 10-year High in 2022 Defying Brutal UK Retail Year», *The Guardian*, 6 de enero de 2023.

57. Fitzgerald, Katie. «5 Reasons I Listen to Audiobooks at Double Speed», Read-At-Home, 26 de marzo de 2019, www.readathomemom.com/2019/03/5-reasons-i-listen-to-audiobooks-at.html
58. Shakespeare, William. *Macbeth; El Rey Lear*, acto I, escena I, Ediciones Folio, S.A., Barcelona, 2002.
59. Shakespeare, William. *Macbeth; El Rey Lear*, acto I, escena I, Ediciones Folio, S.A., Barcelona, 2002.
60. Shakespeare, William. *Hamlet* [parte de obra completa]. Edimat Libros, S.A., Arganda del Rey, Madrid, 2014.
61. Ionesco, Eugène. *Diarios: en pedazos: presente pasado, pasado presente*. Páginas de Espuma, S.L., Madrid, 2007.
62. Beckett, Samuel. *Sueño con mujeres que ni fu ni fa*. Tusquets Editores, S.A., Barcelona, 2011.
63. Beckett, Samuel. *La última cinta; Acto sin palabras: con diversos ensayos y comentarios*. Aymá, S.A., Barcelona, 1965.
64. Beckett, Samuel, citado en la obra de Lane, Belden: *The Solace of Fierce Landscapes: Exploring Mountain and Desert Spirituality*, p. 78, Oxford University Press, 2007.
65. Beckett, Samuel. *Relatos y textos para nada*. JPM Ediciones, Valencia, 2015.
66. Lezard, Nicholas. «Play Samuel Beckett's Mouth? Not I», *The Guardian*, 8 de julio de 2009.
67. Kane, Leslie. *The Language of Silence: The Unspoken and the Unspeakable in Modern Drama*, p. 15, Associated University Presses, Plainsboro, Nueva Jersey, 1984.
68. Pinter, Harold, extraído de una conferencia que dio en el Festival Nacional de Teatro Estudiantil en Bristol, en 1962, y que aparece en Pinter, Harold: *Various Voices: Prose, Poetry, Politics 1948-1998*, p. 25, Faber, Londres, 1998.
69. Pinter, Harold. *Plays: 2*. Faber, Londres, 1996.
70. Pinter, Harold, extraído de una conferencia que dio en el Festival Nacional de Teatro Estudiantil en Bristol, en 1962, y que aparece en Pinter, Harold: *Various Voices: Prose, Poetry, Politics 1948-1998*, p. 25, Faber, Londres, 1998.
71. Pinter, Harold viene citado en el libro de Kane, Leslie: *The Language of Silence: The Unspoken and the Unspeakable in Modern Drama*, pp. 132-33, Associated University Presses, Plainsboro, Nueva Jersey, 1984.

72. Pinter, Harold. *Silence*, obra incluida en *Plays: Three*, Eyre Methuen, Londres, 1978.
73. Pinter, Harold. *The Caretaker and the Dumb Waiter: Two Plays by Harold Pinter*. Grove Press, Nueva York, 1988.
74. Kane, Leslie. *The Language of Silence: The Unspoken and the Unspeakable in Modern Drama*, p. 77, Associated University Presses, Plainsboro, Nueva Jersey, 1984.
75. Graham, James. *This House*, obra inaugurada en el Real Teatro Nacional de Londres en 2012.
76. *Cigarrettes and Chocolate* fue emitida por primera vez en la radio de la BBC en 1988.
77. Bresson, Robert. *Notas sobre el cinematógrafo*. Ardora Ediciones, Madrid, 1997.

9. La pintura

1. Matar, Hisham. *A Month in Siena*. Viking, Londres, 2019.
2. Da Vinci, Leonardo. *El tratado de la pintura y los tres libros que sobre el mismo arte escribió León Bautista Alberti*. Altafulla Editorial, Barcelona, 1999.
3. Chaucer, Geoffrey. *Cuentos de Canterbury*. Claridad S.L., Madrid, 2011.
4. Picard, Max. *The World of Silence*, p. 170, Harvill Press, Londres, 1952.
5. Johnson, Paul. «When Silentiaries Whacked Their Pillar in Ancient Byzantium», *The Spectator*, 21 de junio de 2003.
6. Batchelor, Stephen. *Elogio de la soledad: una conmovedora reflexión sobre la vida en soledad en un mundo hiperconectado*. Urano, Madrid, 2021.
7. Corbin, Alain. *Historia del silencio*. Acantilado, Barcelona, 2020.
8. Proust, Marcel. *La prisionera*. Editorial Lumen, Barcelona, 2004.
9. Picard, Max. *The World of Silence*, p. 167, Harvill Press, Londres, 1952.
10. Chardin, citado en la obra de Johnson, Paul: *Art: A New History*, p. 414, Weidenfeld & Nicolson, Londres, 2003.
11. Delacroix, Eugène, aparece citado en Corbin, Alain: *Historia del silencio*, Acantilado, Barcelona, 2020.
12. Prochnik, George. *In pursuit of Silence: Listening for Meaning in a World of Noise*. Random House, p. 122, Nueva York, 2010.
13. Friedrich, Caspar David, citado en el artículo de Bell, Julian: «Caspar David Friedrich at the Edge of the Imaginable», *Times Literary Supplement*, 26 de octubre de 2012.

14. Wikipedia. *La isla de los muertos (Böcklin)*, editado por última vez el 7 de abril de 2024 a las 16:41, es/wikipedia.org/wiki/la-isla-de-los-muertos-(Böcklin)
15. Dalí, Salvador. *El verdadero cuadro de «La isla de los muertos» de Arnold Böcklin a la hora del ángelus*. Museo Von der Heydt, Wuppertal, Alemania.
16. Harpócrates, citado en Alciati, Andrea: *Libro de emblemas*, Rinoceronte Editora, Cangas, Pontevedra, 2019.
17. Wikipedia. *The Scream*, editado por última vez el 29 de abril de 2024 a las 12:02, https://en.wikipedia.org/wki/The_Scream
18. Matisse, Henri. *Conversaciones con Henri Matisse*. Confluencias, Aguadulce, Almería, 2016.
19. Morisot, Berthe. *La cuna*. Museo de Orsay, París.
20. Hopper, Edward, aparece citado en el libro de Hughes, Robert: *Visiones de América: la historia épica del arte norteamericano*, Galaxia Gutenberg, S.L., Barcelona, 2001.
21. Kane, Leslie. *The Language of Silence: The Unspoken and the Unspeakable in Modern Drama*, p. 21-22, Associated University Presses, Plainsboro, Nueva Jersey, 1984.
22. «Piet Mondrian», *Google Arts and Culture*, última entrada fechada el 30 de septiembre de 2022, https://artsandculture.google.com/entity/piet-mondrian/mocrnb5?hl=en
23. Colegate, Isabel. *A Pelican in the Wilderness: Hermits, Solitaries, and Recluses*, p. 15, HarperCollins, Londres, 2022.
24. Arp, Jean. *Arp on Arp: Poems, Essays, Memories*, p. 231, Viking, Londres, 1972.
25. Marinetti, Filippo Tommaso. *Manifiestos y textos futuristas*. Ediciones del Cotal, Barcelona, 1978.
26. Rothko, Mark, aparece citado en el libro de Helfenstein, Josef; Schipsi, Laureen y Deal, Suzanne: *Art and Activism: Projects of John and Dominique de Menil*, p. 249, Menil Collection, Houston, 2010.
27. De Menil, Dominique, aparece citada en el catálogo de la exposición «Silence» de Toby Kamps, Steve Seid, Jenni Sorkin, Colección Menil (Houston, Texas), Museo de Arte de Berkeley y Archivo Cinematográfico del Pacífico, p. 7, Yale University Press, New Haven, Connecticutt, 2012.
28. Ensayo perdido del catálogo de la exposición de *Christie's* «Post-War & Contemporary Art», octubre de 2016.

29. Williams, Rowan. *Silence and Honey Cakes: The Wisdom of the Desert*, p. 69, Lion, Oxford, 2003.
30. Marr, Andrew. «Diary», *The Spectator*, 23 de junio de 2018.
31. Plensa, Jaume, viene citado en el artículo de McVey, Kurt: «Master Artist Jaume Plensa's Latest Exhibition, "Silence", Is a Dream», *Forbes Magazine*, 14 de febrero de 2017.
32. Sontag, Susan, citada en el catálogo de la exposición «Silence» de Toby Kamps, Steve Seid, Jenni Sorkin, Colección Menil (Houston, Texas), Museo de Arte de Berkeley y Archivo Cinematográfico del Pacífico, p. 63, Yale University Press, New Haven, Connecticutt, 2012.
33. *Ciudades y Memoria*, www.citiesandmemory.com
34. «Edmund de Wall: Making Silence», 28 de enero de 2019, vídeo de YouTube, 44:43, www.youtube.com/watch?v=4-VwUyK-CQ

10. La música

1. Huxley, Aldous. *Música en la noche*. Editorial Kairós, Barcelona, 2003.
2. Brendel, Alfred. «An A-Z of the Piano: Alfred Brendel's Notes from the Concert Hall», *The Guardian*, 31 de agosto de 2013.
3. Robertson, Paul. *Soundscapes: A Musician's Journey through Life*, p. 160, Faber, Londres, 2016.
4. Robertson, Paul. *Soundscapes: A Musician's Journey through Life*, p. 160, Faber, Londres, 2016.
5. Kostelanetz, Richard. *Entrevista con John Cage*. Editorial Anagrama, S.A., Barcelona, 1974.
6. Howard, William, en unas conversaciones mantenidas con la autora de este libro durante el mes de julio de 2019.
7. Cage, John. *Silencio: conferencias y escritos*. Ardora Ediciones, Madrid, 2002.
8. Russolo, Luigi. *El arte de los ruidos*. Radio Fontana Mix, Cuenca, 1998.
9. Foy, George Michelsen. *Zero Decibels: The Quest for Absolute Silence*, p. 65, Scribners, Nueva York.
10. Foy, George Michelsen. *Zero Decibels: The Quest for Absolute Silence*, p. 65, Scribners, Nueva York.
11. Taverner, John, aparece citado en Sim, Stuart: *Manifesto for Silence*, Edinburgh University Press, p. 114, Edimburgo, 2007.
12. Rutter, John, aparece citado en Marvelly, Paula, «John Tavener: Toward Silence», *The Culturium*, 21 de mayo de 2017, www.theculturium.com/john-tavener-towards-silence/

13. Sim, Stuart. *Manifesto for Silence*. Edinburgh University Press, p. 114, Edimburgo, 2007.
14. Yeats, William Butler. «Long-Legged Fly», *All Poetry*, entrada del 30 de septiembre de 2022, https://allpoetry.com/Long-Legged-Fly
15. Johnson, Ken. «George Brecht, 82, Fluxus Conceptual Artist, Is Dead», *New York Times*, 15 de diciembre de 2008.
16. Foy, Michelsen. *Zero Decibels: The Quest for Absolute Silence*, p. 66, Scribners, Nueva York.
17. Johnson, Tom. *The Voice of New Music: Collection of Articles Originally Published in the Village Voice*. Het Apollohuis, Eindhoven, Países Bajos, 1989.
18. Pisaro, Michael. «Time's Underground», Edición Wandelweiser, junio de 1997, www.wandelweiser.de/_michael-pisaro/texts.html
19. Sheldrake, Rupert. *Las ciencias y las prácticas espirituales*. Editorial Kairós, Barcelona, 2019.
20. Howard, William, en unas conversaciones con la autora de este libro fechadas en julio de 2019.
21. Merton, Thomas. *No Man Is an Island* (Hollis & Carter, Londres, 1955), citado en *Friends of Silence*, núm. 6, p. 17, junio de 2004.
22. MacCulloch, Diarmaid. *Historia de la cristiandad*. Editorial Debate, Penguin Random House Grupo Editorial, Barcelona, 2011.
23. Rees, Valery. *From Gabriel to Lucifer*, p. 21, Bloomsbury, Londres, 2012.
24. Milton, John. *El paraíso perdido*, «Libro VII», traducción de Luis López Nieves, Biblioteca Digital Ciudad Seva, https://ciudadseva.com/texto/el-paraiso-perdido-libro-07/
25. Johnson, Paul. «When Silentiaries Whacked Their Pillar in Ancient Byzantium», *The Spectator*, 21 de junio de 2003.
26. Du Boulay, Shirley. *A Silent Melody*, p. 222, Darton, Longman & Todd, Londres, 2014.
27. Church, Michael. «Peter Maxwell Davies: Max of the Antarctic», *Independent*, 11 de febrero de 2005.
28. Huxley, Aldous. *La filosofía perenne*. Editora y Distribuidora Hispanoamericana, S.A. (EDHASA), 2010.
29. Picard, Max. *The World of Silence*, p. 198, Harvill Press, Londres, 1952.
30. Picard, Max. *The World of Silence*, p. 209, Harvill Press, Londres, 1952.
31. Picard, Max. *The World of Silence*, p. 19, Harvill Press, Londres, 1952.
32. Chisholm, Kate. «Sounds of Gods», *The Spectator*, 2 de diciembre de 2017.

33. Chisholm, Kate. «The Ties That Bound Us», *The Spectator*, 28 de octubre de 2017.
34. La toma de esta escuela duró tres días y sucedió durante el mes de septiembre de 2004 en Ossetia del Norte, en Rusia.
35. Brook, Rhidian. «The Archbishop's Pause», *Thought for the Day*, Radio 4 de la BBC, 28 de diciembre de 2017.
36. Williams, Rowan. «Silence in the Face of Mystery», *The Christian Century*, 21 de agosto de 2018, www.christiancentury.org/article/critical-essay/silence-face-mystery
37. Everett-Greene, Robert. «Dame Evelyn Glennie, the Deaf Percussionist who Listens with Her Whole Body», *The Globe and Mail* del 1 de marzo de 2011, www.theglobeandmail.com/arts/music/dame-evelyn-glennie-the-deaf-percussionist-who-listens-with-her-whole-body/article568725/

11. La guerra

1. Ball, Fred. «Ordinary War on the Somme», aparece citado en Lewis, John: *True World War 1 Stories: Gripping Eye-Witness Accounts from the Days of Conflict and Pain*, p. 85, Robinson, Londres, 1999.
2. Owen, Wilfred. «Anthem for Doomed Youth», citado en *The Penguin Book of First World War Poetry*, ed. Jon Silkin, p. 178, (traducción de Sílvia Alemany), Penguin, Londres, 1979.
3. Jones, David. *In Parenthesis*, p. 24 (traducción de Sílvia Alemany), Faber & Faber, Londres, 1937, 1961.
4. Sassoon, Siegfried. «Repression of War Experience» en *The Penguin Book of First World War Poetry* (traducción de Sílvia Alemany) pp. 128-129, ed. Jon Silkin, Penguin, Londres, 1979.
5. Foy, George Michelsen. *Zero Decibels: The Quest for Absolute Silence*, p. 42, Scribners, Nueva York.
6. Neyland, B. «A Wireless Operator» aparece citado en Lewis, John: *True World War 1 Stories: Gripping Eye-Witness Accounts from the Days of Conflict and Pain*, p. 109, Robinson, Londres, 1999.
7. Neyland, B. «A Wireless Operator» aparece citado en Lewis, John: *True World War 1 Stories: Gripping Eye-Witness Accounts from the Days of Conflict and Pain*, p. 111, Robinson, Londres, 1999.
8. Neyland, B. «A Wireless Operator» aparece citado en Lewis, John: *True World War 1 Stories: Gripping Eye-Witness Accounts from the Days of Conflict and Pain*, p. 113, Robinson, Londres, 1999.

9. Shakespeare, *Enrique V*, acto IV, prólogo del coro al acto IV citado en *The Tudor Edition of William Shakespeare: The Complete Works*, p. 571, Collins, Londres, 1959.
10. Gurney, Ivor. «That Centre of Gold», en P.J. Kavanagh: *Ivor Gurney Selected Poems*, p. 22, Oxford University Press, Oxford, 1990.
11. Sassoon, Siegfried. «The Death Bed», en *The Penguin Book of First World War Poetry* (traducción de Sílvia Alemany), pp. 122-123, ed. Jon Silkin, Penguin, Londres, 1979.
12. Gardner, Frank. *Sangre y arena*, Kailas Editorial, S.L, Madrid, 2007 (traducción del poema de Sílvia Alemany).
13. Owen, Wilfred. «Exposure» aparece citado en *The Penguin Book of First World War Poetry*, ed. Jon Silkin, pp. 191-93 (traducción de este fragmento de Sílvia Alemany), Penguin, Londres, 1979.
14. Owen, Wilfred. «Strange Meeting», en *Poemas de Guerra*, Acantilado, Barcelona, 2011 (fragmento traducido por Sílvia Alemany).
15. Fussell, Paul. *La Gran Guerra y la memoria moderna*, Turner Publicaciones, S.L, Madrid, 2016.
16. Emerson, Ralph Waldo. «Intelecto», *Ensayos*. Ediciones Cátedra, edición en formato digital, Madrid, 2014.
17. Agee, Chris. «Poetic Silence», *Poetry Ireland Review*, núm. 40, p. 88, invierno 1993-1994.
18. Steiner, George. *Lenguaje y silencio: ensayos sobre literatura, el lenguaje y lo inhumano*. Gedisa, Barcelona, 2003.
19. Rosenberg, Isaac, en una carta que escribió a Laurence Binyon en otoño de 1916, «The Isaac Rosenberg Collection», Archivo Digital de Poesía de la Primera Guerra Mundial, acceso el 30 de septiembre de 2022, https://oxford.omeka.nete/s/ww1lit/page/rosenberg-letters
20. Steiner, George. *Lenguaje y silencio: ensayos sobre literatura, el lenguaje y lo inhumano*. Gedisa, Barcelona, 2003.
21. Kane, Leslie. *The Language of Silence: On the Unspoken and the Unspeakable in Modern Drama*, p. 102, Associated University Presses, Plainsboro, Nueva Jersey, 1984.
22. Carruth, Hayden. «Fallacies of Silence», *Hudson Review 26*, núm. 3, p. 462, 1973.
23. Chisholm, Kate. «Switch Off», *The Spectator*, 28 de febrero de 2009.
24. Chisholm, Kate. «Switch Off», *The Spectator*, 28 de febrero de 2009.
25. Agee, Chris. «Poetic Silence», *Poetry Ireland Review*, núm. 40, p. 88, invierno 1993-1994.

26. Fussell, Paul. *La Gran Guerra y la memoria moderna*. Turner Publicaciones, S.L, Madrid, 2016.
27. Sim, Stuart. *Manifesto for Silence*. Edinburgh University Press, pp. 2-3, Edimburgo, 2007.
28. Sim, Stuart. *Manifesto for Silence*. Edinburgh University Press, p. 31, Edimburgo, 2007.
29. Di Giovanni, Janine, en una carta que escribió a la autora de este libro fechada en septiembre de 2017.

12. La cárcel y el confinamiento en solitario

1. Howard, John, aparece citado en el libro de Brox, Jane: *Silence: A Social History of One of the Least Understood Elements of Our Lives*, p. 32, Houghton Mifflin Harcourt, Nueva York, 2019.
2. Sacks, Oliver, extraído de la conferencia que dio Silvers, Robert B. en la Biblioteca Pública de Nueva York el 21 de septiembre de 2009.
3. Dickens, Charles. *Notas de América*. B de Bolsillo, Penguin Random House Grupo Editorial, Barcelona, 2012.
4. Dickens, Charles. *Notas de América*. B de Bolsillo, Penguin Random House Grupo Editorial, Barcelona, 2012.
5. Dickens, Charles. *David Copperfield; Oliver Twist; La Pequeña Dorrit*. Planeta DeAgostini, Barcelona, 2009.
6. Dickens, Charles. *David Copperfield; Oliver Twist; La Pequeña Dorrit*. Planeta DeAgostini, Barcelona, 2009.
7. Ginzburg, Eugenia, aparece citada en el libro de Brox, Jane: *Silence: A Social History: One of the Least Understood Elements of Our Lives*, p. 117, Houghton Mifflin Harcourt, Nueva York, 2019.
8. Koestler, Arthur. *Diálogo con la muerte: un testamento español*. Amaranto Editores, Pozuelo de Alarcón, Madrid, 2004.
9. Koestler, Arthur. *Darkness at Noon*. Macmillan, Londres, 1940.
10. Burney, Christopher. *Solitary Confinement*, p. 150, Clerke & Cockeran, Londres, 1952.
11. Figner, Vera. *Rusia en las tinieblas: autobiografía de una nihilista*. Palenciano Vicente, Alexandra ed., Madrid, 2016.
12. Bone, Edith. *Seven Years Solitary*, p. 90, Hamish Hamilton, Londres, 1957.
13. Grey, Anthony. *Hostage in Peking*. Michael Joseph, Londres, 1970.
14. Wood, Chris. «The Beijing-Born British Translator Who Survived Solitary Confinement during the Cultural Revolution», *Post Magazine*, 18 de enero de 2019.

15. Cooper, Roger. *Death Plus Ten Years*. HarperCollins, Londres, 1993.
16. Waite, Terry. *Taken on Trust*. Hodder & Stoughton, Londres, 2016.
17. Woodfox, Albert. *Celda de aislamiento: más de cuarenta años de resistencia en prisión: mi historia de transformación y esperanza*. Alianza Editorial, Madrid, 2010.
18. «Mystical Experience of Loss of Freedom», *Network Review: Journal of the Scientific and Medical Network*, núm. 112, 2016/3.
19. «Mystical Experience of Loss of Freedom», *Network Review: Journal of the Scientific and Medical Network*, núm. 112, 2016/3.
20. «Mystical Experience of Loss of Freedom», *Network Review: Journal of the Scientific and Medical Network*, núm. 112, 2016/3.
21. Panin, Dimitri. *The Notebooks of Sologdin*, p. 145, Harcourt Brace Jovanovich, Nueva York, 1976.
22. «Mystical Experience of Loss of Freedom», *Network Review: Journal of the Scientific and Medical Network*, núm. 112, 2016/3.
23. «Mystical Experience of Loss of Freedom», *Network Review: Journal of the Scientific and Medical Network*, núm. 112, 2016/3.
24. «Mystical Experience of Loss of Freedom», *Network Review: Journal of the Scientific and Medical Network*, núm. 112, 2016/3.
25. Solzhenitsyn, Aleksandr. *Archipiélago Gulag* [Obra completa]. Mediasat Group, Madrid.
26. Wikipedia. «John Mirk», última modificación del 16 de junio de 2022, 19:55, https://en.wikipedia.org/wiki/John-Mirk
27. Citado en el libro de Brox, Jane: *Silence: A Social History: One of the Least Understood Elements of Our Lives*, p. 171, Houghton Mifflin Harcourt, Nueva York, 2019.
28. Austin, Daryl. «What You're Saying When You Give Someone the Silent Treatment», *The Atlantic*, 26 de marzo de 2021, www.theatlantic.com/family/archive/2021/03/psychology-of-silent-treatment-abuse/618411/
29. Thomas, David, en una carta al editor, *The Spectator*, octubre de 2017.
30. Merton, Thomas. *Nuevas semillas de contemplación*. Editorial Sal Terrae, Bilbao, 1993.
31. The International Thomas Merton Society», httpp://merton.org/ITMS/
32. Storr, Anthony. *Soledad*. Editorial Debate, Penguin Random House Grupo Editorial, Barcelona, 2001.

13. La escucha consciente

1. Washakie aparece citado en el libro de Ross, Maggie: *Silence: A User's Guide*, Darton, Longman & Todd, Londres, p. 126, 2014.
2. Adams, Douglas. *Guía del autoestopista galáctico*. Editorial Anagrama S.A.U., Barcelona, 2016.
3. Karen Armstrong escribió y presentó una serie documental de seis episodios, titulada *The First Christian*, por encargo de John Ranelagh y fue estrenada en enero de 1984 en Channel 4.
4. Armstrong, Karen. *La escalera de caracol: en busca del sentido de la vida*. Maeva ediciones, Madrid, 2006.
5. Clare, Horatio. *Icebreaker: A Voyage Far North*, pp. 49-50, Chatto & Windus, Londres, 2017.
6. Wheeler, Sarah. «The Ice Was All Around», *The Spectator*, 18 de noviembre de 2017.
7. Kagge, Erling. *Silence: In the Age of Noise*, p. 102, Viking, Londres, 2017.
8. Pearson, Nicholas, en una carta que escribió a la autora de este libro fechada en enero de 2018.
9. Harding, Douglas. *Vivir sin cabeza: una experiencia zen*. Editorial Kairós, Barcelona, 2012.
10. Pearson, Nicholas, en una carta que escribió a la autora en enero de 2018.
11. Huxley, Aldous. *Las puertas de la percepción*. Editora y Distribuidora Hispano Americana, S.A. (EDHASA), Barcelona, 1984.
12. Batchelor, Stephen. *Elogio de la soledad: una conmovedora reflexión sobre la vida en soledad en un mundo hiperconectado*. Urano, Madrid, 2021.
13. Batchelor, Stephen. *Elogio de la soledad: una conmovedora reflexión sobre la vida en soledad en un mundo hiperconectado*. Urano, Madrid, 2021.
14. Bathurst, Bella. *Sound*, p. 202, Wellcome Collection, Londres, 2017.
15. Wikiwand, s.v. «The History of Sign Language», entrada del 30 de septiembre de 2022, www.wikiwand.com/en/History_of_sign_language
16. Bauby, Jean-Dominique. *La escafandra y la mariposa: un sobrecogedor testimonio sobre los límites de la naturaleza humana*. Ediciones del Bronce, Planeta, Barcelona, 2008.
17. Bryan, Jonathan. *Eye Can Write: A Memoir of a Child's Silent Soul Emerging*. Lagom, Londres, 2018.

18. Sim, Stuart. *Manifesto for Silence*. Edinburg University Press, p. 20, Edimburgo, 2007.
19. «OMS: 1 in 4 People Projected to Have Hearing Problems by 2050», Organización Mundial de la Salud, 2 de marzo de 2021, www.who.int/news/item/02-03-2021-who-1-in-4-peolpe-projected-to-have-hearing-problems-by-2050
20. «Para oír de por vida, escucha con cuidado: nueva normativa para evitar la pérdida de audición», Noticias ONU, entrada del 3 de marzo de 2022, https://news.un.org/es/story/2022/03/1504942
21. Jaekl, Philip. «What Is the Mysterious "Global Hum" – and Is It Simply Noise Pollution?», *The Guardian*, 13 de marzo de 2019.
22. Deming, David. «The Hum: An Anomalous Sound Heard Around the World», *Journal of Scientific Exploration 18*, núm. 4, pp. 571-595, 2004.
23. Chesterton, G.K. «On Popular Music and Modern Jazz», *Illustrated London News*, 22 de abril de 1933.
24. Colgado por Supervisor dangerouspraline Reddit en 2019, www.reddit.com/r/starbucks/comments/ah2m1d/if_i_have_to_hera_hamilton_one_more_time_im/
25. Pipedown, www.pipedown.org.uk
26. *Desert Island Discs*, Radio 4 de la BBC, 17 de marzo de 2019.
27. Byrne, Lavinia, en una carta que escribió a la autora de este libro fechada en abril de 2019.
28. Sim, Stuart. *Manifesto for Silence*. Edinburgh University Press, p. 44, Edimburgo, 2007.
29. Sim, Stuart. *Manifesto for Silence*. Edinburgh University Press, p. 1, Edimburgo, 2007.
30. Sim, Stuart. *Manifesto for Silence*. Edinburgh University Press, p. 24, Edimburgo, 2007.
31. Prochnik, George. *In pursuit of Silence: Listening for Meaning in a World of Noise*, Random House, p. 113, Nueva York, 2010.
32. Homero. *Odisea*. Editorial Sol 90 S.L., Barcelona, 2000.
33. Manuella Lech antuaria, Frans Boch Waldorff, Lene Wermuth, Ellen Raben Pedersen, Aslak Harbo Poulsen, Jesse Daniel Thacher, Ole Raaschou-Nielsen, Matthias Ketzel, Jibran Khan, Victor H. Valencia, Jesper Hvass Schmidt y Mette Sorensen: «Residential Exposure to Transportation Noise in Denmark and Incidende of Dementia: National Cohort Study», *British Medical Journal*, 9 de septiembre de 2021, BMJ 2021; 374; n1954, doi: 10.1136/bmj.n1954.

34. «Environmental Noise Guidelines for the European Region», Organización Mundial de la Salud, Delegación Regional de Europa, 30 de enero de 2019, www.who.int/europe/publicatoins/i/item/9789289053563
35. «What Is Occupational Noise Exposure?», *Safety Culture*, 16 de diciembre de 2022, https://safetyculture.com/topics/occupational-noise-exposure/
36. Sim, Stuart. *Manifesto for Silence*. Edinburgh University Press, p. 27, Edimburgo, 2007.
37. Sim, Stuart. *Manifesto for Silence*. Edinburgh University Press, p. 23, Edimburgo, 2007.
38. Roeber, Johanna, en una carta que escribió a la autora de este libro en marzo de 2018.
39. David Fraser Jenkins en una carta que escribió a la autora de este libro en marzo de 2018.
40. Wakefield, Mary. «We're Living amid a Rising Tide of Background Noise», *The Spectator*, 23 de marzo de 2019.
41. Reverendísimo Dr. Michael Marshall. «Sermón pronunciado el Primer Domingo de Cuaresma en la Sagrada Trinidad» de la calle Sloane el 10 de marzo de 2019.
42. Baring, Anne, en una carta escrita a la autora de este libro en 2017.
43. Johnson, Rachel, en una carta escrita a la autora de este libro en 2018.
44. Claridge, Liz, en una carta que escribió a la autora de este libro en noviembre de 2017.
45. Besant, Anie. *Bhagavad Gita; canto del señor*. Editorial Humanitas, S.L., Barberà del Vallès, Barcelona, 2010.
46. Armstrong, Karen. *Una historia de Dios: 4000 años de búsqueda en el judaísmo, el cristianismo y el islam*. Ediciones Paidós Ibérica, Planeta, Barcelona, 2002.
47. Armstrong, Karen. *La escalera de caracol: en busca del sentido de la vida*. Maeva ediciones, Madrid, 2006.
48. Armstrong, Karen. *La escalera de caracol: en busca del sentido de la vida*. Maeva ediciones, Madrid, 2006.
49. Merton, Thomas. *Pensamientos en soledad*. Editorial Sal Terrae, Bilbao, 2023.
50. Merton, Thomas. *Pensamientos en soledad*. Editorial Sal Terrae, Bilbao, 2023.
51. Pascal, Blaise. *Pensamientos*. Alianza Editorial, Madrid, 2019.
52. Pascal, Blaise. *Pensamientos*. Alianza Editorial, Madrid, 2019.

53. Woolf, Virginia. *Una habitación propia*. Club Círculo de Lectores, Barcelona, 2004.
54. Johnson, Rachel, en una carta que escribió a la autora de este libro en 2018.
55. Sheldrake, Rupert. *Las ciencias y las prácticas espirituales*. Editorial Kairós, Barcelona, 2019.
56. Sheldrake, Rupert. *Las ciencias y las prácticas espirituales*. Editorial Kairós, Barcelona, 2019.
57. Swallow, Sean, en una carta a la autora de este libro fechada en enero de 2018.
58. Harvey, Andrew. *A Journey in Ladakh*, p. 93, Picador, Londres, 1993.
59. Shone, Tom. «Film Reviews: Pope Francis; The Negotiator», *The Sunday Times*, 12 de agosto de 2018.
60. Cumming, Liz. «"Let Them Hear Our Silence": Experiencing the Silent Walk for Grenfell», Cuáqueros de Gran Bretaña, 2 de julio de 2018, www.quaker.org.uk/blog/experiencing-the-silent-walk-for-grenfell.
61. Cumming, Liz. «"Let Them Hear Our Silence": Experiencing the Silent Walk for Grenfell», Cuáqueros de Gran Bretaña, 2 de julio de 2018, www.quaker.org.uk/blog/experiencing-the-silent-walk-for-grenfell
62. Just This Day, www.contemplativeoutreach.org.uk
63. Noticias de la BBC, 2 de octubre de 2015.
64. Amnistía Internacional. *Look Beyond Borders: A 4 Minute Experiment*, vídeo en YouTube, 00:05, 26 de mayo de 2016, www.youtube.com/watch?v=9Z68P9Gc77A
65. Blunden, Mark. «Airport Offers "Dumb Phone" to Travellers», *London Evening Standard*, 16 de agosto de 2018.

Bibliografía

Ansell, Neil. *The Last Wilderness: A Love Letter to Scotland.* Tinder Press, Londres, 2018.

Armstrong, Karen. *La escalera de caracol: en busca del sentido de la vida.* Maeva ediciones, Madrid, 2006.

Atkins, William. *The Immesurable World: Journeys in Desert Places*, p. 49, Faber & Faber, Londres, 2018.

Attlee, James. *Nocturno: un viaje en busca de la luz de la luna.* Ático de los Libros, Barcelona, 2011.

Barkham, Patrick. *Islander: A Journey around Our Archipelago*, p. 259, Granta, Londres, 2017.

Batchelor, Stephen. *Elogio de la soledad: una conmovedora reflexión sobre la vida en soledad en un mundo hiperconectado.* Ediciones Urano, Madrid, 2021.

Bathhurst, Bella. *Sound: A Story of Hearing Lost and Found.* Wellcome Collection, Londres, 2017.

Bauby, Jean-Dominique. *La escafandra y la mariposa: un sobrecogedor testimonio sobre los límites de la naturaleza humana.* Ediciones del Bronce, Planeta, Barcelona, 2008.

Besant, Anie. *Bhagavad Gita; canto del señor.* Editorial Humanitas, S.L., Barberà del Vallès, Barcelona, 2010.

Blodgett, E.D. y H.G. Coward, editores. *Silence, the Word and the Sacred.* Wilfrid Laurier University Press, Waterloo, Ontario, 1989.

Bone, Edith. *Seven Years Solitary*. Hamish Hamilton, Londres, 1959.

Bowles, Paul. *Their Heads Are Green*. Peter Owen, Londres, 1963.

Brox, Jane. *A Social History of One of the Least Understood Elements of Our Lives*. Houghton Mifflin Harcourt, Boston, 2019.

Bryan, Jonathan. *Eye Can Write: A Memoir of a child's Silent Soul Emerging*. Lagon, Lerum, Suiza, 2018.

Buckley, Martin. *Grains of Sand*. Hutchinson, Londres, 2000.

Bucklow, Spike. *The Anatomy of Riches: Sir Robert Paston's Treasure*. Reaktion, Londres, 2018.

Burney, Christopher. *Solitary Confinement*, Clerke & Cockeran, Londres, 1952.

Byrd, Richard E. *Solo*. Volcano Libros, Las Rozas, Madrid, 2017.

Byron, Robert. *Viaje a Oxiana*. Ediciones Península, Grup 62, Barcelona, 2000.

Cadby, Alex. «Silence and War», disertación doctoral, Universidad de Exeter, 2010.

Cage, John. *Silencio: conferencias y escritos*. Ardora Ediciones, Madrid, 2002.

Cain, Susan. *Quiet: The Power of Introverts in a World That Can't Stop Talking*. Viking, Londres, 2012.

Campbell, Nancy. *La biblioteca de hielo: un viaje literario por el frío*. Ático de los Libros, Barcelona, 2020.

Campbell-Culver, Maggie. *A Passion for Trees: The Legacy of John Evelyn*. Eden Project, Cornualles, 2006.

Camus, Albert. *La peste*. Bibliotex S.L., Barcelona, 2002.

Capps, Walter, ed. *Thomas Merton. Preview of an Asian Journey*. Crossroad, Nueva York, 1989.

Carthusian, A. *The Call of Silent Love*. Longman & Todd, Darton, Londres, 1995.

Carruth, Hayden. «Fallacies of Silence», *Hudson Review 26*, núm. 3, pp. 462-70, 1973.

Cashen, Richard Anthony. *Solitude in the Thought of Thomas Merton*. Cistercian Publications, Collegeville, Minnesota, 1981.

Chatwin, Bruce. *Los trazos de la canción*. Club Círculo de Lectores, Barcelona, 2000.

Chevalier, Tracy. *El último refugio*. Editorial Lumen, Barcelona, 2013.

Clare, Horatio. *Icebreaker: A Voyage Far North*. Chatto & Windus, Londres, 2017.

Claxton, Guy (Swami Anand Ageha). *Wholly Human: Western and Eastern Visions of the Self and Its Perfection*. Routledge & Kegan Paul, Londres, 1981.

Colegate, Isabel. *A Pelican in the Wilderness*. HarperCollins, Londres, 2002.

Conrad, Joseph. «Una avanzada del progreso», en *Cuentos de inquietud*, Valdemar, Valdemoro, Madrid, 2002.

Cooper, Roger. *Death Plus Ten Years: My Life as the Ayatollah's Prisoner by "Notorious British Sphy"*. HarperCollins, Londres, 1993.

Corbin, Alain. *Historia del silencio*. Acantilado, Barcelona, 2020.

Cousteau, J.Y. *The Silent World: A Story of Undersea Discovery and Adventure Unfolding Wonders Never Before Seen by Man*. Hamish Hamilton, Londres, 1953.

Crowden, James. *The Frozen River: Seeking Silence in the Himalaya*. William Collins, Londres, 2020.

Davidson, Robyn. *Las huellas del desierto: una mujer sola en el desierto australiano*. Random House, Penguin Random House Grupo Editorial, Barcelona, 2000.

Deakin, Roger. *Diarios del agua*. Impedimenta, Madrid, 2019.

De Poncins, Gontran. *Kabloona*. Reynal, Nueva York, 1941.

De Saint-Exupéry, Antoine. *Viento, arena y estrellas*. El Legado Andalusí, Fundación Pública Andaluza, Granada, 2008.

Dillard, Annie. *Enseñarle a hablar a una piedra*. Errata Naturae Editores, S.L., Madrid, 2019.

Du Boulay, Shirley. *A Silent Melody: An Experience of Contemporary Spiritual Life*. Darton, Longman & Todd, Londres, 2014.

Edwards, Nina. *Darkness: A Cultural History*. Reaktion, Londres, 2018.

Epstein, Hugh. *Hardy, Conrad and the Senses*. Edinburgh University Press, Edimburgo, 2020.

Fergusson, Maggie. «Hos Does It Really Feel to Be Lonely?», 1843 Magazine, *The Economist*, 22 de enero de 2018.

Figes, Orlando. *Los europeos: tres vidas y el nacimiento de la cultura europea*. Taurus, Penguin Random House Grupo Editorial, Barcelona, 2020.

Finkel, Michael. *El extraño del bosque: la extraordinaria historia del último ermitaño*. Lince, Barcelona, 2017.

Fontana, David. *Psychology, Religion, and Spirituality*. Wiley-Blackwell, Oxford, 2003.

Foy, George Michelsen. *Zero Decibels: The Quest for Absolute Silence*. Scribners, Nueva York, 2010.

France, Peter. *Hermits: The Insights of Solitude*. Chatto & Windus, Londres, 1996.

Freeman, Laurence. *Light Within: The Inner Path of Meditation*. Darton, Longman & Todd, Londres, 1995.

Freeman, Laurence. *The Selfless Self: Meditation and the Opening of the Heart*. Darton, Longman & Todd, Londres, 1996.

Fromentin, Eugène. *Between Sea & Sahara: An Algerian Journal*. Tauris Parke, Londres, 2004.

Fussell, Paul. *La Gran Guerra y la memoria moderna*. Turner Publicaciones, S.L, Madrid, 2016.

Gardner, Frank. *Sangre y arena*. Kailas Editorial, S.L., Madrid, 2007.

Gemmell, Nikki. *On quiet*. Melbourne University Press, Melbourne, 2006.

George, Uwe. *In the Deserts of This Earth*. Hamish Hamilton, Londres, 1978.

Ginzburg, Eugenia. *El vértigo*. Galaxia Gutenberg, S.L., Barcelona, 2014.

Gray, John. *El silencio de los animales: sobre el progreso y otros mitos modernos*. Editorial Sexto Piso, Madrid, 2023.

Grey, Anthony. *Hostage in Peking: A Correspondent's Story of Despair, Ingenuity, and Fortitude in Solitary Confinement*. Michael Joseph, Londres, 1970.

Griffiths, Bede. *A New Vision of Reality: Western Science, Eastern Mysticism and Christian Faith*. Collins, Londres, 1989.

Haggerty, Donald. *Contemplative Provocations: Brief, Concentrated Observations on Aspects of Life with God*. Ignatius Press, San Francisco, 2013.

Hanh, Thich Nhat. *For a Future to Be Possible: Buddhist Ethics for Everyday Life*. Parallax Press, Berkeley, California, 1993.

Harding, D.E. *On Having No Head: Zen and the Rediscovery of the Obvious*. Arkana, Londres, 1986.

Hatch, Amber. *El arte del silencio: una guía de inspiración muy amena y práctica*. Maeva Ediciones, Madrid, 2019.

Haynes, Roslynn D. *Seeking the Centre: The Australian Desert in Literature, Art and Film*. Cambridge University Press, Cambridge, 1998.

Hempton, Gordon y Grossman, John. *One Square Inch of Silence: One Man's Quest to Preserve Quiet*. Atria Books, Nueva York, 2010.

Hospital, Janette Turner. *Oyster*. Virago, Londres, 1996.

Huxley, Aldous. *Complete Essays: Volume V 1939-1956*. Ivan R. Dee, Chicago, 2002.

Huxley, Aldous. *La filosofía perenne*. Editora y Distribuidora Hispano Americana, S.A. (EDHASA), Barcelona, 2010.

Jefferies, Richard. *The Story of My Heart*. Penguin, Londres, 1938.

Johnston, William. *Mística para una nueva era: de la teología dogmática a la conversión del corazón*. Desclée de Brouwer, Bilbao, 2016.

Johnston, William. *La música callada*. Editorial San Pablo, Madrid, 1994.

Kagge, Erling. *Silence: In the Age of Noise*. Viking, Londres, 2017.

Kamps, Toby; Seid, Steve; Sorkin, Jenni. Catálogo de la exposición «Silencio», Colección Menil de Houston, Texas, y Museo de Arte de Berkeley y Archivo Cinematográfico del Pacífico, New Haven, Connecticut, Yale University Press, 2012.

Kane, Leslie. *The Language of Silence: On the Unspoken and the Unspeakable in Modern Drama*. Associated University Presses, Plainsboro, Nueva Jersey, 1984.

Keen, Sam. *Himnos a un dios desconocido*. Editorial Urano, Madrid, 1995.

Kerouac, Jack. *Los vagabundos del Dharma*. Editorial Anagrama, Barcelona, 2017.

Kirste, Imke; Nicola, Zeina; Kronenberg, Golo; Walker Tara L.; Liu, Robert C., y Kempermann, Gerd. «Is Silence Golden? Effects of Auditory Stimuli and Their Absence on Adult Hippocampal Neurogenesis», *Brain Structure & Funcion 220*, núm. 2, pp. 1221-1228, 1 de diciembre de 2013.

Knox-Johnston, Robin. *Mi propio Mundo*. Editorial Juventud S.A., Barcelona, 2009.

Koestler, Arthur. *Kaleidoscope: Essays from «Drinkers of Infinity» and «The Heel of Achilles» and Later Pieces and Stories*. Hutchinson, Londres, 1981.

Kornfield, Jack. *Después del éxtasis, la colada: cómo crece la sabiduría del corazón en la vía espiritual*. La Liebre de Marzo, S.L., Barcelona, 2001.

Krakauer, Jon. *Hacia rutas salvajes*. Punto de Lectura, Penguin Random House Grupo Editorial, 2000.

Laird, Martin. *En la tierra silenciosa: la práctica de la contemplación*. PPC Editorial, Boadilla del Monte, Madrid, 2017.

Lane, Belden C. *The Solace of Fierce Landscapes: Exploring Desert and Mountain Spirituality*. Oxford University Press, Oxford, 1998.

Lawrence, T.E. *Los siete pilares de la sabiduría*. Punto de Lectura, Penguin Random House Grupo Editorial, Barcelona, 2001.

Laxness Halldór. *Under the Glacier*. Vintage, Londres, 2022.

LeClaire, Anne D. *Listening to Below The Noise: A Meditation on the Practice of Silence*. Harper Perennial, Nueva York, 2009.

Leigh Fermor, Patrick. *Un tiempo para callar*. Editorial Elba, S.L., Barcelona, 2012.

Leopold Aldo. *A Sand County Almanac and Sketches Here and There*. Oxford University Press, Oxford, 1949.

Lindqvist, Sven. *Desert Divers*. Granta, Londres, 2000.

Lusseyran, Jacques. *Y la luz se hizo*. Editorial Rudolf Steiner, S.L., Madrid, 2000.

MacCulloch, Diarmaid. *Silence: A Christian History*. Penguin, Londres, 2014.

Macfarlane, Robert. *Bajo tierra: un viaje por las profundidades del tiempo*. Random House, Barcelona, 2020.

Mackenzie, Vicki. *Cave in the Snow: A Western Woman's Quest for Enlightenment*. Bloomsbury, Londres, 1998.

McGahern, John. *Memoir*. Faber & Faber, Londres, 2005.

McGilchrist, Iain. *The Master and His Emissary: The Divided Brain and the Making of the Western World*. Yale University Press, Londres, 2009.

Maguire, Nancy Klein. *An Infinity Of Little Hours: Five Young Men and Their Trial of Faith in the Western World's Most Austere Monastic Order*. PublicAffairs, Nueva York, 2006.

Main, John. *El camino de la meditación: momento de Cristo*. PPC Editorial, Boadilla del Monte, Madrid, 2017.

Maitland, Sara. *Viaje al silencio*. Editorial Alba, Barcelona, 2010.

Malraux, André. *The Voices of Silence: Man and His Art*. Secker, Londres, 1956.

Manguel, Alberto. *Una historia de la lectura*. Club Círculo de Lectores, Barcelona, 2001.

Martineau, Robert. *Waypoints: A Journey on Foot*. Cape, Londres, 1996.

Maugham, W. Somerset. *Últimos puntos de vista*. Editorial Pomaire, Barcelona, 1966.

Maugham, W. Somerset. *El filo de la navaja*. Editorial Debate, Barcelona, 2000.

Mayne, Michael. *This Sunrise of Wonder: Letters for the Journey*. Fount, Londres, 1995.

McGrath, Sandra y John Olsen. *The Artist and the Desert*. HarperCollins, Sydney, 1981.

Merton, Thomas. *Diario de Asia*. Editorial Trotta, S.A., Madrid, 2000.

Merton, Thomas. *Acción y contemplación*. Editorial Kairós, Barcelona, 1982.

Merton, Thomas. *El silencio: la dicha*. Desclée de Brouwer, Bilbao, 2019.

Merton, Thomas. *El zen y los pájaros del deseo*. Editorial Kairós, Barcelona, 1994.

Merton, Thomas. *Los manantiales de la contemplación: un retiro en la abadía de Getsemaní*. Editorial Sal Terrae, Bilbao, 2017.

Meynell, Alice. «Solitude» en *Essays*, Greenwood Press, Westport, Connecticut, 1970.

Moorhouse, Geoffrey. *Sun Dancing: A Medieval Vision*. Weidenfeld & Nicolson, Londres, 1997.

Nicolson, Adam. *Sea Room: My Love Affair with the Islands*. HarperCollins, Londres, 2001.

Norris, Kathleen. *The Cloister Walk*. Riverhead Books, Nueva York, 1997.

Olsen, Tillie. *Silences*. Virago, Londres, 1980.

(OWLS) «Proyecto BÚHO», Beca Académica de Bachillerato de los institutos de Oxford y de Wimbledon, Liga del Día de las Alumnas del Instituto de Oxford (GDST), https://oxfordhigh-gdst.net/owls-oxford-and-wimbledon-leading-scholars/

Parks, Tim. *Teach Us to Sit Still: A Sceptic's Search for Health and Healing*. Harvill Secker, Londres, 2010.

Picard, Max. *The World of Silence*. Harvill Press, Londres, 1952.

Pinter, Harold. *Landscape and Silence*. Methuen, Londres, 1970.

Prochnik, George. *In Pursuit of Silence: Listening for Meaning in a World of Noise*. Doubleday, Nueva York, 2010.

Radcliffe, Timothy. *¿Por qué hay que ir a la iglesia?: el drama de la eucaristía*. Desclée de Brouwer, Bilbao, 2013.

Ramana Maharshi. *Sé lo que eres: las enseñanzas de Sri Ramana Maharshi*. José J. Olañeta Editor, Palma, Islas Baleares, 2005.

Rees, Valery. *From Gabriel to Lucifer: A Cultural History of Angels*. Bloomsbury, Londres, 2012.

Robertson, Paul. *Soundscapes: A Musician's Journey Through Life and Death*. Faber, Londres, 2016.

Rogerson, Barnaby y Alexander Monro. *Desert Air: A Collection of the Poetry of Place – of Arabia, Deserts and the Orient of the Imagination*. Baring & Rogerson Books, Londres, 2001.

Roose-Evans, James. *Finding Silence: 52 Meditations for Daily Living*. History Press, Cheltenham, Reino Unido, 2009.

Roose-Evans, James. *Inner Journey, Outer Journey: Finding a Spiritual Centre in Everyday Life*. Rider & Company, Londres, 1987.

Rosen, William. *El fin del imperio: la primera gran peste de la era global*. Ediciones Paidós Ibérica, Planeta, Barcelona, 2008.

Ross, Maggie. *Silence: A User's Guide*. Darton, Longman & Todd, Londes, 2014.

Sands, Sarah. *The Interior Silence: 10 Lessons from Monastic Life*. Short Books, Londres, 2021.

Sarah, Robert Cardinal. *The Power of Silence: Against the Dictatorship of Noise*. Ignatius Press, San Francisco, 2017.

Sardello, Robert. *Silence: The Mystery of Wholeness*. North Atlantic Books, Berkeley, California, 2008.

Shapiro, James. *El año de Lear: Shakespeare en 1606*. Cátedra, Grupo Anaya, Madrid, 2016.

Shawcross, Harriet. *Unspeakable: The Things We Cannot Say*. Canongate, Edimburgo, 2019.

Sheldrake, Rupert. *La ciencia y las prácticas espirituales*. Editorial Kairós, Barcelona, 2019.

Shepherd, Nan. *La montaña viva*. Errata Naturae Editores, S.L., Madrid, 2019.

Sim, Stuart. *Manifesto for Silence: Confronting the Politics and Culture of Noise*. Edinburgh University Press, Edimburgo, 2007.

Solnit, Rebecca. *La madre de todas las preguntas*. Capital Swing Libros, Madrid, 2021.

Sontag, Susan. «The Aesthetics of Silence», en *Essays of the 1960s and 70s*, pp. 292-320, Library of America, Nueva York, 2013.

Steiner, George. «El silencio y el poeta», en *Lenguaje y silencio: ensayos sobre literatura, el lenguaje y lo inhumano*, Gedisa, Barcelona, 2003.

Storr, Anthony. *Soledad*. Editorial Debate, Penguin Random House Grupo Editorial, 2001.

Taylor, Barbara Brown. *When God Is Silent*. Canterbury Press, Norwich, Reino Unido, 2013.

Tuchman, Barbara. *Un espejo lejano: el calamitoso siglo XIV*. Club Círculo de Lectores, Barcelona, 2002.

Van Dyke, John C. *The Desert*. Charles Cribner, Nueva York, 1911.

Vincent, David. *A History of Solitude*. Polity, Cambridge, 2020.

Windsor, Carlos, S.A.R. el Príncipe de Gales, con Ian Skelly y Tony Juniper. *Armonía: una nueva forma de ver el mundo*. Editorial Diente de León, Madrid, 2022.

Wallace, Marjorie. *Las gemelas que no hablaban*. Siruela, Madrid, 1990.

Walser, Robert. *Jacob von Guten*. Debolsillo, Penguin Random House Grupo Editorial, Barcelona, 2014.

Whistler, Laurence. *Audible Silence*. Rupert Hart-David, Londres, 1961.

Williams, Rowan. *Silence and Honey Cakes: TheWisdom of the Desert*. Lion Books, Oxford, 2003.